中华优秀传统国学经典阅读

庄　子

【春秋】庄子　王俊 编校

中国商业出版社

图书在版编目（CIP）数据

庄子 / 王俊编校. -- 北京：中国商业出版社，2019.10

ISBN 978-7-5208-0823-1

Ⅰ.①庄… Ⅱ.①王… Ⅲ.①道家②《庄子》—注释③《庄子》—译文 Ⅳ.①B223.5

中国版本图书馆CIP数据核字(2019)第157059号

责任编辑：王 静

中国商业出版社出版发行
010-63180647　www.c-cbook.com
（100053　北京广安门内报国寺1号）
新华书店经销
三河市同力彩印有限公司印刷
*
710毫米×1000毫米　16开　27印张　360千字
2020年1月第1版　2020年1月第1次印刷
定价：81.00元
* * * *
（如有印装质量问题可更换）

前　言

泱泱中华五千载，悠悠国学民族魂。中华国学"为天地立心，为生民立命，为往圣继绝学，为万世开太平"，是中华民族几千年来生生不息的根本，是华夏儿女的文化基因和精神支柱。

中华传统文化经过千百年历史的冲刷洗礼和不断交流、融合以及沉淀，最终形成了求同存异、兼收并蓄、辉煌灿烂的特点，它也是世界上唯一绵延不绝而从没中断的古老文化，并始终充满了生机与活力。

国学就是中国之学、中华之学，是以母语汉语为基础，表达了中华民族的精神价值和处世态度，有利于凝聚中华民族的文化向心力，有利于中华民族大团结，是华夏儿女的生命火炬，我们要世代相传和不断发扬光大。

中华优秀传统文化在思想上有大智，在科学上有大真，在伦理上有大善，在艺术上有大美。在中华民族艰难而辉煌的发展历程中，优秀传统文化薪火相传、历久弥新，始终为国人提供精神支撑和心灵慰藉。所以，更多地从传统优秀国学经典中汲取丰富营养，不仅能充实灵魂，而且能够拥有一种神圣而崇高的家国情怀。

中华传统国学是指以儒学为主体的中华传统文化与学术，内容非常广泛，内涵十分丰富，如蒙学十三经、四书五经等，作为国学中经典之经典，铸就了"国学蒙学之最、中华不可或缺之魂"，凝聚了我国五千年的文明史和传统文化，体现了中华民族博大精深的文化精髓，是经过多少代人实践检验过的文化瑰宝，承载着中华民族伟大复兴的梦想。

中华传统国学中具有极高价值的经典与文章不胜枚举，且不说春秋战国时期的经传宝典，也不说《史记》《资治通鉴》，仅唐诗、宋词、

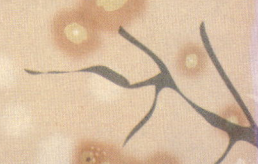

元曲就有许多脍炙人口的佳作，今天我们作为中华儿女对这些精品岂可淡化或视而不见？

中华传统国学经典，蕴含了中华儿女内圣外王的个体修养和自强不息的群体精神，形成了重义轻利的处世态度以及孝亲敬长的人伦约定，包含着辩证理智的心智思维和天人合一的整体观念。

这些国学经典千百年来作为我国传统文化与教育经典，在内容方面包含治国、修身、道德、伦理、哲学、艺术、智慧、天文、地理、历史等丰富的知识；在艺术方面丰富多彩，各有特色，行文流畅，气势磅礴，辞藻华丽，前后连贯。古往今来，无数有识之士从中汲取知识，不仅培养了良好的道德品质，还提升了儒雅、纯美、睿智的气质。

国学经典是广大读者必备的精神食粮。读者阅读国学经典，能够秉承国学仁义精神，养成谦和待人、谨慎待己、勤学好问等优良品行，达到内外兼修与培养刚健人格的学习目的。读者阅读国学经典，就如同师从贤哲，使自己能够站在先辈们的肩膀之上，在高起点上开始人生道路。阅读圣贤之书，与圣贤为伍，是精神获得高尚和超越的最高境界。

如今社会处于转型时期，充斥着各种各样所谓的现代文化，良莠不齐、纷繁杂芜。作为读者，应该慎重地从文化杂烩中精挑细选最好的、最纯的、最精的文化知识进行学习，以便促进身心的健康，那么国学经典就是最佳的选择。

当然，我们必须注意：传承古代经典，不是单纯背诵一些诗词，而是传承古老中华文明；不是只知其文不解其意，而是传承经典文化中的精神；不是对所有传统的东西都加以吸收，而是采取"扬弃"态度，取其精华去其糟粕；也不是排斥其他国家和民族的先进文化，要互相理解和尊重，要有兼容并包的情怀和清醒的头脑，做到互相学习和互相促进；更不是躺在灿烂传统文化的光环下故步自封，要积极开创未来的、先进的和科学的民族文化，要创造新的文化辉煌。

国学经典并非陈旧过时的东西，它能够适应任何时代的需要，且不同的时代都可以进行新的解读,都有时代的新意。广大读者要古为今用,活学活用,在新的时代推陈出新,进行新的解读,赋予新的内涵,不断发扬新的精神。

  我们欣喜地看到,在党和政府的积极号召下,教育部印发了《完善中华优秀传统文化教育指导纲要》,各级教育机构启用了《中华优秀传统文化》教材,中小学语文新课标中也增加了青少年学生阅读和学习国学的分量,许多中小学开设了专门的国学课程,全国各族人民掀起了学习和传承中国传统文化的热潮。

  为此,在有关专家的指导下,我们特别精选编辑了这套"中华传统国学阅读经典"作品,根据广大读者特别是青少年读者学习吸收的特点,采取了板块化的篇章结构。文前部分主要包括作者简介、题解+背景、作品概况、思想内容和艺术特点等内容,正文部分主要包括原文、注释、解读、感悟、赏析、故事等内容,文后部分主要包括名言妙语、读后感、知识互动大会等内容。同时还配有精美的插图,图文并茂,生动形象,非常易于阅读、理解和欣赏,能够培养广大读者的国学阅读兴趣,从而增强大家对中华优秀传统文化的热爱、传承和发展,最终积极投身到中华民族伟大复兴的中国梦之中。

根据"部编教材"和广大读者特别是青少年读者学习吸收的特点，采取版块化篇章结构，设置丰富的专题栏目，解构阅读知识要点，无障碍直通阅读核心，重点感受丰富的知识和独特的艺术，领会和发扬深刻的国学精神！

导 读

作者简介
简单介绍作者生卒、生平事迹、代表作品和历史影响等。

题解+背景
简单阐述书名来历、作者社会背景、创作动机、创作过程等。

作品概况
简单介绍作品结构形态、流传过程和历史价值等。

思想内容
简单分析作品思想内涵、社会价值和启迪作用等。

艺术特点
简单解析语言表达、篇章结构、人物形象等丰富的艺术特色。

内 篇

所谓内篇，一般认为应是庄子所著，是庄子思想的核心，所含七篇可构成完整的理论体系。七篇篇目都为三字，皆标明题旨。

七篇文章分别阐述了庄子的人生观、世界观和认识论、人生观和价值观、社会观和处世观、道德观、生死观、政治观，呈现了一个集文学的风采、哲学的睿智、美学的情趣和洒脱的人生于一身的庄子。

导 读
概括篇章主题和内容等，简介学习之目的。

精美配图
根据内容配图，图文并茂，让知识变得生动形象，让阅读变得丰富有趣。

逍遥游

原文

参考众多权威版本，忠实于原著，原文呈现。

① 北冥①有鱼，其名为鲲②。鲲之大，不知其几千里也。化而为鸟，其名为鹏。鹏之背，不知其几千里也。怒而飞，其翼若垂天③之云。是鸟也，海运④则将徙于南冥。南冥者，天池也。

注释

介绍和评议生僻难懂语汇、内容、背景、引文等。

① 冥（míng）：通"溟"，指海。
② 鲲（kūn）：大鱼。
③ 垂：通"陲"，边际。垂天：天边。
④ 海运：指海啸，海动。

注音

对多音字以及破音、通假、古音、外族语言等异读字词进行注音。

解读

北海有一条鱼，它的名字叫鲲。鲲巨大无比，大得不知道有几千里长。鲲变成一只叫鹏的鸟，它的背不知有几千里长。这只鸟奋起而飞，翅膀就像垂在天边的云彩。当海动风起的时候，这只鸟将乘风迁往南海，那里是天然形成的大池。

解读

对原文进行译解，使之通俗易读，浅显易懂。

完美大结局

名言妙语

推介作者、作品的名言格言和妙言妙语，让读者加深印象、获得美感或启迪等。

读后感

从中、小学生认识角度，剖析阅读作品后的所思所感、所作所为等，达到有所收获和感悟等。

作者简介

庄子（约公元前369年—前286年），姓庄，名周，字子休，战国时期宋国蒙人，先祖是宋国贵族。他是东周战国中期著名的思想家、哲学家和文学家，创立了我国古代重要的庄学哲学学派，是继老子之后，战国时期道家学派的代表人物，与老子一起被称为"老庄"，是道家学派的主要代表人物之一。

庄子因崇尚自由而不应楚威王之聘，生平只做过宋国地方的漆园吏，是看管漆树的小官吏，史称"漆园傲吏"，被誉为地方官吏之楷模。

庄子在妻子刚死的时候，也悲伤过，但是转念一想，人在茫茫宇宙中只是匆匆一个过客，从无到有，从生到死，这是非人力所能改变的自然规律，所以有了他在妻子死后"鼓盆而歌"这样令人难以理解的举动。他对待死亡的态度，简直超脱到无与伦比的地步。

庄子和梁惠王、齐宣王是同时代的人。庄子一生视仕途为草芥，除做过看管漆园的小吏外，不追逐官禄，因而一生穷困潦倒，除讲学、著述之外，有时还靠钓鱼、打草鞋维持生活。他住在"穷闾陋巷"，人瘦得"槁项黄馘"。

庄子是一位蔑视权贵、鄙视利禄而追求个人自由的思想家。他尖刻、猛烈地抨击当时罪恶的社会。他在文章中大声疾呼"圣人生而大盗起"。他认为"圣人不死，大盗不止"，直接把矛头指向暴君。他生活的宋国，当时宋王偃"射天笞地"，荒淫无道，不得人心，庄子深有体会，所以他奋笔疾书，直抒胸怀，留下了愤世嫉俗的《庄子》一书。

题解+背景

庄子所处的时代正处于极其动乱的战国中期,是战争最为频繁而统治者又最为骄横的时代,其时思想界又混乱不堪,儒、墨等学派纷纷向各国推行自己的政治主张,而各国统治集团又极力试图通过这些新兴的政治学说和主张达到强盛的目的。

尤其值得注意的是,庄子家乡宋国的情况。宋国是殷微子的封地,是一个腐朽的领主制诸侯国。庄子的大半生处于宋王偃时期,而宋王偃又是战国时期有名的暴君,荒淫无道,残杀成性。最终齐国联合魏、楚二国攻杀了宋王偃,灭亡了宋国。

这些残酷的现实都强烈地刺激了本来就尊崇老子无为思想的庄子,促使他与统治者决裂,并以自身的修为和著作揭露统治阶级的贪婪和残暴。庄子拒绝和统治者合作因而家贫,不愿出仕,不愿做官,毅然拒绝楚威王"许以为相"的厚币重聘,落得"往往贷粟于监河侯"这样的生活。但他并不气馁,过着"游戏污渎之中以自快"的生活。

庄子不仅以愤世嫉邪的心情和嬉笑怒骂的态度去评论现实,而且他的不少寓言如《不龟手之药》《庖丁解牛》《支离疏忘形》等所描写刻画的都是劳动人民的形象,这就说明他对劳动比较熟悉,对人民也有一定的感情,所以才能写出丰富的劳动生活并阐发深刻哲理的作品来。

庄子能够同情和理解劳动人民,他才能写出在封建社会中绝无仅有的通过寓言以批判统治阶级、颂扬农奴起义的《箧》《盗跖》等著名篇章来。历史表明,春秋战国时代虽然混乱,但也是各种学术、思想、著作异彩纷呈的时代,被称为"百家争鸣"的时代。庄子恰逢其时,他进一步将老子学说系统化,成为一家之言,并使道家学说成为我国古代重要的哲学流派。

作品概况

庄子一生著书十余万言，名为《庄子》。这部著作的出现，标志着在战国时代，中国的哲学思想和文学语言已经发展到非常玄远、高深的水平。《庄子》是中国古代典籍中的瑰宝，因此庄子不但是中国哲学史上一位著名的思想家，同时也是中国文学史上一位杰出的文学家。《庄子》无论在哲学思想方面，还是文学语言方面，都给予了中国历代的思想家和文学家以深刻的、巨大的影响，在中国思想史、文学史上都有极其重要的地位。

后来我们看到的《庄子》一书，共三十三篇，是研究庄子及其后学思想的基本资料。在汉代时期，《庄子》有五十二篇，可能有"十余万言"，后来经过魏晋时期玄学思想家郭象的整理，删除了《庄子》中"妄窜奇说"的内容，并给剩下的篇章做了注解，这样流传下来的《庄子》就成了三十三篇。

郭象将《庄子》三十三篇分为内篇、外篇和杂篇，其中内篇七篇、外篇十五篇、杂篇十一篇。内篇成书较早，提出了庄子思想中的基本问题，为庄子本人自著。外篇和杂篇可能是庄子的后期作品，也可能是最能秉承庄子思想精华的弟子所著。外、杂篇也提出了诸多深邃的思想，是庄子思想体系的重要组成部分。

解读庄子，研究庄子博大深邃的思想，应该以三十三篇《庄子》为基础。由于受到楚文化的深刻影响，庄子有浓厚的泛神论倾向。在他的寓言故事中，人可以和鱼对话，河可以与海谈心，书中充满了丰富的想象力和浪漫主义色彩。后世尊称庄子为南华真人，尊奉《庄子》一书为《南华真经》。《庄子》不仅是中国哲学史、思想史上的名著，还堪称中国文学史上的一朵奇葩。

思想内容

关于《庄子》的思想，著名史学家冯友兰先生在他的《中国哲学史新编》中有很精当的概括："游于逍遥，论以齐物。超乎象外，得其环中。"其中，"超乎象外，得其环中"可以说是庄子人生哲学的一部分，即"法天贵真"。庄子思想的源头是老子，老子是道家学派的创始人。大多数先秦诸子希望从现实世界中找到解决社会问题的办法，但道家是个例外。

游世思想是庄子思想中一个重要部分。在《庄子》三十三篇中，大多数篇章都涉及以游戏态度解脱人生痛苦的主题，尤其以内七篇谈得深入集中。古人谈论庄子比较重视游世思想，有人甚至说，"游"这个字就是《庄子》的中心。

游世思想这一隐蔽的主题，与寻求个人内心安宁的传统的自我保护主题，在庄子文中并不是截然分开的两种叙述，而是混合在同一种词句奇诡变化的叙述之中。两种主题都是真实的，可是相比之下，以彻底的戏弄姿态对抗和嘲讽的主题，更深刻地表达了庄子对人在天地之间无路可走这一绝望处境所作的回答。研究庄子思想如果忽略游世，将无从理解庄学的灵魂。

庄子的思想渊源于老子，司马迁曾指出，"然其要本归于老子之言"，但是他不仅继承而且发展了老子"天道无为而自然"的思想，无论从理论的丰盈度还是从研究的深度与广度来说，庄子都比老子高明。而且，庄子的学识也极为渊博，"于学无所不"，因此，《老子》好似一首长篇哲理诗，而《庄子》则是洋洋洒洒的哲学长篇，已然形成了专题论文的风格。

艺术特点

庄子的文章具有独特的艺术魅力，想象奇幻，构思巧妙，拥有多彩的思想世界和文学意境。文笔汪洋恣肆，具有浪漫主义的艺术风格。瑰丽诡谲，意出尘外，是先秦诸子文章的典范之作。庄子之语看似夸言万里和想象漫无边际，然皆有根基，重于史料议理。

当代儒学大家徐复观认为"庄子思想对艺术界影响极大，特别是绘画"。可见庄子对中国文化艺术的深远影响。

《庄子》具有浓厚的散文色彩，并采用寓言故事形式，富有幽默讽刺的意味，对后世文学语言有很大的影响。其超常的想象和变幻莫测的寓言故事，构成了庄子特有的奇特想象世界。

庄子的文章结构很奇特，看起来并不严密，常常突兀而来，行所欲行，止所欲止，汪洋恣肆，变化无端，有时似乎不相关，任意跳荡起落，但思想却能一线贯穿。句式也富于变化，或顺或倒，或长或短，更加之词汇丰富，描写细致，又常常不规则地押韵，显得极富表现力，极有独创性。

善用寓言，这是《庄子》一书很重要的艺术特点。庄子在其《寓言》篇中自叙其著述特点时就明言"寓言十九"，《庄子》全书大小寓言共计两百多个，其短者或二十多字，其长者或千余字。有些篇目全部由寓言排比而成，有些篇目干脆通篇就是一个寓言。

如此大量采用寓言来传达自己的思想，即便在整个中国文学史上也是罕见的。《庄子》的寓言大多是庄子本人虚构而成的，可以说，庄子是第一个自觉运用虚构手法的作家，将中国古代文学创作艺术推向了新的高度。

目　录

内　篇

逍遥游	2
齐物论	15
养生主	36
人间世	41
德充符	58
大宗师	69
应帝王	86

外　篇

骈拇	95
马蹄	101
胠箧	105
在宥	112
天地	125
天道	145
天运	159
刻意	174

缮　性 …………………………… 178
秋　水 …………………………… 182
至　乐 …………………………… 200
达　生 …………………………… 209
山　木 …………………………… 226
田子方 …………………………… 241
知北游 …………………………… 256

杂　篇

庚桑楚 …………………………… 274
徐无鬼 …………………………… 288
则　阳 …………………………… 308
外　物 …………………………… 325
寓　言 …………………………… 336
让　王 …………………………… 344
盗　跖 …………………………… 361
说　剑 …………………………… 375
渔　父 …………………………… 381
列御寇 …………………………… 389
天　下 …………………………… 398

内 篇

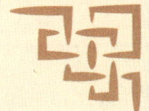

  所谓内篇，一般认为应是庄子所著，是庄子思想的核心，所含七篇可构成完整的理论体系。七篇篇目都为三字，皆标明题旨。

  七篇文章分别阐述了庄子的人生观、世界观和认识论、人生观和价值观、社会观和处世观、道德观、生死观、政治观，呈现了一个集文学的风采、哲学的睿智、美学的情趣和洒脱的人生于一身的庄子。

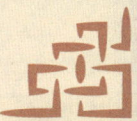

庄 子

逍遥游

原文

　　北冥①有鱼，其名为鲲②。鲲之大，不知其几千里也。化而为鸟，其名为鹏。鹏之背，不知其几千里也。怒而飞，其翼若垂天③之云。是鸟也，海运④则将徙于南冥。南冥者，天池也。

注释

① 冥（míng）：通"溟"，指海。
② 鲲（kūn）：大鱼。
③ 垂：通"陲"，边际。垂天：天边。
④ 海运：指海啸，海动。

解读

　　北海有一条鱼，它的名字叫鲲。鲲巨大无比，大得不知道有几千里长。鲲变成一只叫鹏的鸟，它的背不知有几千里长。这只鸟奋起而飞，翅膀就像垂在天边的云彩。当海动风起的时候，这只鸟将乘风迁往南海，那里是天然形成的大池。

原文

　　《齐谐》者，志怪者也。《谐》之言曰："鹏之徙于南冥也，水击三千里，抟扶摇①而上者九万里，去以六月息②者也。"野马也，尘埃也，生物之以息③相吹也。天之苍苍，其正色邪？其远而无所至极邪？其视下也，亦若是则已矣。

注释

① 抟（tuán）：盘旋着向上空飞。扶摇：旋风。
② 息：止息。
③ 息：气息。

解读

《齐谐》是记载怪异之事的书。书上说："大鹏飞往南海时，激荡起的水花达三千里，借着盘旋的旋风直上九万里高空。一直飞了六个月才止息。"野马奔腾般的游气，飞扬的尘埃，都是被生物的气息吹拂着而在空中游荡。天空蓝蓝的，这是它真正的本色吗？它的高远果真是无穷无尽

庄 子

吗？大鹏往下看，其景象就是这个样子罢了。

原文

且夫水之积也不厚，则其负①大舟也无力。覆杯水于坳堂②之上，则芥为之舟；置杯焉则胶③，水浅而舟大也。风之积也不厚，则其负大翼也无力。故九万里，则风斯在下矣，而后乃今培④风；背负青天而莫之夭阏⑤者，而后乃今将图南。

注释

① 负：承载。
② 坳（ào）堂：堂中低洼处。
③ 胶：粘住。
④ 培：凭借。
⑤ 夭阏（è）：阻挡；遏止。

解读

水积得不深，就无力承载大船。在房子前的低洼地上倒一杯水，小草就可以当船；放进一个杯子就粘住不动，这是因为水浅而船大。风的强度不大，就无力负载巨大的翅膀。鹏之所以能够高飞九万里，因为风在它的翅膀下面，可以凭借风力翱翔长空；背负青天而不受阻地飞翔，然后才能飞往南海。

原文

蜩①与学鸠笑之曰："我决起而飞，抢②榆枋③而止，时则不至而控于地而已矣，奚以之九万里而南为？"适莽苍者，三飡④而反，腹犹果然；适百里者，宿舂粮⑤；适千里者，三月聚粮。之二虫又何知！

注释

① 蜩（tiáo）：蝉。
② 抢（qiāng）：冲，碰到。
③ 枋（fǎng）：檀木。
④ 三飡（cān）：指一日。飡，通"餐"。
⑤ 宿舂（chōng）粮：宿，过夜。舂粮，舂米备粮。

解读

蝉和斑鸠讥笑大鹏说："我一下子飞起来，碰到树木就停落在上面，有时飞不上去就落在地上，何必非要高飞九万里而往南海去呢？"到郊野去的，只需带一天食物，当天返回肚子还饱饱的；到百里之外去的，要提前准备食物；到千里以外的地方去，则要用三个月的时间准备食物。这两种虫鸟怎么会知道这个道理呢？

原文

小知①不及大知，小年不及大年。奚以知其然也？朝菌不知晦朔②，惠蛄③不知春秋④，此小年也。楚之南有冥灵者，以五百岁为春，五百岁为秋；上古有大椿者，以八千岁为春，八千岁为秋，此大年也。而彭祖乃今以久特闻，众人匹之，不亦悲乎！

注释

① 知（zhì）：通"智"。
② 晦朔：晦，月终。朔，月初。
③ 惠蛄（gū）：寒蝉，夏生秋死，生存不足一年。

庄 子

❹ 春秋：指一年。

解读

才智小的比不上才智大的，短命的比不上长寿的。为什么这样说呢？朝生暮死的虫子不知道一个月的时光，夏生秋死的寒蝉不知道一年的时光，这就是短命。楚国南面有一种冥灵树把一千年当作一年；远古时有一种椿树把一万六千年当作一年，这就是长寿。而彭祖现在还以长寿闻名于世，众人还都想和他相比，这不是很可悲吗？

原文

汤之问棘❶也是已：穷发❷之北，有冥海者，天池也。有鱼焉，其广数千里，未有知其修者，其名为鲲。有鸟焉，其名为鹏，背若太山，翼若垂天之云，抟扶摇羊角而上者九万里，绝❸云气，负青天，然后图南，且适南冥也。

斥鴳❹笑之曰："彼且奚适也？我腾跃而上，不过数仞❺而下，翱翔蓬蒿之间，此亦飞之至也，而彼且奚适也？"此小大之辩❻也。

注释

❶ 棘（jí）：亦名夏革、夏棘，相传为商朝大夫。
❷ 穷发：极北的不毛之地。
❸ 绝：超越。
❹ 鴳（yàn）：小雀。
❺ 仞（rèn）：一仞约为七尺。
❻ 辩：通"辨"，区别。

解读

汤问棘也有这样的话：在不毛之地的北方，有无边无际的大海，那就是天池。有一条鱼，它的宽度有几千里，没有人知道它有多长，它的名字叫鲲。有一只鸟，它的名字叫鹏，背像泰山，翅膀像天边的云气，乘旋风可直上九万里的云霄，超越云层，背负青天，飞往南海。

小池泽中的麻雀讥笑它说："它想飞往何处？我腾飞起来，不过几丈就落下来，在蒿草丛中飞来飞去，这也就是我飞翔的极限了，而它究竟要飞到哪里去呢？"这就是小和大的区别。

原文

故夫知效❶一官，行比❷一乡，德合一君，而征一国者，其自视也，亦若此矣。而宋荣子❸犹然❹笑之。且举世誉之而不加劝❺，举世非之而不加沮，定乎内外之分，辩乎荣辱之境，斯已矣。彼其于世未数数然也。虽然，犹有未树也。

夫列子御风而行，泠然善也，旬有五日而后反。彼于致福者，未数数然也，此虽免乎行，犹有所待者也。若夫乘天地之正，而御六气之辩，以游无穷者，彼且恶乎待哉！故曰：至人无己，神人无功，圣人无名。

注释

❶ 效：胜任。
❷ 比：亲近、合乎。
❸ 宋荣子：即宋钘，战国时代著名的思想家。
❹ 犹然：笑的样子。

庄 子

⑤ 劝：努力。

解读

才智能够胜任一官之职，品行合乎近一乡人的心愿，品德可以符合一国之君，能力可以取得全国的信任，这类人的自鸣得意恰似小雀一般。宋钘就嘲笑这种人。宋钘能够做到全社会赞誉他却不感到得意，全社会非议他却毫不沮丧，这是因为他能够认定自我和外物的区别，能分清光荣与耻辱的界限。因此，他从来不去追求世俗的声誉。即便如此，他的道德修养还是没有达到理想的境界。

列子乘风游行，轻快飘然，十五天后返回。他对得到的幸福，也没有极力追求。他虽然免于步行，但还是借助了风的力量。若顺应自然，顺应六气的变化，遨游于无边无际的宇宙，他还需要依赖什么呢？所以说：道德修养高的人能超越自我，神人能不求有功，圣人能不求有名。

原文

尧让天下于许由，曰："日月出矣，而爝火①不息，其于光也，不亦难乎！时雨降矣，而犹浸灌，其于泽也，不亦劳乎！夫子②立而天下治，而我犹尸之，吾自视缺然③。请致天下。"

许由曰："子治天下，天下既已治也，而我犹代子，吾将为名乎？名者，实之宾④也，吾将为宾乎？鹪鹩⑤巢于深林，不过一枝；偃鼠饮河，不过满腹。归休乎君，予无所用天下为！庖人⑥虽不治庖，尸祝不越樽俎而代之矣。"

注释

① 爝（jué）火：火把。

② 夫子：古人对男子的尊称，此处指许由。

③ 缺然：能力不足的样子。
④ 宾：从属次要的东西。
⑤ 鹪鹩（jiāo liáo）：鸟名，善筑巢。
⑥ 庖人：厨师。

解读

尧把天下让给许由，说："日月都出来了，火把还不熄灭，要和日月比光亮，不是很难吗！及时雨都降了，却还在灌溉田园，不是白费力气吗！先生若为天下之主，则天下一定安定，而我却占据其位，自感能力不足，请允许我将天下让给您。"

许由说："您治理天下，天下已经大治，却还要我来取代您，我是为了名吗？名是实的从属，我是为了求得从属性的东西吗？鹪鹩在密林深处筑巢，所占不过一枝；鼹鼠饮水于河，所需不过满腹而已。请回去吧，君主，我要天下做什么用呢！厨师虽不下厨，但主持祭祀的人是不会超越自

庄 子

己的职责而去代替他下厨烹调的。"

原文

肩吾问于连叔①曰:"吾闻言于接舆,大而无当,往而不返。吾惊怖其言犹河汉②而无极也,大有径庭,不近人情焉。"

连叔曰:"其言谓何哉?"

"曰:'藐姑射之山③,有神人居焉。肌肤若冰雪,绰约若处子④;不食五谷,吸风饮露;乘云气,御飞龙,而游乎四海之外。其神凝,使物不疵疠⑤而年谷熟。'吾是以狂而不信也。"

连叔曰:"然,瞽者⑥无以与乎文章之观,聋者无以与乎钟鼓之声。岂唯形骸有聋盲哉?夫知亦有之。是其言也,犹时女也。之人也,之德也,将磅礴万物以为一。世蕲⑦乎乱,孰弊弊焉以天下为事!之人也,物莫之伤,大浸稽天而不溺,大旱金石流、土山焦而不热。是其尘垢秕糠,将犹陶铸尧舜者也,孰肯以物为事!"

注释

① 肩吾、连叔:人名,相传均为古代贤人。
② 河汉:银河。
③ 姑射(yè)之山:传说中的神居之山。
④ 处子:处女。
⑤ 疵疠(cī lì):灾害。
⑥ 瞽(gǔ)者:盲人。
⑦ 蕲(qí):求。

解读

肩吾问连叔说:"我听接舆的谈话,夸夸其谈,漫无边际。我甚感惊讶的是,他的话像银河一样海阔天空,不合常理,不近人情。"

连叔问:"他说了些什么呢?"

肩吾说:"他说:'在遥远的姑射山上,居住着一位神人。他的肌肤像冰雪一样洁白,姿容如处女一般柔美;不食人间烟火,吸风饮露;乘着云气,驾着飞龙,遨游于四海之外。他神情专一,使万物不受灾害,使五谷丰登。'我以为他的话是诳言,而不相信。"

连叔说:"是呀!人们无法和瞎子一起观赏华丽的纹饰,无法和聋子共同欣赏钟鼓乐声。由此看来,人们不只是在生理上有聋盲的缺陷,在智慧上也有同样的情形啊!我所说的,指的就是你呀!神人和他的道德,是包容万物而为一体的。世人期望他来治理天下,他哪里肯辛辛苦苦地管世间的事情呢!这个神人,任何东西都无法伤害他,漫天洪水淹不着他,熔化金石,烧焦土山的大旱,他也不觉得热。他的尘垢糟粕,就可以造就出尧舜来,他哪里肯管世俗之事呢!"

原文

"宋人资章甫❶适诸越,越人断发文身,无所用之。

尧治天下之民,平海内之政。往见四子❷藐姑射之山,汾水之阳❸,窅然❹丧其天下焉。"

注释

❶ 章甫:古时的一种帽子。
❷ 四子:寓言中的四位神人,指王倪、啮缺、被衣、许由。
❸ 汾水之阳:汾水的北面。

庄　子

❹ 窅（yǎo）然：深远之状。

> **解读**

"宋国人到越国去卖帽子，但越国人不留头发、身刺花纹。根本用不着帽子。尧治理天下之民，安定国内的政事，但如果他到遥远的姑射山和汾水北面去拜见四位得道的神人，那他就会感到深奥而忘掉自己是一国之君。"

> **原文**

惠子谓庄子曰："魏王贻我大瓠❶之种，我树之成而实五石❷。以盛水浆，其坚不能自举也；剖之以为瓢，则瓠落无所容。非不呺然❸大也，吾为其无用而掊之。"

庄子曰："夫子固拙于用大矣。宋人有善为不龟❹手之药者，世世以洴澼絖为事。客闻之，请买其方百金。聚族而谋曰：'我世世为洴澼❺絖，不过数金。今一朝而鬻❻技百金，请与之。'客得之，以说吴王。

"越有难，吴王使之将。冬，与越人水战，大败越人，裂地而封之。能不龟手一也，或以封，或不免于洴澼絖，则所用之异也。今子有五石之瓠。何不虑以为大樽而浮于江湖，而忧其瓠落无所容？则夫子犹有蓬之心也夫！"

> **注释**

❶ 大瓠（hù）：大葫芦。

❷ 实五石（dàn）：可容五石。

❸ 呺（xiāo）然：空虚巨大的样子。

④ 龟：通"皲（jūn）"，皮肤因寒冷或干燥而破裂。
⑤ 洴澼（píng bì）：漂洗。
⑥ 鬻（yù）：卖。

解读

惠子对庄子说："魏王送给我一颗大葫芦种子，我用它种植出来的葫芦有五石的容量。用来盛水，它的坚硬程度不够而难于承受；将它剖开做成瓢，瓢太大没什么可装的。这种东西虽然很大，但我因为它没有用处而打碎了。"

庄子说："你太不善于使用大东西了！宋国有一个人善于制造防手冻裂的药，他家世世代代以漂洗丝絮为业，有一个客人听说了，愿出一百金买他的药方。他于是召集全家人员商量，说：'我家世世代代从事漂洗丝絮，所得不过数金，现在卖出这个药方就可得到百金，卖给他吧！'客人获得这个药方，就去游说吴王。

此时越国出兵侵吴，吴王就派他率兵御敌。到了冬天，和越国进行水战，大败越军，越王于是用土地来封赐他。同样是一种防手冻裂的药，有人用来建功得到了封赏，有人却只能用它漂洗丝絮，这是因为其用途不同所致。现在你有五石容量的大葫芦，为什么不考虑将它系于腰上以浮游江湖，而只是发愁太大无所用处呢！你真是不开窍啊！"

原文

惠子谓庄子曰："吾有大树，人谓之樗①。其大本臃肿而不中绳墨，其小枝卷曲而不中规矩。立之涂②，匠者不顾。今子之言，大而无用，众所同去也。"

庄子曰："子独不见狸狌③乎？卑身而伏，以候敖者。东西跳梁，不避高下，中于机辟④，死于罔⑤罟。今夫斄牛，其大若垂天之云，此

庄 子

能为大矣,而不能执鼠。今子有大树,患其无用,何不树之于无何有之乡,广莫⑥之野,彷徨乎无为其侧,逍遥乎寝卧其下。不夭斤斧,物无害者。无所可用,安所困苦哉!"

注释

① 樗(chū):臭椿树。
② 涂:通"途",道路。
③ 狸:野猫。狌(shēng):黄鼠狼。
④ 机辟:捕捉禽兽的工具。
⑤ 罔:通"网",捕鸟用的网。
⑥ 莫:通"漠",广大辽阔。

解读

惠子对庄子说:"我有一棵大树,人们叫它'樗'。它的主干粗而不正,不合绳墨;它的小枝弯弯曲曲,不合规矩。这棵树生长在路边,过往的木工看都不看一眼。你所说的话,大而无用,大家都不予理睬。"

庄子说:"你没有见过野猫和黄鼠狼吗?屈身隐伏,等待捕捉出游的小动物,东奔西跑,不避高低,结果踩中捕兽的机关,死于罗网之中。再看那氂牛,身子大得像遮盖天边的云,虽然不能捕鼠,但它的能力可做大事。现在你有一棵大树,发愁没有用场,为什么不把它种植于空荒的乡土、广漠的旷野,徘徊于树旁,逍遥自在地躺在树下。这棵树不会遭受斧子砍伐,其他东西也不能伤害它。它虽然没有什么用途,但又有什么可苦恼的呢!"

齐物论

原文

　　南郭子綦❶隐机而坐，仰天而嘘，荅焉似丧其耦❷。颜成子游❸立侍乎前，曰："何居乎？形固可使如槁木，而心固可使如死灰乎？今之隐机者，非者之隐机者也！"

　　子綦曰："偃，不亦善乎而问之也！今者吾丧我，汝知之乎？汝闻人籁而未闻地籁，汝闻地籁而未闻天籁夫！"

　　子游曰："敢问其方。"

　　子綦曰："夫大块噫气，其名为风。是唯无作，作则万窍怒呺，而独不闻之翏翏乎？山林之畏佳❹，大木百围之窍穴，似鼻，似口，似耳，似枅❺，似圈，似臼，似洼者，似污者。激者，謞❻者，叱者，吸者，叫者，譹❼者，宎❽者，咬❾者，前者唱于而随者唱喁，泠风则小和，飘风则大和，厉风济则众窍为虚。而独不见之调调之刁刁乎？"

　　子游曰："地籁则众窍是已，人籁则比竹是已，敢问天籁。"

　　子綦曰："夫吹万不同，而使其自已也。咸其自取，怒者其谁邪？"

注释

❶ 南郭子綦（qí）：楚昭王庶弟，因居住在南郭，故以之为号。
❷ 荅（tà）焉：失神的样子。耦：通"偶"。

| 庄 子

❸ 颜成子游：子綦的弟子，姓颜，名偃。
❹ 畏佳：高大参差的样子。
❺ 枅（jī）：木制的酒瓶。
❻ 謞（xiāo）：飞箭声。
❼ 譹（háo）：号哭声。
❽ 宎（yǎo）：沉吟声。
❾ 咬（jiáo）：哀叹声。

解读

南郭子綦靠着几案静坐，仰头向天叹气，仿佛进入了忘我的境界。站立在他旁边的颜偃问："为什么这样啊？形体固然可以像一根枯木，而心神也可以使它像熄灭了的灰烬吗？您今天的神态和往常可不一样啊！"

子綦说："偃，你问得好！今天我进入了忘我的境界，你知道吗？你听说过人吹的箫声，而没有听说过地上的自然声；即使听说过地上的自然声，也绝没有听说过天上的自然声！"

子游说："请问其中的道理。"

子綦说："天地吐出气息，它的名字叫作'风'。风不刮则已，一刮就会使万物的孔穴怒吼起来。你难道没有听到过悠长的风声吗？那高下盘曲的山势，百围大树的窍孔，有的像鼻子，有的像嘴，有的像耳朵，有的像酒瓶，有的像杯子，有的像春臼，有的像池沼，有的像泥坑；风吹众穴的声音，有的像急流之声，有的像飞箭之声，有的像发怒之声，有的像吸气声，有的像叫喊声，有的像哭号声，有的像沉吟声，有的像哀叹声。风和窍孔一唱一和，小风则小和，大风则大和，烈风停息则万物无声。你难道没见过风吹草木摇晃的样子吗？"

子游说："地籁是众窍孔发出的风声，人籁则是竹箫吹出的乐声，请问天籁是什么呢？"

子綦说："地籁就是自然界发出的不同声音，而使它们又自行停止。

声音都是它们自己发出来的,但主使它们的又是谁呢?"

原文

　　大知闲闲❶,小知间间❷;大言炎炎,小言詹詹。其寐也魂交,其觉也形开;与接为构,日以心斗。缦者,窖者,密者。小恐惴惴,大恐缦缦。其发若机栝❸,其司是非之谓也;其留如诅盟,其守胜之谓也;其杀若秋冬,以言其日消也。其溺之所为之,不可使复之也。其厌也如缄❹,以言其老洫也。近死之心,莫使复阳也。喜怒哀乐,虑叹变慹❺,姚佚启态;乐出虚❻,蒸成菌。日夜相代乎前而莫知其所萌。已乎,已乎!旦暮得此,其所由以生乎!

庄 子

注释

1. 闲闲：广博而又闲逸的样子。
2. 间间：细加分别的样子。
3. 机栝（kuò）：指射箭。
4. 缄（jiān）：封闭。
5. 慹（zhé）：惊恐，惊慌。
6. 乐出虚：乐声发自空虚的窍孔。

解读

大智广博而闲逸，小智精细而计较；大言平平淡淡，小言啰啰唆唆。他们睡着的时候心烦意乱，醒来时则形体不宁；和所接触的人纠缠不清，整天钩心斗角。有的慢条斯理，有的暗设陷阱，有的谨小慎微。遇到小的恐惧提心吊胆，遇到大的恐惧则失魂落魄。他们说话就像利箭发自弩机快疾而又尖刻，那就是说是与非都由此而产生；他们将心思存留心底就好像盟约誓言坚守不渝，那就是说持守胸臆坐待胜机。

他们衰败犹如秋冬的草木，这说明他们日益消损；他们沉湎于所从事的各种事情，致使他们不可能再恢复到原有的情状；他们心灵闭塞好像被绳索缚住，这说明他们衰老颓败，没法使他们恢复生气。他们欣喜、愤怒、悲哀、欢乐，他们忧思、叹惋、反复、恐惧，他们躁动轻浮、奢华放纵、情张欲狂、造姿作态。好像乐声从中空的乐管中发出，又像菌类由地气蒸腾而成。这种种情态日夜在面前相互对应地更换与替代，却不知道是怎么萌生的。算了吧，算了吧！一旦懂得这一切发生的道理，自然就会明白各种事态的由来了！

原文

非彼无我，非我无所取。是亦近矣，而不知其所为使。若有真宰，而特不得其眹❶，可行、已信，而不见其形。有情而无形。

百骸、九窍、六藏，赅❷而存焉，吾谁与为亲？汝皆说❸之乎？其有私焉？如是皆有为臣妾有，为臣妾利？其臣妾不足以相治乎？其递相为君臣乎？其有真君存焉。如求得其情与不得，无益损乎其真。

一受其成形，不亡以待尽，与物相刃相靡，其行尽如驰而莫之能止，不亦悲乎！终身役役而不见其成功，苶❹然疲役而不知其所归，可不哀邪！人谓之不死，奚益！其形化，其心与之然，可不谓大哀乎？人之生也，固若是芒❺乎？其我独芒，而人亦有不芒者乎？

注释

❶ 眹（zhèn）：征兆，迹象。
❷ 赅（gāi）：齐备。
❸ 说（yuè）：通"悦"。
❹ 苶（nié）：疲倦，精神不振。
❺ 芒：愚昧。

解读

没有它们就没有我，没有我它们也无法体现。我和它们是近似的，而不知是谁支使的，似乎真有天然的主宰者，却找不到它的踪迹。它是真实存在的，但没有具体的形象。

一百个骨节，九个孔穴，六个内脏，我全部具备，但我究竟偏爱谁呢？你对它们都喜欢吗？还是有所偏爱？如果你一视同仁，那它们都是臣妾吗？若都是臣妾，就谁也不能支配谁吗？它们依次当君臣吗？难道另有主宰者存在吗？其实，无论知道真君的真实情况与否，对它本身是没有影响的。

人们从它那里得到形体以来，不死就等待着形体的耗尽，和外物接触

庄 子

便互相伤害，驰骋追逐于其中而不能停止，真是可悲！终生忙碌而未必有什么成就，疲惫不堪还不知为了什么。真是悲哀！这样的人虽然不死，又有什么意思呢！他的躯体逐渐消亡，心灵也随之死亡，这难道不是莫大的悲哀吗？人生在世，果真是这样愚昧吗？还是只有我一个人愚昧，而别人都明白事理呢？

原文

夫随其成心而师之，谁独且无师乎？奚必知代①而心自取者有之？愚者与有焉！未成乎心而有是非，是今日适越而昔至也。是以无有为有。无有为有，虽有神禹②且不能知，吾独且奈何哉！

注释

① 奚必：何必。代：变化。
② 神禹：即大禹，夏族的首领，善治水。

解读

如果各人都依自己的成见作为判别是非的标准，那么谁没有标准呢？何必通晓事物发展变化的智者才有呢？愚昧的人还是有的！没有主见就去判别是非，就像今日去越国而昨天就到了。这是把没有当作有。如果这样，即使神圣的大禹也无法理解。我又有什么办法呢！

原文

夫言非吹也，言者有言，其所言者特未定也。果有言邪？其未尝有言邪？其以为异于鷇①音，亦有辩②乎？其无辩乎？

道恶乎隐而有真伪？言恶乎隐而有是非？道恶乎往而不存？言恶

乎存而不可？道隐于小成，言隐于荣华。故有儒墨之是非，以是其所非而非其所是。欲是其所非而非其所是，则莫若以明❸。

注释

❶ 彀（kòu）：初生的小鸟出卵时的鸣叫声。
❷ 辩：通"辨"，辨别。
❸ 明：意谓用明静之心去体认事物。

解读

说话并不像是吹风，众说纷纭，使说的话没有定准。果真说了什么吗？还是没说呢？人们都认为自己的言论不同于初生小鸟的啼叫，但究竟是有区别，还是没有区别呢？

道是如何被蒙蔽而有了真假？言论怎样被掩盖而有了是非？道在哪里而不存在呢？言论为何存在而又不宜认可？道是被微不足道的认识掩盖了，言论是被华而不实的辞藻掩盖了。如此才会有儒家与墨家的是非之争，他们自以为是地攻击对方。要解决他们的是非之争，最好用明静的心去对待万物。

原文

物无非彼，物无非是。自彼则不见，自知则知之。故曰：彼出于是，是亦因彼。彼是方生之说也。虽然，方生方死，方死方生；方可方不可，方不可方可；因是因非，因非因是。是以圣人不由而照之于天，亦因是也。是亦彼也，彼亦是也，彼亦一是非，此亦一是非。果且有彼是乎哉？果且无彼是乎哉？彼是莫得其偶❶，谓之道枢❷。枢始得其环中，以应无穷。是亦一无穷，非亦一无穷也。故曰：莫若以明。

庄 子

注释

① 偶：对立面。
② 道枢：道的关键。

解读

事物没有不是"彼"的，也没有不是"此"的。从他物方面来看就看不到这方面，从自己这方面来了解就知道了。所以说：彼产生于此，此依存于彼。这就是彼此相生相存的理论。虽然这样，但生就伴随死，死就伴随生；有对就有错，有错就有对；有是就有非，有非就有是。因此，圣人不通过是非之途，而只是客观地反映自然之道，也就是这个道理。"此"就是"彼"，"彼"也就是"此"，彼有彼的是非，此有此的是非。果真有彼此的区别吗？果真没有彼此的区别吗？消除彼此的相互对立，就是"道"的关键。得到了"道"的关键，就像抓住了环的中间，就可以应付无穷的变化。"是"的变化是无穷的，"非"的变化也是无穷的。所以说不如用明静的心境去观察事物的实况。

原文

以指①喻指之非指，不若以非指喻指之非指也；以马喻马之非马，不若以非马喻马之非马也。天地一指也，万物一马也。

注释

① 指：手指。

解读

用手指来说明手指不是手指，不如用非手指来说明手指不是手指；用白马来说明白马不是马，不如用非白马来说明白马不是马。天地就是"一指"，万物就是"一马"。

原文

可乎可，不可乎不可。道行之而成，物谓之而然。恶乎然？然于然。恶乎不然？不然于不然。物固有所然，物固有所可。无物不然。无物不可。故为是举莛与楹❶，厉与西施，恢恑憰❷怪，道通为一。

其分也，成也；其成也，毁也。凡物无成与毁，复通为一。唯达者知通为一，为是不用而寓诸庸。庸也者，用也；用也者，通也；通也者，得也；适得而几矣。因是已，已而不知其然谓之道。劳神明为一而不知其同也，谓之"朝三"。何谓"朝三"？狙公赋芧❸，曰："朝三而暮四。"众狙皆怒。曰："然则朝四而暮三。"众狙皆悦。名实未亏而喜怒为用，亦因是也。是以圣人和之以是非而休乎天钧❹，是之谓两行。

注释

❶ 莛（tíng）：草茎。楹（yíng）：房屋的柱子。
❷ 恑（guǐ）：通"诡"，狡猾。憰（jué）：通"谲"，欺诈。
❸ 狙（jū）：猴子。狙公：养猴子的老翁。芧（xù）：橡子。
❹ 天钧：天道的自然运行。

解读

对就是对，不对就是不对。道路是人走出来的，事物的名称是人叫出来的。为什么是这样？这样就是这样。为什么不是这样？不是这样就不是这样。事物都有它是的地方，事物本来也都有它对的地方。没有什么东西是不对与不可的。所以，草茎和屋柱，丑女和西施，还有其他稀奇古怪的

庄　子

事物，从"道"的角度来看都是不分彼此的。

　　万物的分离意味着生成，万物的生成意味着毁灭。其实无所谓生成与毁灭，终归都一样。只有通达之人才明白这个道理，因而将智慧寓于平庸之中，平庸即用，用即通，通即得，达到大智若愚的境界就差不多了。顺应自然而不求其所以然，叫作"道"。争论不休而不知是非彼此相通的道理，就是"朝三"。什么是"朝三"？养猴的老翁给猴子喂橡子，他对猴子说："早上吃三升。晚上吃四升。"猴子听了非常愤怒。老翁又说："那么早上四升晚上三升如何？"猴子听了都高兴起来。数量并没有改变，老翁只是顺应猴子的心理。这就是顺势而为。所以圣人把是与非混同起来，任其自然，这就是物我各得其所。

原文

　　古之人，其知有所至矣。恶乎至？有以为未始有物者，至矣，尽矣，不可以加矣。其次以为有物矣，而未始有封也。其次以为有封也，而未始有是非也。是非之彰也，道之所以亏也。道之所以亏，爱之所以成。果且有成与亏乎哉？果且无成与亏乎哉？有成与亏，故昭氏❶之鼓琴也；无成与亏，故昭氏之不鼓琴也。昭文之鼓琴也，师旷❷之枝策也，惠子之据梧也，三子之知。几乎！皆其盛者也，故载之末年❸。唯其好之也，以异于彼；其好之也，欲以明之彼。非所明而明之，故以坚白❹之昧终。而其子又以文之纶终，终身无成。若是而可谓成乎，虽我亦成也；若是而不可谓成乎，物与我无成也。是故滑疑❺之耀，圣人之所图也。为是不用，而寓诸庸，此之谓"以明"。

注释

❶ 昭氏：名文，古之善鼓琴者。

② 师旷：春秋时期晋国著名乐师。
③ 载之末年：记载于书而传之于后世。
④ 坚白：先秦名家的著名论题之一。
⑤ 滑（gǔ）疑：迷惑，一说为含蓄。

解读

古人的认识达到了最高境界。是什么境界呢？他们认为在宇宙初开时是无物的，这种认识无与伦比。其次认为有物，而认为没有界限。再次认为万物有别，但没有是非。是非一旦分明，"道"就受到了损害。"道"之所以受损害，是因为有偏爱。

果真有没有完成和亏损呢？有成和亏，就好比昭文弹琴；没有成和亏，就好比昭文不弹琴。昭文弹琴，师旷奏乐，惠子学问，这三个人的才智几乎算得上最高了，因而载之于史册而流传后世。

正因为他们各有所好而与众不同，并示之于他人。他人不想领会而一定要人家领会，因而惠子以"坚白论"糊涂终身。昭文之子继承其父的琴技奋斗终身，因而一辈子无所成就。如果这样也可以叫作成功，那么我们大家都可以算是成功了。如果那样不算成功，那么众人均无成就。所以，向世人炫耀其智慧和言论，是圣人所摒弃的。寄寓于各物的自然形态，这就叫作"以明"。

原文

今且有言于此，不知其与是类乎？其与是不类乎？类与不类，相与为类，则与彼无以异矣。虽然，请尝言之：有始也者，有未始有始也者，有未始有夫未始有始也者；有有也者，有无也者，有未始有无也者，有未始有夫未始有无也者。俄而有无矣，而未知有无之果孰有孰无

庄 子

也。今我则已有谓矣,而未知吾所谓之其果有谓乎?其果无谓乎?

天下莫大于秋毫之末,而大山[1]为小;莫寿于殇子[2],而彭祖为夭。天地与我并生,而万物与我为一。既已为一矣,且得有言乎?既已谓之一矣,且得无言乎?一与言为二,二与一为三,自此以往,巧历[3]不能得,而况其凡乎?故自无适有,以至于三,而况自有适有乎?无适焉,因是已!

注释

[1] 大(tài)山:即泰山。
[2] 殇子:夭折的幼童。
[3] 巧历:善于算数的人。

解读

假设有人在此发表了一通言论,不知和上面所说的情况是否类同呢?类同也罢,不类同也罢,反正都是一类的,那么和上面那种言论就没有什么区别了。尽管如此,我还是将它说出来:宇宙有一个开始,有一个未曾开始的"开始",更有一个未曾开始那"未曾开始"的开始。宇宙有它的"有",有它的"无",还有未曾有无的"无",还有未曾有那"未曾有无"的无。

忽然间产生了"有"和"无",但不知道这"有"和"无"究竟谁是真"有",还是真"无"。现在我已经把话说了,但不知究竟是有所说,还是无所说呢?天下没有比秋毫之末更巨大的,而泰山却是微小的;没有比夭折的幼童更长寿的,而彭祖是短命的。天地和我并存,万物和我合而为一。

既然是合而为一的,那还有什么可说的呢?既然已经说了合而为一,那还能不说吗?一加上我所说的就成了二,二再加上一就成了三,以此类推，就是最善于算数的人也无法算清，何况一般人呢？所以从无到有，乃至到了三，何况从有到有呢？别往下推算了，顺其自然吧！

原文

夫道未始有封，言未始有常，为是而有畛也。请言其畛❶：有左有右，有伦有义，有分有辩，有竞有争，此之谓八德。六合❷之外，圣人存而不论；六合之内，圣人论而不议；春秋经世先王之志，圣人议而不辩。故分也者，有不分也；辩也者，有不辩也。曰：何也？圣人怀之，众人辩之以相示也。故曰：辩也者有不见也。

夫大道不称，大辩不言，大仁不仁，大廉不嗛❸，大勇不忮。道昭而不道，言辩而不及，仁常而不周，廉清而不信，勇忮❹而不成。五者圆而几向方矣。故知止其所不知，至矣。孰知不言之辩，不道之道？若有能知，此之谓天府❺。注焉而不满，酌焉而不竭，而不知其所由来，此之谓葆光。

注释

❶ 畛（zhěn）：分界。
❷ 六合：上下四方。
❸ 嗛（qiān）：谦让。
❹ 忮（zhì）：忌恨。
❺ 天府：指圣人宽广的心胸。

解读

"道"是没有界限的，言论本来没有是非，为了争一个"是"字而划出分界。例如，左与右，次序与等差，区别与辩论，竞胜与争持，这就是

庄 子

八种具体的分界。天地之外的事，圣人是存而不论的；天地之内的事，圣人则论述而不评议；对记载先王政绩的史书，圣人评议而不争辩。因而有分别就有不分别，有辩论就有不辩论。这是为什么呢？因为圣人以不辩为怀，众人却热衷于争辩而竞相显示。所以说：争辩的人没有高明的见解。

大道无法言说，大辩无须言语，大仁无须偏爱，大廉无须标榜，大勇无须逞强。道，一旦称说就不是道；言，争论就有所不及；仁，有所偏爱就不是仁；廉，过分标榜就不真实；勇，用于争斗就不是真勇。这五者就像本来是圆的却变成了方的。

所以，一个人能止于他所不知的境界，就达到知的极点了。谁能知道不用言语的争辩、不用称说的道呢？如果有知道的，他的心胸阔如大海。注入水不会满溢，取出水不会枯竭，而且不知道其源流来自何处，这就叫作潜藏着的光辉。

原文

故昔者尧问于舜曰："我欲伐宗、脍、胥敖❶，南面而不释然，其故何也？"

舜曰："夫三子❷者，犹存乎蓬艾之间，若不释然何哉？昔者十日并出，万物皆照，而况德之进乎❸日者乎！"

注释

❶ 宗、脍、胥敖：上古时代的三个小国。
❷ 三子：指三位国君。
❸ 进乎：超过。

解读

从前尧问舜："我想征伐宗、脍、胥敖，每当临朝总是心中不安，这是为什么呢?"

舜说:"这三个小国的国君,如同生存在蒿草丛中的小动物,你有什么不放心的呢?从前十个太阳并出,照耀万物,何况您的德行胜过太阳的光辉呢!"

原文

啮缺问乎王倪曰❶:"子知物之所同是乎?"

曰:"吾恶乎知之!"

"子知子之所不知邪?"

曰:"吾恶乎知之!"

"然则物无知邪?"

曰:"吾恶乎知之!虽然,尝试言之。庸讵❷知吾所谓知之非不知邪?庸讵知吾所谓不知之非知邪?且吾尝试问乎女:民湿寝则腰疾偏死,鳅然乎哉?木处则惴栗恂惧,猿猴然乎哉?三者孰知正处❸?民食刍豢❹,麋鹿食荐,蝍蛆❺甘带,鸱❻鸦耆鼠,四者孰知正味?猿猵狙❼以为雌,麋与鹿交,鳅与鱼游。毛嫱、丽姬❽,人之所美也,鱼见之深入,鸟见之高飞,麋鹿见之决骤,四者孰知天下之正色哉?自我观之,仁义之端,是非之涂,樊然淆乱,吾恶能知其辩!"

啮缺曰:"子不知利害,则至人固不知利害乎?"王倪曰:"至人神矣!大泽焚而不能热,河汉冱❾而不能寒,疾雷破山飘风振海而不能惊。若然者,乘云气,骑日月,而游乎四海之外,死生无变于己,而况利害之端乎!"

庄 子

注释

① 啮（niè）缺，王倪：相传是尧时的贤人。
② 庸讵（jù）：何从。
③ 正处：真正舒适的居处。
④ 刍豢（huàn）：指禽兽。
⑤ 蝍蛆（jì jū）：蜈蚣。
⑥ 鸱（chī）：猫头鹰。
⑦ 猵狙（biān jū）：猕猴的一种。
⑧ 毛嫱（qiáng）：古代美女。丽姬：春秋时期晋献公夫人。
⑨ 沍（hù）：冻结。

解读

啮缺问王倪："您知道万物的共同道理吗？"王倪说："我怎么知道

呢！"啮缺说："您知道您自己不知吗？"王倪说："我怎么知道呢！"啮缺说："那么万物都是无知的吗？"

王倪说："我怎么知道！尽管这样，姑且让我说说吧。怎么知道'知'不是'不知'呢？又怎么知道我所说的'不知'不是'知'呢？我问你：人睡在潮湿的地方就会腰痛，泥鳅也会这样吗？人爬到树上就恐惧发抖，猿猴也是这样吗？

"人、泥鳅、猿猴三者，谁才算懂得真正舒适的住所呢？人吃肉，麋鹿吃草，蜈蚣喜欢吃蛇，猫头鹰和乌鸦爱吃老鼠，这四者究竟谁才算懂得真正可口的美味呢？猵狙和猿作配偶，麋和鹿交配，泥鳅和鱼相配。毛嫱和丽姬是公认的美人，但鱼见了就沉入水底，鸟见了就飞向高空，麋鹿见了赶快跑走，这四者谁才算懂得真正的美色呢？依我看来，仁义的头绪，是非的途径，都杂乱无章，我怎么能加以区别呢！"

啮缺说："您不知利害，那么道德高尚之人也不知道吗？"王倪说："道德高尚之人很神妙啊！山林燃烧不能使他感到热，江河冻结不能使他感到寒冷，雷霆震撼高山、狂风掀起海浪不能使他受惊。这种道德高尚之人乘云气，骑日月，遨游于四海之外，生死变化都和他没有关系，何况利害这等小事呢！"

原文

瞿鹊子问于长梧子❶曰："吾闻诸夫子：'圣人不从事于务，不就利，不违害，不喜求，不缘道，无谓有谓，有谓无谓，而游乎尘垢之外。'夫子以为孟浪❷之言，而我以为妙道之行也，吾子以为奚若？"

长梧子曰："是黄帝之所听荧也，而丘也何足以知之！且汝亦大早计，见卵而求时夜，见弹而求鸮炙。予尝为女妄言之，女亦以妄听之，奚？旁日月，挟宇宙，为其吻合，置其滑涽，以隶相尊。众人役

庄 子

役，圣人愚芚，参万岁而一成纯。万物尽然，而以是相蕴。予恶乎知说生之非惑邪？予恶乎知恶死之非弱丧而不知归者邪？

"丽之姬，艾封人之子也。晋国始得之也，涕泣沾襟。及其至于王所，与王同筐床，食刍豢，而后悔其泣也。予恶乎知夫死者不悔其始之蕲生乎？梦饮酒者，旦而哭泣；梦哭泣者，旦而田猎。方其梦也，不知其梦也。梦之中又占其梦焉，觉而后知其梦也。且有大觉而后知此其大梦也，而愚者自以为觉，窃窃然知之，君乎，牧乎，固哉！丘也与女皆梦也，予谓女梦亦梦也。是其言也，其名为吊诡。万世之后，而一遇大圣知其解者，是旦暮遇之也。

"既使我与若辩矣，若胜我，我不若胜，若果是也？我果非也邪？我胜若，若不吾胜，我果是也？而果非也邪？其或是也？其或非也邪？其俱是也？其俱非也邪？我与若不能相知也。则人固受其黮闇，吾谁使正之？使同乎若者正之，既与若同矣，恶能正之？使同乎我者正之，既同乎我矣，恶能正之？使异乎我与若者正之，既异乎我与若矣，恶能正之？使同乎我与若者正之，既同乎我与若矣，恶能正之？然则我与若与人俱不能相知也，而待彼也邪？

"何谓和之以天倪？"

曰："是不是，然不然。是若果是也，则是之异乎不是也亦无辩；然若果然也，则然之异乎不然也亦无辩。化声之相待，若其不相待。和之以天倪，因之以曼衍，所以穷年也。忘年忘义，振于无竟，故寓诸无竟。"

> **注释**
>
> ❶ 瞿鹊子：孔门后学。长梧子：瞿鹊子的老师。

② 孟浪：荒诞。

解读

瞿鹊子问长梧子："我听孔夫子说过：'圣人做事不勉强，不图利，不避害，不妄求，不拘泥于道，没说话等于说了，说了等于没说，遨游于尘世之外。'孔夫子认为这都是无稽之谈，而我却认为是妙道之理，你认为怎样？"

长梧子说："这些话黄帝听了都疑惑不解，孔丘怎么能理解呢！你未免太性急了，就像刚看见鸡蛋就想得到报晓的公鸡，刚看见弹丸就想吃烤熟的鸟肉。我姑且给你讲一讲，你随便听听，怎么样？圣人依傍日月，怀抱宇宙，与万物合为一体，置是非昏乱于不顾，视尊卑贵贱为同一。众人忙碌奔波，圣人浑朴自安，视万物如一而无不同。万物都一样，相合而不排斥。我怎么知道贪生不是迷惑呢？我又怎么知道应该视死如归呢？

"丽姬是艾地守封疆人的女儿，晋国娶她的时候，痛哭流涕，泪湿衣襟。当她住进王宫，与晋君同床享乐，花天酒地，这才后悔当初不该哭泣。我怎么知道死者不后悔当初不该留恋人世呢？梦中饮酒作乐的人，醒来后却悲伤哭泣；梦中伤心痛哭的人，早晨起来却高兴地打猎。人在梦中，不知是梦。梦中还在做梦，醒来后才知道是梦。领悟了大道的人才知道人生就像一场大梦，而愚蠢的人却自以为清醒，好像什么都知道，整天君呀，臣呀，贵呀，贱呀，真是浅陋至极！孔丘和你都是在做梦，我说你们做梦，我也是在做梦。这些话可以称为奇谈怪论。但在万世之后遇到一位大圣人，他很快就能深悟其中的道理。

"假如我和你辩论，你胜，我输，你果真对吗？我果真错吗？我胜，你输，我果真对吗？你果真错吗？是我们一人对一人错呢？还是两人都对，或者两人都错呢？我和你都不知道。凡人都有偏见，我们请谁来评判是非呢？如果请和你观点相同的人评判，他已经和你相同，怎么能评判呢？如果请和我观点相同的人评判，他已经和我相同，怎么能评判呢？如

庄　子

果请和你我观点都不相同的人评判,他已经与你我不相同,怎么能评判呢?如果请和你我观点都相同的人评判,他已经与你我相同,怎么能评判呢?那么,我和你以及其他人都不能评判谁是谁非,还等待谁呢?

"什么叫用自然运行规律来调解是非之争?"

"就是把对视为错,把不是这样看成这样。对如果是对,就和错有区别了,也无须辩论;这样如果是这样,就和不是这样有区别了,也无须辩论。是非之辩互相对立,其实并不对立。顺其自然,任其变化,就可以彻底超脱。不计生死,忘掉仁义,畅游于无穷的领域,就进入了无穷的境界。"

原文

罔两❶问景曰:"曩❷子行,今子止;曩子坐,今子立。何其无特操与?"

景曰:"吾有待而然者邪!吾所待又有待而然者邪!吾待蛇蚹❸蜩翼❹邪!恶识所以然?恶识所以不然?"

注释

❶ 罔两:影子外的微阴,即虚影。
❷ 曩(nǎng):从前。
❸ 蛇蚹(fù):蛇蜕下的皮。
❹ 蜩(tiáo)翼:蝉蜕下的壳。

解读

虚影问影子:"刚才你移动,现在你又停止;刚才你坐着,现在你又站起来。你怎么这么没有独立的性格呢?"

影子说:"我因为有所依赖才会这样啊!我所依赖又有所依赖才会这

样啊!我所依赖的就像蛇有鳞皮、蝉有蜕壳一样啊!我怎么知道为什么会这样?又怎么知道为什么不会这样?"

原文

昔者,庄周梦为胡蝶,栩栩然胡蝶也。自喻适志❶与!不知周也。俄然觉,则蘧蘧❷然周也。不知周之梦为胡蝶与?胡蝶之梦为周与?周与胡蝶则必有分矣。此之谓物化。

注释

❶ 适志:得意。
❷ 蘧蘧(jù):惊疑。

解读

从前庄周梦见自己变成了蝴蝶,一只活生生的蝴蝶,感到得意扬扬,竟然忘记了自己是庄周。忽然醒来,才知道自己是庄周。不知是庄周做梦化为蝴蝶呢?还是蝴蝶做梦化为庄周?庄周和蝴蝶必定是有所分别的。这就是万物融合为一了。

养生主

原文

吾生也有涯，而知也无涯。以有涯随无涯，殆❶已；已而为知者，殆而已矣！为善无近名，为恶无近刑。缘督❷以为经，可以保身，可以全生❸，可以养亲❹，可以尽年。

注释

❶ 殆：危险。这里指疲乏。
❷ 缘：顺。督：中。
❸ 生：通"性"，"全生"即指保全天性。
❹ 亲：通"身"。

解读

人的生命是有限的，而知识却是无限的。以有限的生命去追逐无限的知识，就会困顿疲乏；既然如此，还不停地去求知，那可真是十分危险的了！做善事而不贪图名声，做恶事而不触犯刑律。遵从自然，就可以保护生命，可以保全天性，可以蓄养精神，可以享尽天年。

原文

庖丁为文惠君解牛，手之所触，肩之所倚，足之所履，膝之所踦❶，砉然向然❷，奏刀騞❸然，莫不中音，合于桑林之舞，乃中经首之会。

文惠君曰:"嘻,善哉!技盖至此乎?"

庖丁释刀对曰:"臣之所好者道也,进乎技矣。始臣之解牛之时,所见无非牛者。三年之后,未尝见全牛也。方今之时,臣以神遇而不以目视,官知止而神欲行。依乎天理,批大郤④,导大窾⑤,因其固然;技经肯綮⑥之未尝微碍,而况大軱⑦乎!良庖岁更刀,割也;族庖月更刀,折也。今臣之刀十九年矣,所解数千牛矣,而刀刃若新发于硎⑧。彼节者有间,而刀刃者无厚。以无厚入有间,恢恢乎其于游刃必有余地矣,是以十九年而刀刃若新发于硎。虽然,每至于族,吾见其难为,怵然为戒,视为止,行为迟,动刀甚微。謋然⑨已解,牛不知其死也,如土委地。提刀而立,为之四顾,为之踌躇满志,善⑩刀而藏之。"

文惠君曰:"善哉!吾闻庖丁之言,得养生焉!"

注释

① 踦(yǐ):通"倚"。
② 砉(xū)、向:形容解牛的声音。
③ 騞(huō):以刀快速割牛的声音。
④ 郤:通"隙",这里指牛体筋腱骨骼间的空隙。
⑤ 窾(kuǎn):空,这里指牛体骨节间较大的空处。
⑥ 綮(qǐng):骨肉连接很紧的地方。
⑦ 軱(gū):大骨。
⑧ 硎(xíng):磨刀石。
⑨ 謋(huó)然:指牛体分解的声音。
⑩ 善:通"拭",擦。

庄 子

解读

庖丁为文惠君宰牛,手所接触的,肩所靠着的,脚所踩的,膝所抵住的,都哗然作响,用刀宰牛发出的响声,没有不合于乐音的:既合于《桑林》的舞乐,又合于《经首》的节奏。

文惠君说:"嘻,真奇妙啊!你的技术怎么会达到如此高超的地步呢?"

庖丁放下屠刀回答说:"我所喜好的是'道',已经超过技艺了。刚开始宰牛时,我所看见的都是整头牛。三年以后,就不曾看见整头牛了。现在,我只用心神运刀而不必用眼睛看,感官的作用都停了下来,可精神还在运行。我顺着牛的生理结构,劈开筋骨,把刀引向骨节的空隙,顺着牛体的结构运刀;巧妙地绕开那筋肉紧连的地方而毫无阻碍,更何况那些大骨头呢!好厨师一年更换一把刀,他们是用刀割筋肉;普通的厨师一个月就更换一把刀,他们是在用刀砍骨头。如今我这把刀已经用了十九年,所宰杀的牛成百上千,而刀刃依然像刚从磨刀石上磨过一样。牛的骨节之间有间隙,而刀刃几乎没有厚度,用很薄的刀刃插入有空隙的骨节,自然是十分宽绰而游刃有余了。所以我的刀使用了十九年而它的刃还是像刚从磨刀石上磨过一样。虽然这样,每当遇上筋骨交错的地方,难于下刀,我就格外小心谨慎,目光专注,动作迟缓,动刀十分轻巧,牛哗啦一下子就解体了,像泥土丢在地上摊开一般。这时候我提刀而立,环顾四周,踌躇满志,擦拭好刀收起来。"

文惠君说:"好啊!我听了你这一番话,得到了养生的道理!"

原文

公文轩见右师而惊曰:"是何人也?恶乎介[1]也?天与,其人与?"曰:"天也,非人也。天之生是使独也,人之貌有与也。以是知其天也，非人也。"

泽雉十步一啄，百步一饮，不蕲畜乎樊中。神虽王❷，不善也。

老聃死，秦失吊之，三号而出。

弟子曰："非夫子之友邪？"

曰："然。"

"然则吊焉若此，可乎？"

曰："然。始也吾以为其人也，而今非也。向吾入而吊焉，有老者哭之，如哭其子；少者哭之，如哭其母。彼其所以会之，必有不蕲言而言，不蕲哭而哭者。是遁天倍情❸，忘其所受，古者谓之遁天之刑。适来，夫子时也；适去，夫子顺也。安时而处顺，哀乐不能入也，古者谓是帝之县❹解。"

指穷于为薪，火传也，不知其尽也。

注释

❶ 介：指一只脚。

❷ 王：旺盛，后代写作"旺"。

❸ 遁天倍情：违反天理，背弃真情。

❹ 县（xuán）：通"悬"。

解读

公文轩碰见右师吃惊地说："这是什么人？怎么只有一只脚呢？是天生的呢，还是人为的呢？"右师说："这是天生的，不是人为的。生下来就只有一只脚，人的形貌是天所赋予的。所以知道是天生的，不是人为的。"

沼泽里的野鸡，走十步才能啄到一口食，走百步才能喝上一口水，可它并不祈求被养在笼子里。因为在笼子里，尽管饱满旺盛，但很不自在。

老聃死了，秦失去吊丧，大哭几声便离开了。老聃的弟子问："你不是我们先生的朋友吗？"

秦失说："是的。"

弟子们又问："那么像你这样来吊唁朋友，行吗？"

秦失说："可以啊！开始我以为先生是道德高尚的人，后来感觉并不是这样。刚才我进去吊唁，有老人在哭他，像在哭自己的孩子；有年轻人在哭他，像在哭自己的父母。他们之所以来到这里痛哭，一定有本不想吊唁而吊唁，本不想哭泣而哭泣的缘由。这是违反天理、背弃真情，忘掉了人是受命于天的道理，古人称这是违背了天理所得到的刑罚。该来时，先生应时而生；该去时，先生顺理而死。安时而处顺，便不会生悲喜哀乐，古人称这样做就叫自然的解脱，好像解除了倒悬之苦似的。"

烛薪是会燃尽的，而火种却会传续下来，永远不会熄灭。

内 篇

人间世

原文

颜回见仲尼,请行。

曰:"奚之?"

曰:"将之卫。"曰:"奚为焉?"

曰:"回闻卫君,其年壮,其行独;轻用其国,而不见其过;轻用民死,死者以国量乎泽若蕉,民其无如矣。回尝闻之夫子曰:'治国去之,乱国就之,医门多疾。'愿以所闻,思其所行,则庶几其国有瘳❶乎!"

仲尼曰:"嘻!若殆往而刑耳!夫道不欲杂,杂则多,多则扰,扰则忧,忧而不救。古之至人,先存诸己而后存诸人。所存于己者未定,何暇至于暴人之所行!且若亦知夫德之所荡而知之所为出乎哉?德荡乎名,知出乎争。名也者,相轧也;知也者,争之器也。二者凶器,非所以尽行也。

"且德厚信矼❷,未达人气,名闻不争,未达人心。而强以仁义绳墨之言术暴人之前者,是以人恶有其美也,命之曰菑人。菑人者,人必反菑之,若殆为人菑❸夫?且苟为悦贤而恶不肖,恶用而求有以异?若唯无诏,王公必将乘人而斗其捷。而目将荧之,而色将平之,口将营之,容将形之,心且成之。是以火救火,以水救水,名之曰益多。顺始无穷。若殆以不信厚言,必死于暴人之前矣!

庄　子

"且昔者桀杀关龙逢，纣杀王子比干，是皆修其身以下伛拊❹人之民，以下拂其上者也，故其君因其修以挤之。是好名者也。

"昔者尧攻丛、枝、胥敖，禹攻有扈，国为虚厉，身为刑戮；其用兵不止，其求实无已。是皆求名实者也，而独不闻之乎？名实者，圣人之所不能胜也，而况若乎！虽然，若必有以也，尝以语我来！"

注释

❶ 瘳（chōu）：病愈。
❷ 矼（qiāng）：坚实、笃厚。
❸ 菑（zāi）：即灾，害。
❹ 伛（yǔ）拊（fǔ）：怜爱抚育。

解读

颜回拜见孔子，向他辞别。

孔子问："你要到哪里去呢？"

颜回回答："打算去卫国。"

孔子问："去干什么呢？"

颜回回答："我听说卫国国君年轻气盛，专横独断；他轻率处理政事而无所顾忌；百姓大量死亡，就像大泽中的枯草，老百姓已无路可走。我曾听先生说：'有道的国家，你可以离开它；无道的国家，你却要去帮助它，医生门前病人多嘛！'我希望根据先生的教诲去做，卫国也许还有救吧！"

孔子说："唉！只怕你到卫国会遭到不测啊！大道是不宜交错杂乱的，否则就会多事，多事就会生烦扰，有烦扰就会生忧患，忧患多了也就自身难保了。古时道德高尚的人，总是先正己而后正人。如今自己尚未立正，怎么能去纠正暴君的行为呢！

"你知道德之所以衰落而智巧之所以生的原因吗？德之衰落是由于求名，智巧之生在于好胜。名是人互相倾轧的原因，智是人互相争斗的工具。二者都是凶器，不可以推行于世。

"虽然你德行纯厚，信誉可靠，可别人不了解；虽然你不争名声，别人也无从判断。如果勉强把仁义述说于暴君，这就是在拿别人的短处来夸耀自己的美德，会被认为是害人。害人的人一定会被别人所害，你恐怕会被人伤害呀！

"假如卫君喜好贤才而讨厌不屑之人，哪里还用得着你去标新立异呢？除非你一言不发，否则他一定会抓住你言辞的漏洞跟你巧辩。这时候你会眼花缭乱而六神无主，说话错乱而顺从迁就，最后与暴君妥协。这就像以火救火，以水救水，可以被称为帮凶。一旦开始顺从，便再也不由自主了。假如他不信忠厚之言，那你就一定会死在他面前。

"从前夏桀杀害关龙逢，商纣杀害比干。这些贤臣都十分注重修道进德，并以臣下的地位抚爱人君的百姓，但又违逆了国君，所以国君就因为

庄 子

他们修养太好而陷害他们。这是好名的结果。

"当年尧征伐丛、枝和胥敖，禹攻打有扈，这些国家变成废墟，百姓死亡，而国君自身也遭受杀戮，这些国家用兵不止，贪利不已，这是求名求利的结果。你没有听说过吗？名利之心，圣人也不能战胜，何况是你呢？虽然这样，你必定有更好的办法，说来听听吧！"

原文

颜回曰："端而虚，勉而一。则可乎？"

曰："恶，恶可！夫以阳为充孔扬，采色[1]不定，常人之所不违，因案人之所感，以求容与其心，名之曰日渐之德不成，而况大德乎！将执而不化，外合而内不訾[2]，其庸讵可乎！"

"然则我内直而外曲，成而上比。内直者，与天为徒。与天为徒者，知天子之与己皆天之所子。而独以己言蕲乎而人善之，蕲乎而人不善之邪？若然者，人谓之童子，是之谓与天为徒。外曲者，与人之为徒也。擎[3]跽[4]曲拳，人臣之礼也，人皆为之，吾敢不为邪？为人之所为者，人亦无疵焉，是之谓与人为徒。成而上比者，与古为徒，其言虽教，谪之实也；古之有也，非吾有也。若然者，虽直而不病，是之谓与古为徒。若是则可乎？"

仲尼曰："恶，恶可！大多政法而不谍，虽固亦无罪。虽然，止是耳矣，夫胡可以及化！犹师心者也。"

颜回曰："吾无以进矣，敢问其方。"

仲尼曰："斋，吾将语若！有心而为之，其易邪？易之者，暤天不宜。"

颜回曰："回之家贫，唯不饮酒不茹荤者数月矣。如此，则可以为斋乎？"

曰："是祭祀之斋，非心斋也。"

回曰："敢问心斋。"

仲尼曰："若一志，无听之以耳而听之以心，无听之以心而听之以气！听止于耳，心止于符。气也者，虚而待物者也。唯道集虚。虚者，心斋也。"

颜回曰："回之未始得使，实有回也；得使之也，未始有回也。可谓虚乎？"

仲尼曰："尽矣。吾语若！若能入游其樊而无感其名，入则鸣，不入则止。无门无毒，一宅而寓于不得已，则几矣。绝迹易，无行地难。为人使易以伪，为天使难以伪。闻以有翼飞者矣，未闻以无翼飞者也；闻以有知知者矣，未闻以无知知者也。瞻彼阕者，虚室生白，吉祥止止。夫且不止，是之谓坐驰，夫徇耳目内通而外于心知，鬼神将来舍，而况人乎！是万物之化也，禹舜之所纽也，伏戏几蘧之所行终，而况散焉者乎！"

注释

① 采色：这里指面部表情。
② 外合而内不訾：表面附和而内心不采纳。
③ 擎：举，这里指手里拿着朝笏（hù）。
④ 跽：长跪。

解读

颜回说："端庄而谦谨，勤勉而专一，这样可以吗？"

孔子说："唉，这怎么可以呢！卫君骄气十足，锋芒毕露，喜怒无常，人们都不敢违背他，他还压制别人以畅其心意。对这种人用小德来感化都不奏效，何况用大德来劝导呢？他固守己见而不会被感化，表面上附和而内心却不赞同，你的方法怎么能行呢？"

颜回说："那么我就内直而外曲，成而上比。所谓内直，就是顺应自然；顺应自然便知道人君和自己都源于自然，我怎么会计较自己的话是否被别人赞同呢？这样，人们就会称我童心不灭，这就叫跟自然为同类。所谓外曲，就是向他人看齐：手拿朝笏，躬身下拜，这是做臣的礼节，别人都这样做，我敢不这样做吗？做一般人臣都做的事，人们就不会责难，这就叫跟平常人为同类。所谓成而上比，就是跟古人为同类。所引古人的诤言自古就有，并不是由我所创的。这样做，虽然正直不阿却不会受到伤害，这就叫跟古人为同类。这样可以吗？"

孔子说："唉，怎么可以呢！纠正人家的法子太多却不通达。虽然法子浅陋，但是没有罪责。即使这样，也不过如此而已，又怎么能感化他呢！你还是固执己见啊。"

颜回说："我没有更好的办法了，请问先生有什么好方法呢？"

孔子说："你先斋戒，我再告诉你！用心去做，难道就容易了吗？要是这样容易的话，那就不合上天的道理了。"

颜回说："我家境贫穷，不喝酒、不吃肉已经好几个月了，这可以说是斋戒了吧？"

孔子说："这是祭祀的斋戒，不是'心斋'。"

颜回说："请问什么是'心斋'？"

孔子说："摒除杂念，心志纯一，不用耳去听而用心去领悟，不用心去领悟而用气去感应！耳只是聆听，心只能与外界事物接合。气因其虚无才能接纳万物。自然大道也是虚无之境。这种心境就是'心斋'。"

颜回说："听你这番教诲之前，我颜回是我颜回；听你这番教诲后，心里便不曾有我颜回了。这可以说是虚无的境界吗？"

孔子说："对了！我告诉你：假如你进入卫国而不为名利所动，卫君叫你说你就说，不叫你说你就不说，不去寻找仕途的门路，也不向世人提示索求的标的，心思凝聚全无杂念，把自己寄托于无可奈何的境域，那么就差不多达到心斋了。

"不走路容易，走路不留痕迹就很难。受贪欲驱遣易伪装，受自然驱遣便很难作假。听说过凭借翅膀才能飞翔，不曾听说过没有翅膀也能飞翔；听说过有智慧才能了解事物，不曾听说过没有智慧也可以了解事物。

"看一看空旷的寰宇，空明的心境顿时独存精白，而什么也都不复存在，吉祥之事都汇聚于宁静的境界。至此还不能凝止，这就叫形坐神驰。倘若让耳目向内通达而又排除巧智，那么鬼神将会前来归附，何况是人呢！这就是万物的变化，是禹舜出世的要领，也是伏羲、几蘧遵循的道理，何况是普通人呢！"

原文

叶公子高将使于齐，问于仲尼曰："王使诸梁也甚重，齐之待使者，盖将甚敬而不急，匹夫未可动，而况诸侯乎！吾甚慄❶之。子常语诸梁也曰：'凡事若小若大，寡不道以欢成。事若不成，则必有人道之患；事若成，则必有阴阳之患。若成若不成而后无患者，唯有德者能之。'吾食也执粗而不臧，爨❷无欲清之人。今吾朝受命而夕饮冰，我其内热与！吾未至乎事之情，而既有阴阳之患矣；事若不成，必有人道之患。是两也，为人臣者不足以任之，子其有以语我来！"

仲尼曰："天下有大戒二：其一命也，其一义也。子之爱亲，命也，不可解于心；臣之事君，义也，无适而非君也，无所逃于天地之间。是之谓大戒。是以夫事其亲者，不择地而安之，孝之至也；夫事其君者，不择事而安之，忠之盛也；自事其心者，哀乐不易施乎前，知其

庄 子

不可奈何而安之若命，德之至也。为人臣子者，固有所不得已。行事之情而忘其身，何暇至于悦生而恶死！夫子其行可矣！

"丘请复以所闻：凡交近则必相靡以信，远则必忠之以言，言必或传之。夫传两喜两怒之言，天下之难者也。夫两喜必多溢美之言，两怒必多溢恶之言。凡溢之类妄，妄则其信之也莫，莫则传言者殃。故法言曰：'传其常情，无传其溢言，则几乎全。'

"且以巧斗力者，始乎阳，常卒乎阴，泰至则多奇巧；以礼饮酒者，始乎治，常卒乎乱，泰至则多奇乐。凡事亦然：始乎谅，常卒乎鄙；其作始也简，其将毕也必巨。夫言者，风波也；行者，实丧也。风波，易以动，实丧易以危。故忿设无由，巧言偏辞。兽死不择音，气息茀然，于是并生心厉。克核大至，则必有不肖之心应之，而不知其然也。苟为不知其然也，孰知其所终！故法言曰：'无迁令，无劝成，过度益也。'迁令劝成殆事，美成在久，恶成不及改，可不慎与！且夫，乘物以游心，托不得已以养中，至矣。何作为报也！莫若为致命，此其难者！"

注释

❶ 傑：恐惧。
❷ 爨（cuàn）：烧火做饭。

解读

叶公子高将出使齐国，向孔子请教："楚王派我出使齐国，责任重大。齐国对使者表面恭敬而事实上怠慢。普通人尚且不容易劝动，何况是诸侯呢！我实在是害怕。先生曾对我说：'凡事无论大小，很少有不合乎大道而可以获得善果的。事办不成，必定会受到惩罚；事办成了，那又一定会忧喜交集酿出病害。事办成办不成都不会留下祸患，只有有德的人才能做到。'我每天吃五谷杂粮，烧火做饭的人不求清凉。我今天早上受命而晚上就得喝冰水，是着急上火啊！我还不曾接触到事情，就已经遭受病患；假如没有完成，那一定会受到国君惩罚。这两种祸患，做臣子的我难以承受，先生可要指导我呀！"

孔子说："天下有两大法：一是天命，二是道义。子女爱双亲，这是命，是自然而然的。臣子侍奉君主，这是义；任何国家都不能没有君主的统治，这是无法逃避的。这就是大法。所以，子女养父母，要使他们随遇而安，这是大孝；臣子事君主，办事都要让国君放心，这是尽忠。修养高的人，不受悲喜情绪的影响，知道世事艰难，无可奈何却又能顺其自然，这就是道德修养的最高境界。做臣子的，当然会有不得已的事，但是遇事要能顺物之情而忘掉自身，这样哪里还会贪生怕死呢！你尽力去做就行了！

"我再把我听到的道理告诉你：大凡国与国交往，邻近的国家要讲诚信，远方的国家要用言辞来表示忠诚。言辞总得有人传达，而传达两国国君喜怒的言辞，是天下最困难的事。两国国君的喜言，传达时必定多溢美之词；两国国君的怒言，传达时必定会添枝加叶。溢美或溢恶的言辞都流于虚妄，而虚妄致使失信，国君相互失信，这时候传话的使者就要遭殃了。"所以古语说：'要传达真话，不要传达妄语，这样差不多就可以保全自己了。'"以技巧相角力的人，开始时光明正大，最后常常使出阴谋，过分时就诡计百出了。以礼饮酒的人，开始时规规矩矩，最后常常酒醉迷乱，过头时就放荡无忌了。凡事恐怕都是这样。人与人相交，开始时互让互谅，到最后往往使出计谋；许多事情，开始的时候简单明了，临近结束时便变得复杂艰难了。

"有言语就会有风波，有行动就会有得失。风波易兴作，得失易危难。所以，愤怒发作的理由，就是花言巧语所致。困兽临死时尖声嚎叫，异常愤怒，于是生出害人的恶念。大凡逼人太甚，必会让人生出恶念以寻报复，而他自己却莫名其妙。如果不知道事情的缘由，谁能知道会遭遇什么结果呢！所以古语说：'不改变使命，不强求成功，过度就是溢了。改变和强求都是危险的。成就好事需要时间，坏事一旦做出就后悔莫及了。能不审慎吗！顺应万物，游心自然，颐养精神，这是最好的了。何必故意造作呢！还不如忠实地传达君令，这样做有什么困难呢！"

原文

颜阖将傅卫灵公太子，而问于蘧伯玉曰："有人于此，其德天杀。与之为无方，则危吾国；与之为有方，则危吾身。其知适足以知人之过，而不知其所以过。若然者，吾奈之何？"

蘧伯玉曰："善哉问乎！戒之慎之，正汝身也哉！形莫若就，心莫若和。虽然，之二者有患。就不欲入，和不欲出。形就而入，且为颠为灭，为崩为蹶。心和而出，且为声为名，为妖为孽。彼且为婴儿，亦与之为婴儿；彼且为无町畦，亦与之为无町畦；彼且为无崖，亦与之为无崖。达之，入于无疵。

"汝不知夫螳螂乎？怒其臂以当车辙，不知其不胜任也，是其才之美者也。戒之，慎之！积伐[1]而美者以犯之，几矣。

"汝不知夫养虎者乎？不敢以生物与之，为其杀之之怒也；不敢以全物与之，为其决之之怒也。时其饥饱，达其怒心。虎之与人异类而媚养己者，顺也；故其杀者，逆也。

"夫爱马者，以筐盛矢，以蜄盛溺。适有蚊虻仆缘[2]，而拊之不时，则缺衔[3]、毁首[4]、碎胸。意有所至而爱有所亡，可不慎邪？"

注释

① 伐：夸耀。
② 仆缘：附着。
③ 缺衔：指咬断了勒口。
④ 毁首：指挣断了辔头。

解读

颜阖将要去做卫国太子的师傅，他向蘧伯玉求教："现在有这样一个人，他天生凶残嗜杀。如果放纵他，他就会危害我的国家；如果用法度来规谏他，又会危及自身。他的智慧足以了解别人的过错，却不知道别人为什么会出现过错。遇到这样的情况，我该怎么办？"

蘧伯玉说："问得好！要谨慎，首先要端正自己！表面上不妨顺从他，内心里不妨循循引导他。虽然这样，这两种做法仍有隐患。亲附他不要太过，疏导他不要太露骨。外表亲附太过，会招致毁灭溃败。疏导得太露骨，会被认为是沽名钓誉，也会招致祸患。他如果像个天真的孩子，你也做一个天真的孩子；他如果不分尊卑贵贱，那你也不分上下；他如果无拘无束，那你也无拘无束。这样慢慢地将他引入无过失的正途上。

"你不知道那螳螂吗？奋起它的臂膀去阻挡车轮，不明白自己的力量不够，这是高估自己的能力。警惕呀，谨慎呀！如果经常夸耀自己的才智而冒犯了他，那就危险了！

"你不知道那养虎的人吗？他不敢用活物去喂老虎，怕的是它扑杀活物时显露凶残之相；他不敢用整个动物去喂老虎，怕的是它撕裂动物时显露凶残之气。了解老虎饥饱的时刻，通晓老虎暴戾凶残的秉性。老虎虽凶猛却向饲养人摇尾乞怜，这是由于顺应老虎性情的缘故，而那些受到伤害的人，是因为触犯了老虎的性子。

"喜欢马的人用竹筐装马粪，用蛤壳接马尿。刚巧一只牛虻叮在马身

庄　子

上，爱马的人随手拍击，没想到马儿受惊便咬断勒口、挣断辔头、弄坏胸络。意在爱马却适得其反，怎么能不谨慎呢？"

原文

匠石之齐，至于曲辕，见栎社树❶。其大蔽数千牛，絜❷之百围，其高临山，十仞而后有枝，其可以为舟者旁十数。观者如市，匠伯不顾，遂行不辍。

弟子厌观之，走及匠石，曰："自吾执斧斤以随夫子，未尝见材如此其美也。先生不肯视，行不辍，何邪？"

曰："已矣，勿言之矣！散木也，以为舟则沈❸，以为棺椁则速腐，以为器则速毁，以为门户则液樠❹，以为柱则蠹。是不材之木也，无所可用，故能若是之寿也。"

匠石归，栎社见❺梦曰："汝将恶乎比予哉？若将比予于文木邪？夫柤❻梨橘柚，果蓏之属，实熟则剥，剥则辱；大枝折，小枝泄❼。此以其能苦其生者也，故不终其天年而中道夭，自掊击于世俗者也。物莫不若是。且予求无所可用久矣，几死，乃今得之，为予大用。使予也而有用，且得有此大也邪？且也若与予也皆物也，奈何哉其相物也？而几死之散人，又恶知散木！"

匠石觉而诊❽其梦。弟子曰："趣取无用，则为社何邪？"

曰："密！若无言！彼亦直寄焉，以为不知己者诟厉也。不为社者，且几有翦乎！且也彼其所保与众异，以义喻之，不亦远乎？"

注释

❶栎社树：把栎树当作社神。

② 絜（xié）：量。

③ 沈：通"沉"。

④ 液樠（mán）：意思是像松木心那样溢出树脂。

⑤ 见（xiàn）：托梦。

⑥ 柤（zhā）：楂。

⑦ 抴（yè）：通"拽"，也写作"拽"，用力拉。

⑧ 诊：通"畛"，告诉。

解读

有个名叫石的木匠去齐国，来到曲辕，看见一棵被人拜为土地神的栎

庄 子

树。这棵栎树可以遮蔽数千头牛,树身上百尺粗,树梢高出山头好几丈才分枝,能用来造船的旁枝就有十来枝。观赏的人群像赶集似的熙熙攘攘,而这位匠人却不愿看,不停步地往前走。

他的徒弟站在树旁看了个够,跑着追上木匠石,说:"自我拿起刀斧跟随先生,从不曾见过这样高大的树木。而先生却不肯看一眼,只顾往前走,为什么呢?"

木匠石回答说:"算了,不要再提它了!那是一棵没有用处的闲散之木:用它做成船会快速沉没,用它做成棺椁会很快腐烂,用它做成器皿会很快坏掉,用它做成屋门会流脂而不合缝,用它做成屋柱会被虫蛀蚀。这是不材之树,没有什么用处,所以才如此长寿。"

木匠石回到家里,梦见栎树对他说:"你拿什么来跟我比较呢?拿文木跟我相比吗?楂、梨、橘、柚这些果树,果实熟了就遭敲打,敲打时枝干受到摧残,大枝被折断,小枝被拽下。这都是因为它们能结出鲜美果实才苦了自己的一生,所以常常不能终享天年而半途夭折,自讨世人的打击!万事万物莫不如此。我追求无用已经很久了,曾经差点儿死去,至今才保全性命,这正是我的大用。假如我有用,还能够如此高大吗?况且你和我都是物,你这样看待事物怎么可以呢?你是将要死去的不成才的'人',又怎么会懂得我这一无所用的树木呢!"

木匠石醒后把梦告诉他的弟子。弟子说:"它意在求取无用,又为什么要做社树呢?"

木匠石说:"别说了!它做社树不过是保全自己罢了,反而招致那些不知情者的非议。假如它不做社树,它也难免遭砍伐之灾!它保全自己的办法与众不同,你却用常理来了解它,不是相差太远了吗?"

原文

南伯子綦游乎商之丘,见大木焉有异,结驷千乘,隐将芘其所赖[1]。子綦曰:"此何木也哉?此必有异材夫!"仰而视其细枝,则拳曲而不可以为栋梁;俯而视其大根,则轴解而不可以为棺椁;咶[2]其叶,则口烂而为伤;嗅之,则使人狂酲[3],三日而不已。子綦曰:"此果不材之木也,以至于此其大也。嗟夫!神人以此不材!"

宋有荆氏者,宜楸柏桑。其拱把而上者,求狙猴之杙者斩之;三围四围,求高名之丽者斩之;七围八围,贵人富商之家求樿傍[4]者斩之。故未终其天年,而中道之夭于斧斤,此材之患也。故解之以牛之白颡者与豚之亢鼻者,与人有痔病者不可以适河。此皆巫祝以知之矣,所以为不祥也。此乃神人之所以为大祥也。

注释

[1] 芘(bì):通"庇",荫庇。赖(lài):荫蔽。
[2] 咶(shì):通"舐",用舌舔。
[3] 酲(chéng):醉酒。
[4] 樿(shàn)傍:指由独幅做成的棺木左右扇。

解读

南伯子綦到商丘游玩,看见一棵出奇大的树,可以遮蔽上千辆马车。子綦说:"这是什么树啊?这树一定是特异的材质!"仰头观看大树的树枝,弯弯扭扭不可以做栋梁;低头观看大树的主干,木质疏松不可以做棺椁;舔一舔树叶,口舌溃烂受伤;闻一闻气味,使人狂醉三天都醒不过来。子綦说:"这果真是不材之树,以至于长得这么高大。唉,神人也是这样显示自己的不才呀!"

宋国荆氏适宜种植楸树、柏树、桑树。树干长到一两把粗的,想用作系猴子木桩的人就把它砍了;三围四围粗的,想用作高大屋栋的人便把它砍了;七围八围粗的,富贵人家想用作棺材的就把它砍了。所以它们不

庄 子

能享尽天年，而总是中途死于刀斧之下。这就是有用之材的祸患。因此，古人祭河神时，不会把白额的牛、高鼻的猪和生痔疮的人当作祭品丢进河里。这是巫祝都知道的，认为那是不吉祥的。但神人以为这是最吉祥的。

原文

支离疏者，颐[1]隐于脐，肩高于顶，会撮指天，五管在上，两髀为胁。挫针治繲[2]，足以糊口；鼓筴、播精，足以食十人。上征武士，则支离攘臂而游于其间；上有大役，则支离以有常疾不受功[3]；上与病者粟，则受三钟与十束薪。夫支离其形者，犹足以养其身，终其天年，又况支离其德者乎？

注释

[1] 颐：下巴。
[2] 繲（jiè）：洗衣。
[3] 功：通"工"，指劳役之事。

解读

有个名叫支离疏的人，下巴隐藏在肚脐下，双肩高过头顶，后脑下的发髻指向天空，脸部的五官也都向上，两条大腿和两边的胸肋并生在一起。他给人家缝衣浆洗，足够糊口度日；又替人筛糠簸米，足可养活十口人。政府征兵时，支离疏甩手前行，不用躲避；政府有大的徭役，他也因身有残疾而免除劳役；政府向残疾人赈济米粟，他还领得三钟粮食十捆柴草。形体残缺不全的人都足以养活自己，终享天年，又何况那忘德的人呢！

原文

孔子适楚，楚狂接舆游其门曰："凤①兮凤兮，何如德之衰也！来世不可待，往世不可追也。天下有道，圣人成焉；天下无道，圣人生焉。方今之时，仅免刑焉。福轻乎羽，莫之知载；祸重乎地，莫之知避。已乎，已乎，临人以德！殆乎，殆乎，画地而趋！迷阳②迷阳，无伤吾行！郤曲郤曲，无伤吾足。"

山木，自寇③也；膏火，自煎也。桂可食，故伐之；漆可用，故割之。人皆知有用之用，而莫知无用之用也。

注释

① 凤：凤鸟，这里比喻孔子。
② 迷阳：指荆棘。
③ 寇：侵犯，掠夺。

解读

孔子去到楚国，楚国隐士接舆来到孔子门前，说："凤鸟啊，凤鸟啊！你怎么怀有大德却来到这衰败的国家！来世不可指望，往世无法追回。天下有道，圣人便成就事业；天下无道，圣人苟全生存。当今时代，只求免遭刑辱。幸福比羽毛还轻，而不知道取得；祸患比大地还重，而不知道回避。算了吧，算了吧！不要宣扬你的德行了！危险啊，危险啊！不要画地为牢！荆棘啊，不要妨碍我行走！曲曲弯弯的道路啊，不要伤害我的双脚！"

山上的树木皆因有用而招致砍伐；膏油自招煎熬。桂树可以食用，因而遭到砍伐；树漆有用，所以遭受刀斧割裂。人们都知道有用的用处，却不懂得无用的用处。

庄子

德充符

原文

　　鲁有兀❶者王骀，从之游者与仲尼相若。常季问于仲尼曰："王骀，兀者也。从之游者与夫子中分鲁。立不教，坐不议；虚而往，实而归。固有不言之教，无形而心成者邪？是何人也？"

　　仲尼曰："夫子，圣人也，丘也直后而未往耳。丘将以为师，而况不若丘者乎！奚假鲁国！丘将引天下而与从之。"

　　常季曰："彼兀者也，而王先生，其与庸亦远矣。若然者，其用心也独若之何？"

　　仲尼曰："死生亦大矣，而不得与之变，虽天地覆坠，亦将不与之遗。审乎无假❷而不与物迁，命物之化而守其宗也。"

　　常季曰："何谓也？"

　　仲尼曰："自其异者视之，肝胆楚越也；自其同者视之，万物皆一也。夫若然者，且不知耳目之所宜，而游心乎德之和；物视其所一而不见其所丧，视丧其足犹遗土也。"

　　常季曰："彼为己：以其知得其心，以其心得其常心，物何为最❸之哉？"

　　仲尼曰："人莫鉴于流水而鉴于止水，唯止能止众止。受命于地，唯松柏独也在冬夏青青；受命于天，唯尧舜独也正，幸能正生，以正众生。夫保始之征，不惧之实；勇士，一人雄入于九军。将求名而能自要❹者，而犹若是，而况官天地，府万物，直寓六骸，象耳目，一知之所知，而心未尝死者乎！彼且择日而登假❺，人则从是也。彼且何肯以物为事乎！"

注释

❶ 兀：通"刖"（yuè），断足的刑法。
❷ 审乎无假：守住本真。
❸ 最：聚集。
❹ 要：通"徼"，求取。
❺ 假：通"遐"，陟升。

解读

鲁国有个被砍掉一只脚的人叫王骀，跟他求学的门徒和孔子的门徒相当。常季问孔子："王骀被砍掉一只脚，跟从他学习的弟子和先生的弟子平分秋色。他立不施教，坐不议论。弟子们却空怀而往，学满而归。难道他真的不用开口就能使人心领神会吗？这是什么样的人呢？"

孔子说："这位先生是圣人。我自感落在众人后面，还没有前去请教他呢！我要拜他为师，何况不如我的人呢！何止鲁国人，我将引领普天下的人跟他学习！"

常季说："他被砍掉一只脚，竟能做您的老师，那应该高出普通人很多。果真这样，那他心智的独特之处何在呢？"

仲尼说："死生是人生大事，却不能影响他；即使天塌地陷，他也不会有所失。他守真而不随物象迁变，他同道而又顺物自化。"

常季说："这是什么意思？"

孔子说："从相异的一面去看，肝胆之间犹如楚国和越国那样遥远；从相同的一面去看，万物都是一样的。果真这样，人就不会关心耳目最适宜何种声色，而游心于万事万物的混同、和谐境域之中。他是从相同的角度看事物,这样,失掉一条腿就像是掉落的一块泥土。"

常季说:"王骀修身为己,以理智得到分别之心,再由分别之心达到无分别之心。为什么众多弟子会归附他呢?"

孔子说:"人照自己不会在流动的水上而是要在静止的水上,只有静止的水才能留住众人。树木都受命于地,但只有松柏得天地之真性,冬夏枝叶青青;人都受命于天,但只有尧舜得天地之正气而成为首领。幸而他们能正己而正人。守信而无所畏惧的勇士,只身一人也敢冲入敌人千军万马之中。追求功名利禄的人尚且能够这样,何况那主宰天地,包藏万物,以六骸为寓所,以耳目为幻象,一同众人之见而心中无生死之念的人呢!这样的人,众人都乐于跟随他。他哪里肯把众人追随他当一回事呢!"

原文

申徒嘉,兀者也,而与郑子产同师于伯昏无人。子产谓申徒嘉曰:"我先出则子止,子先出则我止。"其明日,又与合堂同席而坐。子产谓申徒嘉曰:"我先出则子止,子先出则我止。今我将出,子可以止乎,其未邪?且子见执政❶而不违,子齐执政乎?"

申徒嘉曰:"先生之门,固有执政焉如此哉?子而说❷子之执政而后人者也?闻之曰:'鉴明则尘垢不止,止则不明也。久与贤人处则无过。'今子之所取大者,先生也,而犹出言若是,不亦过乎?"

子产曰:"子即若是矣,犹与尧争善,计子之德不足以自反邪?"

申徒嘉曰:"自状其过以不当亡者众,不状其过以不当存者寡。知不可奈何而安之若命,唯有德者能之。游于羿之彀中,中央者,中地也,然而不中者,命也。人以其全足笑吾不全足者多矣,我怫然❸而怒;而适先生之所,则废然❹而反。不知先生之洗我以善邪?吾与夫子游十九年矣,而未尝知吾兀者也。今子与我游于形骸之内,而子索我于形骸之外,不亦过乎?"

子产蹴然改容更貌曰:"子无乃称!"

注释

① 执政:子产是郑国的执政大臣,他在此以"执政"自称。
② 说:通"悦",喜悦。
③ 怫然:勃然,因发怒而变脸的样子。
④ 废然:怒气消失的样子。

解读

申徒嘉是个被砍掉一只脚的人,与郑国子产同拜伯昏无人为师。

子产对申徒嘉说:"我先出去,你就等一下;你先出去,我就等一下。"第二天,子产和申徒嘉同堂共席而坐。子产又对申徒嘉说:"我先出去,你就等一下;你先出去,我就等一下。现在我要出去,你可以等一下吗?能吗?你见了我这相国也不回避,你想跟我平起平坐吗?"

申徒嘉说:"先生的门下能有这样的相国吗?你津津乐道相国的爵位而小看人吗?我听说:'没有尘垢,镜子就能明亮;有了尘垢,镜子就不明亮。常跟贤人相处便没有过失。'现在你来先生这里求学问道,竟说出这样的话,不是太过分了吗!"

子产说:"你这样的人,还要跟尧争善,你估量一下你的德行,还不足以使你省悟吗?"

申徒嘉说:"一个人辩解自己的过错,认为不应当受断足之刑的人很多;不辩解自己的过错,认为应当受断足之刑的人很少。懂得事情之无可奈何而安心接受命运的安排,只有有德的人才能做到。走进后羿张弓搭箭的射程之内,却没被射中,那是命。常有双脚齐全的人笑话我断足残废,我听了便会勃然发怒;等来到先生这里,我的怒气就全消失了。真不知先生是用什么善道来洗涤我的。跟随先生十九年,先生从不感到我是个断了脚的人。

庄 子

如今你跟我以德相交，而你却用外表来说长道短，不是太过分了吗？"

子产听后脸色顿改而惭愧地说："请你不要再说了！"

原文

鲁有兀者叔山无趾，踵见仲尼。仲尼曰："子不谨，前既犯患若是矣。虽今来，何及矣！"

无趾曰："吾唯不知务而轻用吾身，吾是以亡足。今吾来也，犹有尊足❶者存，吾是以务全之也。夫天无不覆，地无不载，吾以夫子为天地，安知夫子之犹若是也！"

孔子曰："丘则陋矣。夫子胡不入乎，请讲以所闻！"

无趾出。孔子曰："弟子勉之！夫无趾，兀者也，犹务学以复补前行之恶，而况全德之人乎！"

无趾语老聃曰："孔丘之于至人，其未邪？彼何宾宾以学子为？彼且蕲以諔诡❷幻怪之名闻，而不知至人之以是为己桎梏❸邪？"

老聃曰："胡不直使彼以死生为一条，以可不可为一贯者，解其桎梏，其可乎？"无趾曰："天刑之，安可解！"

注释

❶ 尊足：即足于尊，这里指比足更尊贵的东西。
❷ 諔诡：奇异。
❸ 桎梏：古代的一种刑具，指脚镣手铐。

解读

鲁国有个被砍去脚趾的人名叫叔山无趾，用脚后跟走路去见孔子。孔子说："你早先不谨慎，才留下割趾的后果。虽然今天你来了，怎么能够追回以往呢！"

无趾说："我只因不懂世务便轻率而行，所以失掉了脚趾。如今我来到这里，还有比脚更珍贵的东西，我想竭力保全它。天覆盖万物，地承载万物，我把先生当作天地，哪知先生竟是这样的人啊！"

孔子说："我实在浅陋。先生怎么不进来呢，请把你的所见所闻讲一讲。"

无趾走了。孔子对弟子们说："你们要努力啊。无趾是一个被割掉脚趾的人，还努力进学来补救过错，何况身体没有缺陷的人呢！"

无趾对老子说："孔子恐怕还未能达到道德高尚的人的境地吧？他为什么向你求教呢？他祈求奇异虚妄的名声传扬于外，难道不懂得道德高尚的人总是把名声当作束缚自己的枷锁吗？"

老子说："你怎么不使他把生和死看成一样，把可与不可当作齐一，从而解掉他的枷锁，这样不就可以了吗？"无趾说："这是上天给他的处罚，哪里能解除呢！"

原文

鲁哀公问于仲尼曰："卫有恶人❶焉，曰哀骀它。丈夫与之处者，思而不能去也。妇人见之，请于父母曰'与为人妻，宁为夫子妾'者，十数而未止也。未尝有闻其唱者也，常和人而已矣。无君人之位以济乎人之死，无聚禄以望❷人之腹，又以恶骇天下，和而不唱，知不出乎四域，且而雌雄❸合乎前，是必有异乎人者也。寡人召而观之，果以恶骇天下。与寡人处，不至以月数，而寡人有意乎其为人也；不至乎期年，而寡人信之。国无宰，寡人传国焉。闷然而后应，氾❹而若辞，寡人丑乎，卒授之国。无几何也，去寡人而行，寡人焉若有亡也，若无与乐是国也。是何人者也？"

庄 子

仲尼曰:"丘也尝使于楚矣,适见㹠子食于其死母者,少焉眴若皆弃之而走。不见己焉尔,不得类焉尔。所爱其母者,非爱其形也,爱使其形者也。战而死者,其人之葬也不以翣资;刖者之屦,无为爱之;皆无其本矣。为天子之诸御,不爪翦,不穿耳;取妻者止于外,不得复使。形全犹足以为尔,而况全德之人乎!今哀骀它未言而信,无功而亲,使人授己国,唯恐其不受也,是必才全而德不形者也。"

哀公曰:"何谓才全?"

仲尼曰:"死生存亡,穷达贫富,贤与不肖毁誉,饥渴寒暑,是事之变,命之行也;日夜相代乎前,而知不能规乎其始者也。故不足以滑和,不可入于灵府。使之和豫,通而不失于兑,使日夜无隙而与物为春,是接而生时于心者也。是之谓才全。"

"何谓德不形?"

曰:"平者,水停之盛也。其可以为法也,内保之而外不荡也。德者,成和之脩也。德不形者,物不能离也。"

哀公异日以告闵子曰:"始也吾以南面而君天下,执民之纪而忧其死,吾自以为至通矣。今吾闻至人之言,恐吾无其实,轻用吾身而亡其国。吾与孔丘,非君臣也,德友而已矣。"

注释

1. 恶人:相貌丑陋的人。
2. 望:满。
3. 雌雄:泛指妇女和男人。
4. 氾:形容心不在焉,有口无心的样子。

解读

鲁哀公问孔子:"卫国有一个面貌十分丑陋的人,名叫哀骀它。男人跟他相处，常常思慕他而不愿离去。女人见到他，便向父母提出请求，说：'与其做别人的妻子，不如做哀骀它的妾。'这样的人不止十个。不曾听说哀骀它主张什么，只是常附和别人而已。他没有权位去救济百姓，也没有聚敛财物让别人吃饱肚子。他面貌丑陋惊骇天下，又总是附和而从不倡导，智力也超不出别人，不过男女都乐于亲近他。这样的人必定有不寻常之处。我召他来看，果真丑陋惊人。与我相处不到一个月，我却倾慕他的为人；不到一年，我就十分信任他。当时国家没有相国，我要把国政交给他。他无心应答，漠然推辞。我深感羞愧，最后把国事交给他。没多久，他就离开了，我颇为烦闷，像是丢失了什么，好像整个国家没有谁可以共欢乐似的。他究竟是什么样的人呢？"

孔子说："我曾到楚国，看见一群猪仔在吮吸刚死去的母亲的乳汁，突然又惊惶地抛开母亲逃跑了。因为母猪死后与自己不是同类了。可见猪仔爱母亲，不是爱它的形体，而是爱支配那个形体的精神。战败而死的人，不用武器装饰品陪葬；断脚的人，不会爱惜原来的鞋子。这都是因为失去了根本啊。做天子妃嫔的，不剪指甲，不穿耳孔；婚娶之人只留在宫

庄 子

外,不到宫中服役。为保全形体尚且能够做到这一点,何况德行完美的人呢?如今哀骀它不言而信,无功而使人敬爱,让人乐意授给他国政,还唯恐他不接受,这一定是才全而德不形的人。"

哀公问:"何谓才全?"

孔子说:"死生存亡、穷达贫富、贤能与不肖、诋毁与称誉、饥渴寒暑,这些都是事物的变化,天命的运行;就像昼夜更替,人们无法洞察缘由。因此,安命任变就不会搅乱本性,也不会侵扰心灵。人的心灵平和安适,通畅而不失怡悦,顺行任化而随物更生,就能使人应接万物而生与物推移的和乐之心。这就叫作'才全'。"

哀公又问:"何谓德不形?"

孔子说:"水平是水最平静时的状态。它可以作为取法的准绳,内心恬静而不为外物所动。德,就是使事成物和的最高修养。德不显露便与万物融为一体,不能分离了。"

有一天哀公告诉闵子:"起初我以为治理天下,掌握纲纪,忧虑人民的死活,便自以为是尽善尽美了。如今我听了道德高尚的人的言论,担忧我没有治国理民的实绩,只是轻率行动而会使国家危亡。我与孔子不是君臣关系,而是以德相交的朋友了。"

原文

闉跂支离无脤❶说卫灵公,灵公说之;而视全人,其脰❷肩肩。瓮㼜❸大瘿❹说齐桓公,桓公说之;而视全人,其脰肩肩。故德有所长而形有所忘,人不忘其所忘而忘其所不忘,此谓诚忘。

故圣人有所游,而知为孽,约为胶,德为接,工为商❺。圣人不谋,恶用知?不斫,恶用胶?无丧,恶有德?不货,恶用商?四者,天鬻也。天鬻❻者,天食也。既受食于天,又恶用人!

内 篇

有人之形,无人之情。有人之形,故群于人;无人之情,故是非不得于身。眇乎小哉,所以属于人也!謷⁷乎大哉,独成其天!

注释

❶ 闉(yīn)跂(qǐ)支离无脤(shèn):跛脚、伛腰、无唇,极尽形容一个人的形残貌丑。
❷ 脰(dòu):颈项。
❸ 瓮㼜(wèng àng):腹大口小的陶制盛器。
❹ 瘿(yǐng):瘤。颈下的瘤子大如瓮盎,这里也是用畸形特征作为人名。
❺ 工为商:工巧是为了买卖。
❻ 鬻:通"育",养育。
❼ 謷(ào):高大的样子。

解读

闉跂支离无脤游说卫灵公,卫灵公很喜欢他;再看那些体形完整的人,反而觉得他们的脖子太细长了。脖颈长瘤的人游说齐桓公,齐桓公很喜欢他;再看那些体形完整的人,反而觉得他们的脖子实在是太细小了。所以,有过人德行,形体的缺陷常常被遗忘。如果不忘外形,却忘掉德行,才是真正的遗忘。

因而圣人悠然自得,以智巧为祸根,以誓约为禁锢,以所得为所取,以工巧为商贾。圣人无所图谋,哪里需要智巧?圣人不求分离,哪里需要胶漆?圣人没有丧失,哪里需要获取?圣人不追逐谋利,哪里需要经商?这四者叫作天养。所谓天养,就是接受自然的养育。既然受养于自然,又哪里需要人为!有人的形体而没有人的情感。有人的形体,所以与人结成群体;没有人的情感,所以便没有好恶是非。渺小呀,与人情同类!伟大呀,与自然同体!

庄 子

原文

惠子谓庄子曰："人故无情乎？"

庄子曰："然。"

惠子曰："人而无情，何以谓之人？"

庄子曰："道与之貌，天与之形，恶得不谓之人？"

惠子曰："既谓之人，恶得无情？"

庄子曰："是非吾所谓情也。吾所谓无情者，言人之不以好恶内伤其身，常因自然而不益生也。"

惠子曰："不益生，何以有其身？"

庄子曰："道与之貌，天与之形，无以好恶内伤其身。今子外乎子之神，劳乎子之精，倚树而吟，据槁梧而瞑❶，天选子之形，子以坚白鸣！"

注释

❶ 瞑（mián）：即"眠"。

解读

惠子对庄子说："人原本没有情吗？"庄子说："是的。"

惠子说："假若没有情，怎么能称作人呢？"庄子说："道赋予人容貌，天赋予人形体，怎么不能称作人呢？"惠子说："既然称作人，怎么能够没有情呢？"

庄子说："这不是我所说的情呀。我所说的无情，是说人不因好恶而损害自身的本性，顺应自然而不随意增溢。"

惠子说："不添加什么，靠什么来保有身体呢？"庄子说："大道赋予人容貌，天赋予人形体，不要好恶损害自己的本性。如今你外露心神，耗费精力，在树下高谈阔论，靠着树打瞌睡。天给了你形体，你却到处宣扬坚白之论！"

内 篇

大宗师

原文

　　知天之所为，知人之所为者，至矣。知天之所为者，天而生也；知人之所为者，以其知之所知以养其知之所不知，终其天年而不中道夭者，是知之盛也。虽然，有患。夫知有所待而后当，其所待者特未定也。庸讵知吾所谓天之非人乎？所谓人之非天乎？且有真人而后有真知。

　　何谓真人？古之真人不逆寡，不雄成，不谟士❶。若然者，过而弗悔，当而不自得也。若然者，登高不慄，入水不濡，入火不热。是知之能登假于道者也若此。

　　古之真人，其寝不梦，其觉无忧，其食不甘，其息深深。真人之息以踵，众人之息以喉。屈服者，其嗌言若哇。其耆欲深者，其天机浅。

　　古之真人，不知说生，不知恶死；其出不䜣❷，其入不距❸；翛然❹而往，翛然而来而已矣。不忘其所始，不求其所终；受而喜之，忘而复之，是之谓不以心捐❺道，不以人助天。是之谓真人。若然者，其心志，其容寂，其颡頯❻；凄然似秋，暖然似春，喜怒通四时，与物有宜而莫知其极。故圣人之用兵也，亡国而不失人心；利泽施乎万世，不为爱人。故乐通物，非圣人也；有亲，非仁也；天时，非贤也；利害不通，非君子也；行名失己，非士也；亡身不真，非役人也。若狐不偕、务光、伯夷、叔齐、箕子、胥馀、纪他、申徒狄，是役人之役，适人之适，而不自适其适者也。

庄 子

古之真人，其状义而不朋，若不足而不承；与乎其觚而不坚也，张乎其虚而不华也；邴邴乎其似喜乎，崔崔乎其不得已乎！滀⁷乎进我色也，与乎止我德也；广⁸乎其似世乎！謷乎其未可制也；连乎其似好闭也，悗乎忘其言也。以刑为体，以礼为翼，以知为时，以德为循。以刑为体者，绰乎其杀也；以礼为翼者，所以行于世也；以知为时者，不得已于事也；以德为循者，言其与有足者至于丘也，而人真以为勤行者也。故其好之也一，其弗好之也一。其一也一，其不一也一。其一与天为徒，其不一与人为徒。天与人不相胜也，是之谓真人。

注释

1. 谟士：即"谋事"。
2. 訢：通"欣"。
3. 距：通"拒"。
4. 傛（xiāo）然：自由自在的样子。
5. 捐：通"损"。
6. 頯（kuí）：宽大的样子。
7. 滀（chù）乎：指水聚集貌，这里形容人和颜悦色。
8. 广：指胸怀宽广。

解读

知道天的作为，知道人的作为，这就达到了认识的极致。知道天的作为，都是自然而然的；知道人的作为，就是以自己的智能培养自己智能所不知的，享尽天年而不中途夭亡，这就是最高的见识了。虽然这样，还是有问题。知需要依赖一定的事物才可靠，然而所依之物却是变换不定的。怎么知道自然的东西不是出于人为呢，人为的东西又不是出于自然呢？有真人才会有真知。

什么叫真人呢？古时的真人，不倚众凌寡，不自恃成功，也不图谋世事。像这样的人，有了过错不追悔，遇上顺境也不得意。像这样的人，登高不战栗，下水不觉湿，入火不觉热。这是智慧达到了领悟大道的境界。

古时的真人，睡觉时不做梦，醒来时不忧愁，饮食不求甘美，呼吸气息深沉。真人从脚跟运气，一般人靠喉咙吐纳。争辩的人在理屈词穷时，他的喉咙就像被卡住了一般。凡是物欲强烈的人，他的领悟力就会迟钝。

古时的真人，不知悦生，不知恶死；出生不欣喜，入死不拒绝；来去无牵挂。不忘记自己的来处，不寻求自己的去处，欣然接受一切遭遇，忘掉死生而回归自然。这就叫不用心智损害大道，不用人为辅助自然。这就是真人。像这样的人，随遇而安，容颜恬静，面额宽朴。他严肃起来像秋天，温和起来像春天，喜怒哀乐顺乎四时，和于外物，然而没有谁能测知他精神的奥秘。所以圣人用兵，灭掉敌国却不失民心；恩泽广施于万世，却不是为了偏爱人。乐于交往取悦外物的人不是圣人；有偏爱就算不上是仁；伺机行事不是贤人；不能看到利害的相通就不是君子；求名而失掉本性，不是有识之士；丧失身躯却与自己的真性不符，不是能役使世人的人。像狐不偕、务光、伯夷、叔齐、箕子、胥余、纪他、申徒狄这样的人，都是被人所役使，而不能使自己快活的人。

古时的真人随物所宜而不偏不私，好像不足而又无所承受；他孤高不群而又不固执，虚怀若谷而又不浮华；他精神焕发像是很欢喜，一举一动又像是出自不得已；他那和蔼的样子令人眉开眼笑，他那随和的样子叫人乐于皈依；他胸怀宽广似辽阔的世界，高远超迈而不受限制；他流连忘返像是很闲逸，心不在焉而忘掉了要说的话语。有的人以刑律当主体，把礼仪当羽翼，用知识适应时变，用道德作为准则。以刑律为主，依法杀人也是宽厚仁慈的；以礼仪为主，是要在世上施行教化；用知识适应时变，是出于不得已；用道德作为准则，就像有脚的人登上山丘，而人们还真以为是勤于行走的人。天与人是合一的。所以，不管人们喜欢或是不喜欢，都是合一的。合一是合一的，不合一仍然是合一的。承认合一便跟自然同类，

庄 子

不承认合一便跟人同类。把自然与人视为合一而不对立的人,就是真人。

原文

死生,命也;其有夜旦之常,天也。人之有所不得与,皆物之情也。彼特以天为父,而身犹爱之,而况其卓乎!人特以有君为愈乎己,而身犹死之,而况其真乎!

泉涸,鱼相与处于陆,相呴①以湿,相濡以沫,不如相忘于江湖。与其誉尧而非桀也,不如两忘而化其道。

夫大块载我以形,劳我以生,佚②我以老,息我以死。故善吾生者,乃所以善吾死也。夫藏舟于壑,藏山③于泽,谓之固矣。然而夜半有力者负之而走,昧④者不知也。藏小大有宜,犹有所遁。若夫藏天下于天下而不得所遁,是恒物之大情也。特犯人之形而犹喜之,若人之形者,万化而未始有极也,其为乐可胜计邪?故圣人将游于物之所不得遁而皆存。善妖善老,善始善终,人犹效之,又况万物之所系而一化之所待乎!

夫道,有情有信,无为无形;可传而不可受,可得而不可见;自本自根,未有天地,自古以固存;神鬼神帝,生天生地;在太极之先而不为高,在六极之下而不为深,先天地生而不为久,长于上古而不为老。豨韦氏得之,以挈⑤天地;伏戏氏得之,以袭气母;维斗得之,终古不忒;日月得之,终古不息;堪坏⑥得之,以袭昆仑;冯夷得之,以游大川;肩吾得之,以处大山;黄帝得之,以登云天;颛顼得之,以处玄宫;禺强得之,立乎北极;西王母得之,坐乎少广。莫知其始,莫知其终。彭祖得之,上及有虞,下及五伯⑦;傅说得之,以相武丁,奄有天下,乘东维,骑箕尾,而比于列星。

注释

1. 呴（xǔ）：张口出气。
2. 佚：通"逸"，闲逸。
3. 山：通"汕"，捕鱼的用具。
4. 昧：通"寐"，睡着。
5. 挈（qiè）：提挈，含有统领、驾驭的含义。
6. 堪坏（péi）：昆仑山神。
7. 五伯（bà）：指春秋五霸。

解读

死和生都是命，就像日夜交替一样，完全出于自然。人不能干预和改变的，就是事物的实情。一般人以天为生命之父而终身爱戴它，何况那伟大的"道"呢！一般人都以国君为首领而舍生忘死，何况那至高无上的"道"呢？

泉水干涸了，鱼儿被困在陆地上，用湿气互相嘘吸，以唾液相互润湿，倒不如在江湖里互相忘却。与其称颂尧而非议桀，倒不如把他们都忘掉而同化于"道"。

自然赋予我形体，让我劳作，老而闲逸，死后安息。所以，善待我的生，也就是善待我的死。把船藏在山谷，将渔具藏在深水，可以说是十分牢靠了。然而有神力的人夜间把它们背走了，酣睡的人却没有察觉。将小东西藏在大东西里是适宜的，不过还是会有丢失。把天下藏在天下那才不至于丢失，这就是真实之情。人获得了形体就欣喜不已，倘若形体千变万化而没有停顿，那么快乐欣喜还能计算得清吗？所以圣人要游于无得无失的境域而与大道共存。那些善待老少、生死的人，人们尚且效法他，何况那万物的根源、变化的主宰之"道"呢！

"道"是真实可信的，又是无意作为、不具形态的；可以心传而不可口授，可以心得而不可目见；是自本自根的，没有天地之时，它就已

庄　子

经存在；它使鬼神、上帝神妙，产生了天地；它在太极之上却不算高，在六极之下却不算深，先于天地存在却不算久，长于上古却不算老。狶韦氏得到它，用来统驭天地；伏羲氏得到它，用来调和元气；北斗星得到它，方位永不改变；日月得到它，运行永不停息；堪坏得到它，可以掌管昆仑山；冯夷得到它，可以游大江大河；肩吾得到它，可以主持泰山；黄帝得到它，可以登上云天；颛顼得到它，可以居住在玄宫；禺强得到它，可以立于北极；西王母得到它，就静居在少广山上。没有人能了解其开头和终结。彭祖得到它，从有虞时代活到五霸时代；傅说得到它，用来辅佐武丁，统辖天下，死后乘驾东维星和箕尾星，与众星神并列。

原文

南伯子葵问乎女偊曰："子之年长矣，而色若孺子，何也？"

曰："吾闻道矣。"

南伯子葵曰："道可得学邪？"

曰："恶❶！恶可！子非其人也。夫卜梁倚有圣人之才而无圣人之道，我有圣人之道而无圣人之才，吾欲以教之，庶几其果为圣人乎！不然，以圣人之道告圣人之才，亦易矣。吾犹守而告之，参❷日而后能外天下；已外天下矣，吾又守之，七日而后能外物；已外物矣，吾又守之，九日而后能外生；已外生矣，而后能朝彻❸；朝彻，而后能见独；见独，而后能无古今；无古今，而后能入于不死不生。杀生者不死，生生者不生。其为物，无不将也，无不迎也；无不毁也，无不成也。其名为撄宁❹。撄宁也者，撄而后成者也。"

南伯子葵曰："子独恶乎闻之？"

曰："闻诸副墨之子，副墨之子闻诸洛诵之孙，洛诵之孙闻之瞻明，瞻明闻之聂许，聂许闻之需役，需役闻之於讴，於讴闻之玄冥，玄冥闻之参寥，参寥闻之疑始。"

注释

① 恶：不。
② 参：三。
③ 朝彻：喻指物我皆忘的心境。
④ 撄宁：不受外界事物的纷扰，保持心境的宁静。

解读

南伯子葵问女偊说："你的年岁很高了，而容貌却像孩童，这是为什么呢？"

女偊说："我得道了。"

南伯子葵说："道可以学吗？"

女偊说："不！不可以！你不是学道的人。卜梁倚有圣人明敏之才却没有圣人虚淡之道，我有圣人虚淡之道却没有圣人明敏之才，我想教导他，或许他真的能成为圣人！即使不能，用圣人虚淡之道告诉具有圣人明敏之才的人，也是可行的。我持守着大道而引导他，三天之后便能遗忘天下；既已遗忘天下，我又继续引导他，七天之后便能遗忘外物；既已遗忘外物，我再继续引导他，九天之后便能遗忘生死；既已遗忘生死，而后心境清明洞彻；心境清明洞彻，就能体悟道了；既已体悟了'道'，就能超越时限；既已超越时限，便视生死如一。道大化流行使万物生生死死，而它自己却不死不生。它对于事物，无所不送，无所不迎；无所不毁，无所不成。这就叫撄宁。所谓撄宁，就是在纷扰中能保持宁静。"

南伯子葵问："你是怎么得道的呢？"

女偊说："我从副墨的儿子那里听到的，副墨的儿子从洛诵的孙子那里听到的，洛诵的孙子从瞻明那里听到的，瞻明从聂许那里听到的，聂许从需役那里听到的，需役从於讴那里听到的，於讴从玄冥那里听到的，玄

庄 子

冥从参寥那里听到的,参寥从疑始那里听到的。"

原文

子祀、子舆、子犁、子来四人相与语曰:"孰能以无为首,以生为脊,以死为尻,孰知死生存亡之一体者,吾与之友矣。"四人相视而笑,莫逆于心,遂相与为友。俄而子舆有病,子祀往问之。曰:"伟哉!夫造物者,将以予为此拘拘也!曲偻发背,上有五管,颐隐于齐①,肩高于顶,句赘②指天。"阴阳之气有沴③,其心闲而无事,跰𰠅而鉴于井,曰:"嗟乎!夫造物者又将以予为此拘拘也!"

子祀曰:"汝恶之乎?"

曰:"亡,予何恶!浸假而化予之左臂以为鸡,予因以求时夜;浸假而化予之右臂以为弹,予因以求鸮炙。浸假而化予之尻以为轮,以神为马,予因以乘之,岂更驾哉!且夫得者,时也,失者,顺也;安时而处顺,哀乐不能入也。此古之所谓县解也,而不能自解者,物有结之。且夫物不胜天久矣,吾又何恶焉?"

俄而子来有病,喘喘然将死,其妻子环而泣之。子犁往问之,曰:"叱!避!无怛化!"倚其户与之语曰:"伟哉造化!又将奚以汝为,将奚以汝适?以汝为鼠肝乎?以汝为虫臂乎?"

子来曰:"父母于子,东西南北,唯命之从。阴阳于人,不翅于父母;彼近吾死而我不听,我则悍矣,彼何罪焉!夫大块载我以形,劳我以生,佚我以老,息我以死。故善吾生者,乃所以善吾死也。今之大冶铸金,金踊跃曰:'我且必为镆铘!'大冶必以为不祥之金。今一犯人之形,而曰:'人耳!人耳!'夫造化者必以为不祥之人。今一以天地为大炉,以造化为大冶,恶乎往而不可哉!"成然寐,蘧然觉。

内 篇

注释

① 齐：古"脐"字，肚脐。
② 句（gōu）赘：颈椎隆起状。
③ 沴（lì）：阴阳之气不顺和而生出的灾害。

解读

子祀、子舆、子犁、子来四个人在一起谈话："谁能把无当作头，把生当作脊柱，把死当作臀部，谁能够通晓生死存亡浑然一体的道理，我们就跟他交朋友。"四人相视而笑，心心相契，于是成了好友。不久，子舆生病，子祀前去探望。子舆说："伟大啊，造物者！它把我变成这样拘挛不直的人！"子舆腰弯背驼，五官朝上，面颊贴藏在肚脐下，肩部高过头顶，弯曲的颈椎朝天隆起。这是阴阳二气失调所致，可子舆却若无其事，蹒跚地来到井边照照自己的影子，说："哎呀，造物者竟把我造成这样拘挛不直的人啊！"

子祀说："你嫌恶这个样子吗？"

子舆回答："没有，我怎么会嫌恶呢！假若造物者把我的左臂变成公鸡，我就用它来报晓；假若造物者把我的右臂变成弹丸，我就用它来打斑鸠烤了吃；假若造物者把我的臀部变成车轮，把我的精神变成骏马，我就乘坐它，哪里还再求别的车马呢？再说，适时出生，顺时而去，安于适时，处于顺应，哀乐悲喜都不会扰心。这是古人所说的解脱牵累。那些不能自我解脱的，则会被外物束缚。况且人不能胜天由来已久，我又为什么会嫌恶呢？"

不久，子来生了病，喘气急促就要死了，他的妻子儿女围着他哭泣。子犁前往探望，说："嘿，走开！不要惊扰生死的变化！"子犁靠着房门来说话："伟大啊，造物者！它又要把你变成什么东西？要把你引到何方？要把你变成老鼠的肝脏吗？要把你变成小虫的臂膀吗？"

子来说："父母对于子女，无论子在哪里，都得听从吩咐。天地对于

庄 子

人,无异于父母:它让我死亡而我不听从,我就太蛮横了,而它有什么过错呢!自然给予我形体,让我生时劳作,老时安逸,死后安息。所以,善待我的生,也就是善待我的死。现在有铁匠铸造金属,金属忽然跳起来说'一定要把我造成莫邪宝剑',铁匠必定认为这是不祥的金属。如今人一旦禀形成人,便大喊'我是人了,我是人了',造物者一定会认为这是不吉祥的人。现在真把天地当作大熔炉,把造物者当作大铁匠,送到哪里不可以呢?"安然睡去,又自然醒来。

原文

子桑户、孟子反、子琴张三人相与语,曰:"孰能相与于无相与,相为于无相为?孰能登天游雾,挠挑❶无极,相忘以生,无所终穷?"三人相视而笑,莫逆于心,遂相与为友。

莫然,有间而子桑户死,未葬。孔子闻之,使子贡往侍事焉。或编曲,或鼓琴,相和而歌。曰:"嗟来桑户乎!嗟来桑户乎!而已反其真,而我犹为人猗❷!"子贡趋而进曰:"敢问临尸而歌,礼乎?"

二人相视而笑曰:"是恶知礼意!"

子贡反,以告孔子,曰:"彼何人者邪?修行无有,而外其形骸,临尸而歌;颜色不变,无以命之。彼何人者邪?"

孔子曰:"彼,游方❸之外者也;而丘,游方之内者也。外内不相及,而丘使汝往吊之,丘则陋矣。彼方且与造物者为人,而游乎天地之一气。彼以生为附赘县疣❹,以死为决𤴯溃痈,夫若然者,又恶知死生先后之所在!假于异物,托于同体;忘其肝胆,遗其耳目;反覆终始,不知端倪;芒然彷徨乎尘垢之外,逍遥乎无为之业。彼又恶能愦愦然❺为世俗之礼,以观众人之耳目哉!"

内 篇

子贡曰:"然则,夫子何方之依?"

孔子曰:"丘,天之戮民也。虽然,吾与汝共之。"

子贡曰:"敢问其方。"

孔子曰:"鱼相造乎水,人相造乎道。相造乎水者,穿池而养给;相造乎道者,无事而生定。故曰,鱼相忘乎江湖,人相忘乎道术。"

子贡曰:"敢问畸人。"

曰:"畸人者,畸于人而侔于天,故曰,天之小人,人之君子;人之君子,天之小人也。"

注释

① 挠挑:往来循环。
② 猗(yī):表示感叹语气。
③ 方:方域。
④ 县:悬。疣:通"瘤"。"附赘县疣",喻指多余的东西。
⑤ 愦(kuì)愦然:烦乱的样子。

解读

子桑户、孟子反、子琴张三人谈话:"谁能相交出于无心,相助出于无意?谁能超然物外,游于无极之境,忘掉生死而没有终极?"三人相视而笑,心心相印,于是成了好友。

没过多久,子桑户死了,还没有下葬。孔子听说后派子贡前去助理丧事。孟子反和子琴张,一个在编曲,一个在弹琴,还应和着歌唱:"哎呀,子桑户啊!哎呀,子桑户啊!你已经回归本真了,可是我们还活在人间呢!"子贡快步走上前说:"对着死人的尸体唱歌,这合乎礼仪吗?"

二人相视而笑,说:"你怎么会懂得礼的真义呢!"

子贡回来,把这件事告诉孔子,说:"他们都是些什么样的人啊?

没有德行修养，忘掉了形骸，对着尸体唱歌，脸色不变，真是没法说他们啊。他们究竟是些什么样的人呢？"

孔子说："他们是游于人世之外的人，而我是生活在人世间的人。内外互不相干，我竟让你前去吊唁，我实在是浅薄啊！他们正跟造物者结为伙伴，而逍遥于大道之中。他们把生命看作身上的赘瘤，把死亡看作身上脓疮的溃破，像这样的人，又怎么会在乎死生的先后！生死虽然不同，但终归是一体：不想肝胆，不计耳目；循环往复，没有始末；茫茫然彷徨于人世之外，自由自在地逍遥于自然之境。他们又怎么会实行世俗的礼仪而炫耀呢！"

子贡说："那先生你将选择哪一方呢？"孔子说："我是苍天所要惩罚的人。虽然这样，但是我们应该一起去竭力追求方外之道。"

子贡说："请问有什么方法。"

孔子说："鱼在水里适性自得，人在大道中适性自得。适性于水的鱼在天池中穿行就自给自足；适性于道的人无为恬淡而自静。所以说：鱼在江湖里会忘掉一切，人在大道中能忘掉一切。"

子贡说："请问什么是畸人？"

孔子说："所谓畸人，就是不同于世俗而合于自然的人。所以说，自然的小人是世俗的君子；世俗的君子是自然的小人。"

原文

颜回问仲尼曰："孟孙才，其母死，哭泣无涕，中心不戚，居丧不哀。无是三者，以善处丧盖鲁国。固有无其实而得其名者乎？回壹怪之。"

仲尼曰："夫孟孙氏尽之矣，进于知矣。唯简之而不得，夫已有所简矣。孟孙氏不知所以生，不知所以死；不知就先，不知就后；若化为物，以待其所不知之化已乎！且方将化，恶知不化哉？方将不化，恶知已化哉？吾特与汝，其梦未始觉者邪！且彼有骇形而无损心，有旦宅❶而无情死。孟孙氏特觉，人哭亦哭，是自其所以乃。且也相与吾之

内 篇

耳矣，庸讵知吾所谓吾之乎？且汝梦为鸟而厉乎天，梦为鱼而没于渊。不识今之言者，其觉者乎，其梦者乎？造适不及笑，献②笑不及排，安排而去化③，乃入于寥天一。"

注释

❶ 旦宅：指躯体朝夕变化。
❷ 献：发。
❸ 去化：随行变化。

解读

颜回问孔子："孟孙才这个人，母亲死了，他哭而无泪，心不悲伤，居丧不哀痛。没有这三个表现，却能因善于居丧而名扬鲁国。难道有这样有名无实的人吗？我很奇怪。"

孔子说："孟孙才所尽的孝道，超过了常人。想简化丧礼却不能办到，然而孟孙才已经做到了。孟孙才不知人为何而生，因何而死，也不知人的生死先后；他顺应自然而化成一物，以等待那些自己尚不知道的变化！如今正当变化时，怎么知道那不变化的呢？正当不变化时，又怎么知道已经变化了呢？我和你还是在睡梦中啊！有形体却无损于精神，形体改变而精神不亡。他所感觉到的是别人哭他也跟着哭，这也是他顺物而为的情形。人们相互之间都称自己为'我'，又哪里知道我所说的'我'呢？再说，你梦为鸟在天空高飞，梦为鱼在水中游玩。不知道正在说话的你我，是醒着呢，还是在做梦呢？心境适意而没有笑出来，而发笑又出于自然而然，合于自然而应乎大化，就进入了寂寥虚空而浑然一体的境界。"

原文

意而子见许由。许由曰："尧何以资汝？"

庄　子

意而子曰："尧谓我：'汝必躬服仁义而明言是非。'"

许由曰："而奚来为轵①？夫尧既已黥汝以仁义，而劓②汝以是非矣，汝将何以游夫遥荡恣睢转徙之涂乎？"

意而子曰："虽然，吾愿游于其藩。"

许由曰："不然。夫盲者无以与乎眉目颜色之好，瞽③者无以与乎青黄黼黻④之观。"

意而子曰："夫无庄之失其美，据梁之失其力，黄帝之亡其知，皆在炉捶之间耳。庸讵知夫造物者之不息我黥而补我劓，使我乘成以随先生邪？"

许由曰："噫！未可知也。我为汝言其大略。吾师乎！吾师乎！齑万物而不为义，泽及万世而不为仁，长于上古而不为老，覆载天地刻雕众形而不为巧，此所游已。"

注释

① 轵（zhǐ）：通"只"，句末助词。
② 劓（yì）：古代割鼻子的一种刑罚。
③ 瞽：瞎眼。
④ 黼黻（fǔ fú）：古代礼服上绣制的花纹。

解读

意而子去见许由。许由说："尧教你什么了？"

意而子说："尧对我说：'你一定要力行仁义明辨是非。'"

许由说："你为什么还要来我这里呢？尧既然用'仁义'对你施以墨刑，又用'是非'对你行以劓刑，你怎么还能够进入遨游自得、逍遥放达、顺任变化之境呢？"

意而子说:"虽然这样,我还是希望能游于这个境界的边缘。"

许由说:"不是这样。盲人没法欣赏眉目容貌的美好,瞎子没法欣赏青黄锦绣的华丽。"意而子说:"无庄忘掉她的美丽,据梁忘掉他的力量,黄帝忘掉他的智慧,这都是经过锤炼的呀!怎么知道造物者不会养好我遭受的伤痕,修补我的残缺,使我得全形而跟随先生呢?"

许由说:"唉!这是不可知的呀!我为你说个大略:我的大宗师啊!我的大宗师啊!它调和万物不是为了正义,恩泽万世不是为了仁爱,长于上古不是为了长寿,覆载天地、雕刻众物不是为了显示技巧。这就是逍遥游的境界了。"

原文

颜回曰:"回益矣。"

仲尼曰:"何谓也?"

曰:"回忘仁义矣。"

曰:"可矣,犹未也。"

他日复见,曰:"回益矣。"

曰:"何谓也?"

曰:"回忘礼乐矣。"

曰:"可矣,犹未也。"

他日复见,曰:"回益矣。"

曰:"何谓也?"

曰:"回坐忘❶矣。"

仲尼蹴然曰:"何谓坐忘?"

颜回曰:"堕肢体,黜聪明,离形去知,同于大通❷,此谓坐忘。"

庄 子

仲尼曰："同则无好也，化则无常[3]也，而果其贤乎！丘也请从而后也。"

注释

① 坐忘：物我两忘而与大道合一的境界。
② 大通：大道。
③ 无常：不执着于常理。

解读

颜回说："我进步了。"

孔子说："何以见得？"

颜回说："我忘掉仁义了。"

孔子说："好，不过还不够。"

过了几天，颜回又见孔子说："我进步了。"

孔子问："何以见得？"

颜回说："我忘掉礼乐了。"

孔子说："好，不过还不够。"

过了几天，颜回再见孔子说："我进步了。"

孔子说："何以见得？"

颜回说："我'坐忘'了。"

孔子惊奇地说："什么叫'坐忘'？"

颜回说："遗忘肢体，抛开聪明，脱离形骸，丢掉智慧，与大道融为一体，这就叫'坐忘'。"

孔子说："与大道同一就没有偏好，与大道化一就没有执着。你果真成了贤人啊！我愿意跟你学习。"

内 篇

原文

子舆与子桑友,而霖雨①十日。子舆曰:"子桑殆病矣!"裹饭而往食之②。至子桑之门,则若歌若哭,鼓琴曰:"父邪?母邪?天乎?人乎?"有不任③其声而趋举其诗焉。

子舆入,曰:"子之歌诗,何故若是?"

曰:"吾思夫使我至此极者而弗得也。父母岂欲吾贫哉?天无私覆,地无私载,天地岂私贫我哉?求其为之者而不得也。然而至此极者,命也夫!"

注释

① 霖雨:即连绵不断地下雨。霖,阴雨三日以上。
② 食(sì)之:给他吃。
③ 不任:不堪。

解读

子舆和子桑是好友。连绵的阴雨下了十日,子舆说:"子桑恐怕已饿倒了吧!"于是前去给子桑送饭。走到门前,就听见子桑弹着琴,声音如歌如泣:"父亲啊?母亲啊?天啊?人啊?"那声音有气无力,也很急促。

子舆走进屋子说:"你唱的诗歌,为什么是这个样子呢?"

子桑说:"我在寻思使我至此窘境的原因,但无法找到。父母难道要我贫困吗?天无偏私地覆盖一切,地无偏私托载一切,天地难道会单单叫我贫困吗?追究是谁使我这般贫困,找不出答案。而我却到了如此绝境,是命吧!"

庄子

应帝王

原文

　　啮缺问于王倪，四问而四不知。啮缺因跃而大喜，行以告蒲衣子。蒲衣子曰："而乃今知之乎？有虞氏不及泰氏。有虞氏，其犹藏仁以要❶人，亦得人矣，而未始出于非人。泰氏，其卧徐徐，其觉于于❷，一以己为马，一以己为牛；其知情信，其德甚真，而未始入于非人。"

注释

❶ 要：交结，这里含有笼络的意思。
❷ 于于：优游自得的样子。

解读

　　啮缺请教王倪，王倪四次都不知道。啮缺大喜过望，跑去告诉蒲衣子。
　　蒲衣子说："你今天才知道了？虞舜不如伏羲氏。虞舜靠仁义笼络人心，虽然也争得了拥戴，但没有摆脱俗务的牵累。伏羲氏睡时宽缓而安适，醒时优游而自得；任人把自己看作马当作牛；他的德行纯真，从不曾受外物牵累。"

原文

　　肩吾见狂接舆。狂接舆曰："日中始何以语女？"

内 篇

肩吾曰："告我君人者以己出经式义度❶，人孰敢不听而化诸？"

狂接舆曰："是欺德也；其于治天下也，犹涉海凿河而使蚊负山也。夫圣人之治也，治外乎？正而后行，确乎能其事者而已矣。且鸟高飞以避矰❷弋之害，鼷鼠深穴乎神丘之下以避熏凿之患，而曾二虫之无知！"

注释

❶ 经式、义度：这里都指礼义法度。
❷ 矰（zēng）：系有丝绳用来弋射的短箭。

解读

肩吾见狂接舆。狂接舆问："日中始教你什么了？"肩吾说："他告诉我，国君凭自己的意志公布法度，谁敢不听从而自行其是呢？"

狂接舆说："这完全是自欺欺人。这样治理天下，有如下海开凿河道，让蚊虫背负大山一样。圣人治理天下，难道用法度治理外表吗？圣人先正己而后行，让人们尽其所能罢了。鸟儿尚且懂得高飞以躲避弓箭的伤害，鼷鼠尚且知道深藏于神坛之下以逃避烟熏凿的祸患，而人竟然连这两种小动物都不如吗！"

原文

天根游于殷阳❶，至蓼水之上，适遭无名人而问焉，曰："请问为天下。"

无名人曰："去！汝鄙人也，何问之不豫也！予方将与造物者为人，厌，则又乘夫莽眇之鸟，以出六极之外，而游无何有之乡，以处圹埌❷之野。汝又何帠❸以治天下感予之心为？"

又复问，无名人曰："汝游心于淡，合气于漠，顺任自然而无容

庄 子

私焉，而天下治矣。"

注释

① 殷：山名。"殷阳"即殷山的南面。
② 圹埌（kuàng làng）：无边无际。
③ 帠（yì）：疑为"臬"字之误。"臬"当是"寱"的借字，指梦语。

解读

天根在殷山之南闲游，来到蓼水河边，正巧遇上无名人便向他求教："先生，请问治理天下之道。"

无名人说："走开，你这个卑陋之徒，怎么一张口就叫人扫兴！我正想跟造物者融为一体，悠闲自得时便乘上'莽眇之鸟'，飞出天地四方之外，而游于无何有之乡，居于圹达无垠之地。你又为什么拿治理天下的事来扰动我呢？"

天根又提问。无名人说："你应心虚静，情恬淡，气平和，顺任自然而无偏私，天下就大治了。"

原文

阳子居见老聃，曰："有人于此，向疾① 强梁，物彻疏明，学道不倦。如是者，可比明王乎？"

老聃曰："是于圣人也，胥② 易技系，劳形怵心者也。且也虎豹之文来田，猨狙之便、执斄之狗来藉③。如是者，可比明王乎？"

阳子居蹴然曰："敢问明王之治。"

老聃曰："明王之治，功盖天下而似不自己，化贷万物而民弗恃；有莫举名，使物自喜；立乎不测，而游于无有者也。"

注释

① 向疾：像回声那样迅疾敏捷。向，通"响"，回声。
② 胥：通"谞"（xǔ），指才智。
③ 来藉：招致绳索的拘缚。

解读

阳子居拜见老聃，说："有这样一个人，他精明强干，通达聪慧，学道不倦。像这样的人可以跟英明的君王相比吗？"

老聃说："这样的人怎能跟圣人相比呢？他不过是一个俗吏。这样的人有才智，有技能，但劳心苦志，担惊受怕。比如说，虎豹因其身上有花纹而招致猎捕，猕猴身体敏捷，所以被人捉住。这样的人怎能和君王相比呢？"

阳子居怏怏若失地说："请问英明的君王怎么治理天下。"

老聃说："英明的君王治理天下，功绩普盖天下却像与他自己无关似的；教化施及天下，而百姓却不觉得是依靠了他；有大德而无法称述，却能使万物各居其所；立于高深莫测之境，而与虚无的大道合一。"

原文

郑有神巫曰季咸，知人之死生存亡、祸福寿夭，期①以岁月旬日，若神。郑人见之，皆弃而走。列子见之而心醉，归，以告壶子，曰："始吾以夫子之道为至矣，则又有至焉者矣。"

壶子曰："吾与汝既其文，未既其实，而固得道与？众雌而无雄，而又奚卵焉！而以道与世亢②，必信，夫故使人得而相汝。尝试与来，以予示之。"

明日，列子与之见壶子。出而谓列子曰："嘻！子之先生死矣！

庄 子

弗活矣！不以旬数矣！吾见怪焉，吾见湿灰焉。"

列子入，泣涕沾襟以告壶子。壶子曰："乡❸吾示之以地文，萌乎不震不正。是殆见吾杜德机也。尝又与来。"

明日，又与之见壶子。出而谓列子曰："幸矣，子之先生遇我也！有瘳矣，全然有生矣！吾见其杜权矣。"

列子入，以告壶子。壶子曰："乡吾示之以天壤，名实不入，而机发于踵。是殆见吾善者机也。尝又与来。"

明日，又与之见壶子。出而谓列子曰："子之先生不齐，吾无得而相焉。试齐，且复相之。"

列子入，以告壶子。壶子曰："乡吾示之以太冲莫胜。是殆见吾衡气机也。鲵桓之审为渊，止水之审为渊，流水之审为渊。渊有九名，此处三焉。尝又与来。"

明日，又与之见壶子。立未定，自失而走。壶子曰："追之！"

列子追之不及，反，以报壶子曰："已灭矣，已失矣，吾弗及已。"

壶子曰："乡吾示之以未始出吾宗。吾与之虚而委蛇，不知其谁何，因以为弟靡，因以为波流，故逃也。"

然后列子自以为未始学而归，三年不出。为其妻爨，食豕如食人。于事无与亲，雕琢复朴，块然独以其形立。纷而封哉，一以是终。

注释

❶ 期：预卜的时期。
❷ 亢：通"抗"，抗衡。
❸ 乡：通"向"，往日、原来的意思。

内 篇

> 解读

　　郑国有个算命先生名叫季咸，他能算出人的生死、存亡、祸福、寿夭，能测知到年、月、旬、日，灵验如神。郑国人见了他，都慌忙跑开。列子见了他却神魂颠倒，回来告诉壶子，说："原来我以为先生的道行是最高深的，如今才知道还有更高深的。"

　　壶子说："我教给你的只是表象，还不是实质，你就以为已经得道了吗？仅有雌而无雄，又怎么能生出卵来呢！你拿表面的道跟人较量，一心表露自己，别人就会看穿你的心思。你把那人请来，看看我的相吧。"

　　第二天，列子带季咸来为壶子看相。季咸一出门就对列子说："哎！你的先生快要死了！活不了了！活不过十天！我看到他神色怪异，面如死灰。"

　　列子回来后，泪水湿襟，把季咸的话告诉壶子。壶子说："刚才我将沉静的相显露给他看，内心寂静，不动不止。于是，他看到了我闭塞而无生机的样子。再叫他来看看。"

庄 子

次日，列子又带季咸为壶子看相。季咸走出门就说："幸运啊，你的先生遇上了我！有救了！真的有救了！我已经观察到他闭塞的生机开始活动了。"

列子回来后把季咸的话告诉壶子。壶子说："刚才我将天地的生息显露给他看，没有私心杂念，生气从脚跟发动。他看到了我的生机。你再叫他来看看。"

第三天，列子又带季咸来为壶子看相。季咸走出门来就说："你的先生心神不定，我不能为他看相。等他平静时再来给他看相。"

列子回来后，把季咸的话告诉壶子。壶子说："刚才我把太和之气显露给他看。大概他看到了我气机持平而无征兆。鲸鱼盘桓之地成为渊，静水聚积之地成为渊，流水深广之地成为渊。渊有九种，我只显示了三种。不妨再叫他来看看。"

第四天，列子又带季咸为壶子看相。季咸还未站稳，就惊慌地跑了。壶子说："追上他！"

列子没能追上，回来告诉壶子："那人已经没有踪影，不知去向了，我追不上他。"

壶子说："刚才我显露给他的是无我之境。我的表现闪烁不定，使他弄不清我的究竟，所以逃跑了。"

列子这才感到自己没有学到真经，回家后三年没出门。他帮妻子烧火做饭，喂猪就像侍候人一样。对于各种事情没有偏爱，复归质朴和纯真，不染尘世，以此而终身。

原文

无为名尸❶，无为谋府；无为事任，无为知主。体尽无穷，而游无朕❷；尽其所受乎天，而无见得，亦虚而已。至人之用心若镜，不将不迎，应而不藏，故能胜物❸而不伤。

注释

① 尸：主，引申为寄托的场所。
② 朕：迹。"无朕"即不留下踪迹。
③ 胜物：指足以反映事物。

解读

不要求名誉，不要出计谋；不要为世事，不要称智巧。体会大化流行，游心虚灵之境。顺其自然而虚无所得。道德高尚的人的心就像一面镜子，任外物来去而不迎送，也无所隐藏，所以能够鉴照外物而又不受损伤。

原文

南海之帝为儵，北海之帝为忽，中央之帝为浑沌①。儵与忽时相与遇于浑沌之地，浑沌待之甚善。儵与忽谋报浑沌之德，曰："人皆有七窍以视听食息，此独无有，尝试凿之。"日凿一窍，七日而浑沌死。

注释

① 儵（shū）、忽、浑沌：都是虚拟的名字，但用字有寓意，"儵"和"忽"指急匆匆的样子，"浑沌"指聚合不分的样子，一指人为的，一指自然的。

解读

南海帝王叫儵，北海帝王叫忽，中央帝王叫浑沌。儵与忽常会于浑沌之处，浑沌待他们很好。儵和忽在一起商量报答浑沌的深厚情谊，说："人人都有七窍来看、听、吃、呼吸，唯独浑沌没有，我们试着为他凿开吧。"他们为浑沌每天凿出一个孔窍，到了第七天，浑沌死去了。

外　篇

　　外篇包含十五个篇目，内容相当丰富，可以归类为三个系列：一是受到《老子》学派影响而主张绝圣弃知、绝仁弃义的一组文章；二是阐述无为观的一组文章；三是说明个人该如何行为处世养生的一组文章。

　　从理论观念上说，非斥仁义是"外篇"的底色，而无为观是"外篇"中最重要、最中心的观念；气论的增强则导致生死观、通同观发生了质的变化，并使大化观到达了其理论的终点，这三项是"外篇"中所发生的最大的理论变化。

骈 拇

原文

骈拇[1]枝指出乎性哉,而侈于德;附赘县疣出乎形哉,而侈于性。多方乎仁义而用之者,列于五藏哉,而非道德之正也。是故骈于足者,连无用之肉也;枝于手者,树无用之指也;多方骈枝于五藏之情者。淫僻于仁义之行,而多方于聪明之用也。

是故骈于明者,乱五色,淫文章[2],青黄黼黻之煌煌非乎?而离朱是已。多于聪者,乱五声,淫六律,金、石、丝、竹黄钟、大吕之声非乎?而师旷是已。枝于仁者,擢德塞性以收名声,使天下簧鼓以奉不及之法非乎?而曾、史是已。骈于辩者,累瓦、结绳、窜句,游心于坚白同异之间,而敝跬誉无用之言非乎?而杨、墨是已。故此皆多骈旁枝之道,非天下之至正也。

注释

[1] 骈(pián)拇:脚拇指与第二指连生。
[2] 文章:青与赤相交为文,赤与白相交为章。

解读

连生的脚趾和歧生的手指是天生的,但对常人来说却是多余的。赘瘤是出自人形体的,对普通人来说却是多余的。用很多方法推举仁义,并配之以五脏,却不是中正之道。所以,脚趾相连,只是无用的肉;多出的手指，只是无用的指；各种旁出的事物就像胡乱地推行仁义，是过分滥用聪明。

因此，纵情于视觉就会迷乱五色，混淆文采，岂不像色彩华丽的服饰那样耀人眼目吗？如离朱就是这样的人。纵情于听觉就惑乱五声，混淆六律，岂不是搅乱了金、石、丝、竹黄钟、大吕之声吗？师旷就是这样的人。多生枝节，自我标榜，沽名钓誉，岂不是鼓噪人们去奉守法式吗？曾参和史鲥就是这样的人。多言巧辩的，空谈阔论，穿凿文句，热衷于坚白同异之论，岂不是以无用之言哗众取宠吗？杨朱和墨子就是这样的人。因此，这些都是歪门邪道，而不是至道正理。

原文

彼至正者❶，不失其性命之情。故合者不为骈，而枝者不为跂；长者不为有余，短者不为不足。是故凫胫虽短，续之则忧；鹤胫虽长，断之则悲。故性长非所断，性短非所续，无所去忧也。意❷仁义其非人情乎！彼仁人何其多忧也？

注释

❶ 至正：合乎事物本然情况。
❷ 意：通"噫"，叹词。

解读

至道正理，不失其性命之情。因此，合在一起的并不是拼凑，分枝的并不是多余；长得并不是多余，短的并不是不足。所以，鸭腿虽然短，接上便成了痛苦；鹤腿虽长，截掉便成了悲哀。因而原本足长的不切短，原本足短的不接长，没什么可忧虑的。仁义自是人之情性啊！那些仁人为什么那样多忧呢？

外 篇

原文

且夫骈于拇者，决之则泣；枝于手者，龁①之则啼。二者或有余于数，或不足于数，其于忧一也。今世之仁人，蒿目②而忧世之患；不仁之人，决性命之情而饕③富贵。故意仁义其非人情乎！自三代以下者，天下何其嚣嚣也？

且夫待钩绳规矩而正者，是削其性者也；待绳约胶漆而固者，是侵其德者也；屈折礼乐，呴俞④仁义，以慰天下之心者，此失其常然也。天下有常然。常然者，曲者不以钩，直者不以绳，圆者不以规，方者不以矩，附离不以胶漆，约束不以缠索。故天下诱然皆生而不知其所以生，同焉皆得而不知其所以得。故古今不二，不可亏也。则仁义又奚连连如胶漆缠索而游乎道德之间为哉，使天下惑也！

注释

① 龁（hé）：咬。
② 蒿目：忧愁的目光。
③ 饕（tāo）：贪。
④ 呴俞（xū yú）：伪善。

解读

连生的足趾，决裂它就要哭泣；歧生的手指，咬掉它就要哀啼。这两者或多于应有的数目，或少于应有的数目，都同样感到忧愁。当今的仁人，愁眉苦脸，忧虑祸患；不仁的人，本性败坏而贪图富贵。仁义是出自本性啊！然而自三代以后，天下为什么这样喧闹嘈杂呢？

用钩绳来矫正，就伤害物体的本性；用绳索胶漆加固，便侵蚀物体的本德；举乐行礼，伪施仁义，以慰人心，就违背了本性。天下事物都有本性。

所谓本性就是：曲的不用钩，直的不用绳，圆的不用规，方的不用矩，黏合的不用胶漆，约束的不用绳索。因此，天下事物自然而然生长却不知是怎样生长的，万物混同各得其所却不知其所以然。因而古今之理同一，不必强去损伤。那么何必如胶漆绳索一样费神于道德之间，使天下人迷惑呢！

原文

夫小惑易方，大惑易性。何以知其然邪？自虞氏招❶仁义以挠天下也，天下莫不奔命于仁义，是非以仁义易其性与？故尝试论之：自三代以下者，天下莫不以物易其性矣。小人则以身殉利，士则以身殉名，大夫则以身殉家，圣人则以身殉天下。故此数子者，事业不同，名声异号，其于伤性以身为殉，一也。

臧与谷❷，二人相与牧羊而俱亡其羊。问臧奚事，则挟策❸读书；问谷奚事，则博塞❹以游。二人者，事业不同，其于亡羊均也。伯夷死名于首阳之下，盗跖死利于东陵之上。二人者，所死不同，其于残生伤性均也。奚必伯夷之是而盗跖之非乎！

天下尽殉也。彼其所殉仁义也，则俗谓之君子；其所殉货财也，则俗谓之小人。其殉一也，则有君子焉，有小人焉；若其残生损性，则盗跖亦伯夷已，又恶取君子小人于其间哉！

注释

❶ 招：标榜。
❷ 臧：男仆。谷：童仆。
❸ 挟策：手持书卷。

④ 博塞：棋类游戏。

解读

　　小糊涂会颠倒方向，大糊涂则错乱本性。何以知道如此呢？自从有虞氏标榜仁义扰乱天下，天下无不奔命于仁义，这不是用仁义来错乱本性吗？这里试做分析：自三代以后，天下无不用外物错乱本性的，小人牺牲自身以求利，士人牺牲自身以求名，大夫牺牲自身以求家，圣人牺牲自身以求天下。这几种人虽然事业不同，名号各异，但同样损伤本性。

　　臧和谷同去放羊，结果都把羊丢了。问臧在做什么，他说手捧书卷在读书；问谷在做什么，他说在下棋游戏。他们做的事情虽然不同，但同样丢了羊。伯夷为名死于首阳山下，盗跖为利死于东陵之上。他们死的原因虽然不同，但同样残生伤性。何必赞颂伯夷而非议盗跖呢！

　　天下人都在牺牲自身。为仁义而牺牲，世俗称为君子；为财宝而牺牲，世俗称为小人。他们同样都是牺牲，却有君子和小人之分。如果就残生伤性来看，则盗跖和伯夷并无两样，又何必分为君子和小人呢！

原文

　　且夫属其性乎仁义者，虽通如曾、史，非吾所谓臧也❶；属其性于五味，虽通如俞儿❷，非吾所谓臧也；属其性乎五声，虽通如师旷，非吾所谓聪也；属其性乎五色，虽通如离朱，非吾所谓明也。

　　吾所谓臧者，非仁义之谓也，臧于其德而已矣；吾所谓臧者，非所谓仁义之谓也，任其性命之情而已矣；吾所谓聪者，非谓其闻彼也，自闻而已矣；吾所谓明者，非谓其见彼也，自见而已矣。夫不自见而见彼，不自得而得彼者，是得人之得而不自得其得者也，适人之适而不自适其适者也。夫适人之适而不自适其适，虽盗跖与伯夷，是同为淫僻也。余愧乎道德，是以上不敢为仁义之操，而下不敢为淫僻③之行也。

注释

① 臧：善，好。
② 俞儿：相传为古时善于辨别味道的人。
③ 淫僻：邪僻、邪恶不正。

解读

将本性从属于仁义，即使像曾参、史鱼那样精通，也不是我所说的完善；将本性从属于五味，即使像俞儿那样精通，也不是我所说的完善；将本性从属于五声，即使像师旷那样精通，也不是我所说的聪敏；将本性从属于五色，即使像离朱那样精通，也不是我所说的明达。我所说的完善，不是仁义而言，是德行的完善；我所说的聪敏，不是对外界有所听闻，而是明察自身；我所说的明达，不是对外界有所观察。而是内视自己。

只观察外界而不内视自己，只羡慕别人而不欣赏自己，这是效法别人而丢弃了自己的天性，使别人安适而不能使自己安适。若是使别人安适而不能使自己安适，无论盗跖还是伯夷，其行为都是过分的。我在道德上自感惭愧，所以上不敢持仁义之操守，下不敢行过分之行为。

外 篇

马 蹄

原文

马，蹄可以践霜雪，毛可以御风寒，龁草饮水，翘足而陆❶，此马之真性也。虽有义台路寝❷，无所用之。及至伯乐，曰："我善治马。"烧之，剔之，刻❸之，雒❹之，连之以羁馽，编之以皁❺栈，马之死者十二三矣！饥之，渴之，驰之，骤之，整之，齐之，前有橛饰之患，而后有鞭策之威，而马之死者已过半矣！陶者曰："我善治埴，圆者中规，方者中矩。"匠人曰："我善治木，曲者中钩，直者应绳。"夫埴木之性，岂欲中规矩钩绳哉？然且世世称之曰："伯乐善治马，而陶匠善治埴木。"此亦治天下者之过也。

注释

❶ 陆：跳。

❷ 义台路寝：高台大殿。

❸ 刻：削马蹄。

❹ 雒（luò）：通"络"，给马戴笼头。

❺ 皁（zào）：马槽。

解读

马蹄能够践踏霜雪，毛能够抵御风寒，吃草饮水，翘足跳跃，这是马的天性。即使有高台大殿，对它也没用。然而伯乐说："我善于驯马。"

庄 子

于是给马打烙印，剪马毛，削马蹄，戴笼头，绑上络头和绊索，拴在马棚中的食槽旁，这样马就死去了十分之二三；然后让马饥渴，使马急速奔跑，整修马饰，使马前有束缚，后有威胁。于是马就死掉了大半。陶工说："我善于捏制陶土，使圆的合乎规，方的合乎矩。"木匠说："我善于整治木头，使曲的合乎钩，直的合乎绳。"黏土和树木的本性，难道需要合乎规矩钩绳吗？然而人们都称颂："伯乐善于调理马，陶工和木匠善于整治黏土和木头。"这也是治理天下者的过错啊！

原文

吾意善治天下者不然。彼民有常性，织而衣，耕而食，是谓同德；一而不党❶，命曰天放。故至德之世，其行填填，其视颠颠。当是时也，山无蹊隧，泽无舟梁；万物群生，连属其乡；禽兽成群，草木遂长。是故禽兽可系羁而游，乌鹊之巢可攀援而窥。夫至德之世，同与禽兽居，族与万物并，恶乎知君子小人哉！同乎无知，其德不离；同乎无欲，是谓素朴。素朴而民性得矣。

及至圣人，蹩躠❷为仁，踶跂❸为义，而天下始疑矣；澶漫❹为乐，摘僻为礼，而天下始分矣。故纯朴不残，孰为牺尊！白玉不毁，孰为珪璋！道德不废，安取仁义！性情不离，安用礼乐！五色不乱，孰为文采！五声不乱，孰应六律！夫残朴以为器，工匠之罪也；毁道德以为仁义，圣人之过也。

注释

❶ 一而不党：纯一而不偏私。
❷ 蹩躠（bié xiè）：费劲的样子。

③ 踶跂（dì qǐ）：费力的样子。
④ 澶（chān）漫：放纵。

解读

我认为会治理天下的人不这样。人民有本性，纺织而衣，耕耘而食，这叫共同的本性；纯一而不偏私，为自然放任。因而在至德时代，人们悠闲稳重，质朴纯真。那时，山中没有路径通道，水上没有船只桥梁；万物群生，居处相连；禽兽成群，草木旺盛。因而禽兽可以牵系着游玩，鸟鹊的巢可以攀缘上去窥视。在至德时代，与禽兽同居，和万物并聚，哪里知道什么君子小人！憨厚无知，不失本性；淡静无欲，即纯朴。纯朴就能保持人的本性。

圣人出现后，用心为仁，费力为义，天下开始产生疑惑；纵情为乐，烦琐为礼，天下开始分崩离析。因此，完整的木头不被破开，怎么会有酒器！白玉不被毁坏，怎么会有珪璋！道德不被废弛，哪里需要仁义！真性不离，哪里要礼乐！五色不被散乱，怎么会有文采！五声不被错乱，哪里要合六律！残破原木来做器具，这是工匠的罪过；毁坏道德而用仁义，这是圣人的过失。

原文

夫马，陆居则食草饮水，喜则交颈相靡❶，怒则分背相踶。马知已此矣。夫加之以衡扼❷，齐之以月题❸，而马知介倪闉扼鸷曼诡衔窃辔。故马之知而态至盗者，伯乐之罪也。

夫赫胥氏之时，民居不知所为，行不知所之，含哺而熙❹，鼓腹而游，民能以此矣。及至圣人，屈折礼乐以匡天下之形，县跂❺仁义以慰天下之心，而民乃始踶跂好知，争归于利，不可止也。此亦圣人之过也。

庄 子

> 注释

① 靡：通"摩"。
② 扼：通"轭"，叉着马颈的曲木，两头与衡木相连。
③ 月题：马额上的佩饰，形状似月，又称当颅。
④ 熙：通"嬉"，游戏。
⑤ 县跂：悬举，提倡。

> 解读

马生活在陆地上，吃草饮水，高兴时交颈相摩，发怒时转身相踢。马所知道的不过如此。等到给马加上了车衡颈轭，装饰上当颅，马就开始曲颈脱轭，抵触车衣，吐掉嚼子，咬坏缰绳。使马的心智变得像盗贼一样，这是伯乐的罪过啊。

在赫胥氏的时代，人们安居而无所作为，闲适而无所往，口含食物游戏，肚子吃得饱饱地游荡，人们安然自得如此。等到圣人出现，巧施礼乐以匡正天下人的行为举止，提倡仁义以安天下人之心。于是人们开始崇尚才智，竞相争利，一发而不可收拾。这也是圣人的过失。

外 篇

胠 箧

原文

将为胠箧①探囊发匮之盗而为守备，则必摄缄縢，固扃鐍②，此世俗之所谓知也。然而巨盗至，则负匮揭箧担囊而趋，唯恐缄縢、扃鐍之不固也。然则乡③之所谓知者，不乃为大盗积者也？

故尝试论之：世俗之所谓知者，有不为大盗积者乎？所谓圣者，有不为大盗守者乎？何以知其然邪？昔者齐国邻邑相望，鸡狗之音相闻，罔罟之所布，耒耨④之所刺，方二千余里。阖四竟之内，所以立宗庙社稷，治邑屋州闾乡曲者，曷尝不法圣人哉！然而田成子一旦杀齐君而盗其国，所盗者岂独其国邪？并与其圣知之法而盗之。故田成子有乎盗贼之名，而身处尧舜之安，小国不敢非，大国不敢诛，十二世有齐国。则是不乃窃齐国，并与其圣知之法以守其盗贼之身乎？

注释

① 胠箧（qū qiè）：撬开箱子。
② 扃鐍（jiōng juē）：门窗或箱柜上用来加锁的部件。
③ 乡：通"向"，早先，过去。
④ 耒（lěi）：犁。耨（nòu）：锄草的工具。

解读

为了防备撬箱、摸袋、开柜之类的小贼，就绑紧绳索，加固锁钮，这是世俗的聪明。但是大盗一来，便背起柜子、手提箱子、挑起口袋而快走，唯恐绳索锁钮不够牢固。那么以前的聪明，不正是帮了大盗的忙吗？

因此试做分析：世俗的聪明，有不帮大盗忙的吗？所谓的圣人，有不替大盗守备的吗？怎么知道是这样呢？齐国邻里相望，鸡鸣狗吠之声相闻，打猎捕鱼和耕耘的地域方圆两千多里。总合四境之内，凡是建立宗庙社稷，治理各级行政区域，何尝不是效法圣人呢！但是田成子一旦杀了齐君而盗取其政权，所盗取的岂止是那个国家呢？连齐国的法度也盗取了。所以田成子虽然有盗贼之名，其地位却像尧舜一样安适，小国不敢非议，大国不敢诛伐，享有齐国达十二世之久。这岂不是不仅窃取了齐国，而且把法度也窃取了，以此保护他那盗贼之身吗？

原文

尝试论之：世俗之所谓至知者，有不为大盗积者乎？所谓至圣者，有不为大盗守者乎？何以知其然邪？昔者龙逢斩，比干剖，苌弘胣❶，子胥靡❷，故四子之贤而身不免乎戮。故盗跖之徒问于跖曰："盗亦有道乎？"跖曰："何适而无有道邪？夫妄意室中之藏，圣也；入先，勇也；出后，义也；知可否，知也；分均，仁也。五者不备而能成大盗者，天下未之有也。"由是观之，善人不得圣人之道不立，跖不得圣人之道不行；天下之善人少而不善人多，则圣人之利天下也少而害天下也多。故曰：唇竭则齿寒，鲁酒薄而邯郸围，圣人生而大盗起。掊击圣人，纵舍盗贼，而天下始治矣。

夫川竭而谷虚，丘夷而渊实。圣人已死，则大盗不起，天下平而无故矣。圣人不死，大盗不止。虽重圣人而治天下，则是重利盗跖也。为之斗斛以量之，则并与斗斛而窃之；为之权衡以称之，则并与权衡而窃之；为之符玺以信之，则并与符玺而窃之；为之仁义以矫之，则并与仁义而窃之。何以知其然邪？彼窃钩者诛，窃国者为诸侯，诸侯之门而仁义存焉，则是非窃仁义圣知邪？故逐于大盗，揭诸侯，窃仁义并斗斛权衡符玺之利者，虽有轩冕之赏弗能劝，斧钺之威弗能禁。此重利盗跖而使不可禁者，是乃圣人之过也。

注释

① 脆（tuō）：车裂之刑。
② 靡：通"糜"，糜烂。

解读

在此试做分析：世俗所谓最聪明的，有不替大盗帮忙的吗？所谓至圣，有不替大盗守备的吗？怎么知道是这样呢？从前龙逢被斩，比干被剖心，苌弘受车裂之刑，伍子胥烂尸于江，这四个人虽然贤能却难免杀身之祸。因而盗跖的徒弟问跖："盗也有道吗？"盗跖说："何处无道呢？能够猜测出房子里藏有什么，就是英明；带头进去，就是勇敢；最后出来，就是义气；判断出能否成功，就是聪明；分赃平均，就是仁惠。不具备这五项而能成为大盗，这是天下没有的事。"由此看来，善人不得圣人之道就不能自立，盗跖不得圣人之道就不能横行；天下的善人少而不善的人多，那么圣人有利少而有害多。所以，唇亡则齿寒，鲁国的酒味薄而邯郸遭围，圣人出现而大盗兴起。打倒圣人释放盗贼，天下才能大治。

川水干涸则谷道空虚，山丘夷平则深渊填满。圣人死了，大盗则不会兴起，天下也太平了。若圣人不死，大盗就不停息。重用圣人来治理天下，则是帮了盗跖的大忙。制造斗斛来量，却连斗斛也一起盗去了；制造权衡来称，却连权衡也一起盗去了；制作符玺来取信，却连符玺也一起盗去了；使用仁义来矫正，却连仁义也一起盗去了。怎么知道是这样呢？

庄 子

那些偷窃带钩的小偷被处死,而盗窃国家的大盗却成了诸侯,于是诸侯的门庭就有了仁义,这难道不是盗窃了仁义圣智吗?因而那些追随大盗,拥立诸侯,盗窃仁义、斗斛、权衡、符玺之利的人,即使赏赐官爵也无法阻止他们,用斧钺的刑威也不能禁止他们。这些重利盗跖而又无法禁绝的现象,是圣人的过错。

原文

故曰:"鱼不可脱于渊,国之利器不可以示人。"彼圣人者,天下之利器也,非所以明天下也。故绝圣弃知,大盗乃止;擿❶玉毁珠,小盗不起;焚符破玺,而民朴鄙;掊斗折衡,而民不争;殚残❷天下之圣法,而民始可与论议。

擢乱六律,铄绝竽瑟,塞瞽旷之耳,而天下始人含其聪矣;灭文章,散五采,胶离朱之目,而天下始人含其明矣;毁绝钩绳而弃规矩,攦❸工倕❹之指,而天下始人有其巧矣。

故曰:"大巧若拙。"削曾、吏之行,钳杨、墨之口,攘弃仁义,而天下之德始玄同矣。彼人含其明,则天下不铄矣;人含其聪,则天下不累矣;人含其知,则天下不惑矣;人含其德,则天下不僻矣。彼曾、史、杨、墨、师旷、工倕、离朱,皆外立其德而以爚乱❺天下者也,法之所无用也。

注释

❶ 擿(zhī):通"掷",扔掉。

❷ 殚(dān)残:彻底摧毁。

❸ 攦(lì):折断。

④ 工倕（chuí）：尧时著名工匠，相传规矩是他发明的。

⑤ 爚（yuè）乱：迷乱。

解读

所以说："鱼不能离开深渊，国家的利器不可以显示于人。"那些圣智之法就是天下的利器，不可以明示于天下。所以，抛弃圣智，大盗才能平息；毁弃珠玉，小盗才不会兴起；焚毁符玺，人民就会变得纯朴；折毁斗衡，人民就不会争利；彻底摧毁天下的圣智法度，才可以与人民谈论。

搞乱六律，销毁竽琴，塞住师旷的耳朵，人才能内藏其聪敏；除灭文饰，离散五采，粘住离朱的眼睛，人才能内藏其明敏；毁弃钩绳规矩，折断工倕的手指，人才能内藏其技巧。

所以说："大巧似乎显得笨拙。"灭除曾参、史鱼的品行，封住杨朱、墨翟的口舌，摒弃仁义，天下的德行才能达到玄妙混同的境界。人们内藏其明敏，天下就不会炫耀；内藏其聪敏，天下就不会嘈杂；内藏其智巧，天下就不会迷惑；内藏其德行，天下就不会邪僻。曾参、史鱼、杨朱、墨翟、师旷、工倕、离朱等人，都是炫耀其才能以惑乱天下，治理国家是用不着这些的。

原文

子独不知至德之世乎？昔者容成氏、大庭氏、伯皇氏、中央氏、栗陆氏、骊畜氏、轩辕氏、赫胥氏、尊卢氏、祝融氏、伏羲氏、神农氏，当是时也，民结绳而用之，甘其食，美其服，乐其俗，安其居，邻国相望，鸡狗之音相闻，民至老死而不相往来。若此之时，则至治已。今遂至使民延颈举踵曰"某所有贤者"，赢❶粮而趣之，则内弃其亲而外去其主之事，足迹接乎诸侯之境，车轨结乎千里之外。则是上好知之

庄 子

过也。

上诚好知而无道，则天下大乱矣。何以知其然邪？夫弓弩毕❷弋机变之知多，则鸟乱于上矣；钩饵罔罟罾❸笱之知多，则鱼乱于水矣；削格罗落罝罘❹之知多，则兽乱于泽矣；知诈渐毒颉滑❺坚白解诟同异之变多，则俗惑于辩矣。故天下每每大乱，罪在于好知。

故天下皆知求其所不知而莫知求其所已知者，皆知非其所不善而莫知非其所已善者，是以大乱。故上悖日月之明，下烁山川之精，中堕四时之施；惴耎❻之虫，肖翘之物，莫不失其性。甚矣夫好知之乱天下也！自三代以下者是已，舍夫种种之民而悦夫役役之佞，释夫恬淡无为而悦夫啍啍之意，啍啍已乱天下矣！

注释

❶ 赢（yíng）：装足。
❷ 弩（nǔ）：装有机械的弓。毕：有长柄的网。
❸ 罾（zēng）：渔网。
❹ 罝罘（jiē fú）：捕兽的网。
❺ 颉（jié）滑：狡黠。
❻ 惴耎（zhuì ruǎn）：虫子蠕动的样子。

解读

你不知道盛德的时代吗？在容成氏、大庭氏、伯皇氏、中央氏、栗陆氏、骊畜氏、轩辕氏、赫胥氏、尊卢氏、祝融氏、伏羲氏、神农氏那个时代，人民结绳记事，都感到饮食可口，服饰华美，习俗快乐，居所安适，邻国之间可以互相看见，鸡鸣狗吠的声音可以互相听到，人们一生都互不往来。那就是最好的社会了。而现在，竟然使人们热切期望地说"某地有贤人"，于是携带干粮去投奔，遗弃了家人，抛弃了工作，足迹遍及列国，车轨纵横交错于千里之外。这都是统治者推崇才智的过错。

　　统治者推崇才智而无道，天下就要大乱。怎么知道是这样的呢？捕鸟的器具智巧多，天上的鸟就要大乱；捕鱼的器具智巧多，水中的鱼就要大乱；捕兽的器具智巧多，草泽里的野兽就要大乱；奸诈、狡黠、坚白、同异的言辩多，世俗之人就会被巧辩所迷惑。所以天下常常大乱，罪过就在于推崇智巧。

　　因而天下都去追求他所不知道的，却不知回顾他已经知道的；都只知非难他所认为不好的，却不知非难他认为好的，这是天下大乱的原因。因此，上而扰乱了日月的光明，下而消融了山川的精气，中而破坏了四时的运行；蠕动的爬虫，微小的生物都丧失其本性。推崇智巧以扰乱天下，达到了这种地步！自三代以后都是这样，舍弃纯朴的百姓而喜欢狡诈的奸民，舍弃恬淡无为而喜欢喋喋不休，这种教诲已使天下大乱了！

庄 子

在 宥

原文

闻在宥天下❶，不闻治天下也。在之也者，恐天下之淫其性也；宥之也者，恐天下之迁其德也。天下不淫其性，不迁其德，有治天下者哉！昔尧之治天下也，使天下欣欣焉人乐其性，是不恬也；桀之治天下也，使天下瘁瘁焉❷人苦其性，是不愉也。夫不恬不愉，非德也。非德也而可长久者，天下无之。

注释

❶ 在宥（yòu）：自在宽容。
❷ 瘁瘁焉：疲劳困苦的样子。

解读

只听说使天下自在宽容，没听说治理天下。人们自在，唯恐天下扰乱其本性；人们宽容，只恐天下改变其德行。天下不扰乱其本性，不改变其德行，何须治理天下！从前尧治理天下，使人们身心快乐，这是不安静。桀治理天下，使人们身心受苦，这是不舒畅。不安静和不舒畅都是违背德行的。违背德行而能够长久是天下没有的事。

原文

人大喜邪，毗❶于阳；大怒邪，毗于阴。阴阳并毗，四时不至，寒暑之和不成，其反伤人之形乎！使人喜怒失位，居处无常，思虑不自得，中道不成章，于是乎天下始乔诘卓鸷❷，而后有盗跖、曾、史之行。故举天下以赏其善者不足，举天下以罚其恶者不给，故天下之大不足以赏罚。自三代以下者，匈匈焉❸终以赏罚为事，彼何暇安其性命之情哉！

而且说明邪，是淫于色也；说聪邪，是淫于声也；说仁邪，是乱于德也；说义邪，是悖于理也；说礼邪，是相于技也；说乐邪，是相于淫也；说圣邪，是相于艺也；说知邪，是相于疵也。天下将安其性命之情，之八者，存可也，亡可也；天下将不安其性命之情，之八者，乃始脔❹卷㺝囊而乱天下也。而天下乃始尊之惜之，甚矣天下之惑也！岂直过也而去之邪！乃齐❺戒以言之，跪坐以进之，鼓歌以儛之，吾若是何哉！

故君子不得已而临莅天下，莫若无为。无为也而后安其性命之情。故贵以身于为天下，则可以托天下；爱以身于为天下，则可以寄天下。故君子苟能无解其五藏，无擢其聪明，尸居而龙见，渊默而雷声，神动而天随，从容无为而万物炊累焉，吾又何暇治天下哉！

注释

❶ 毗（pí）：伤。
❷ 乔诘卓鸷：骄傲自大。
❸ 匈匈焉：乱哄哄的样子。
❹ 脔（luán）卷：拘束的样子。
❺ 齐：通"斋"。

解读

人过分欢乐，就会伤害阳气；过于愤怒，就会伤害阴气。阴阳并伤，则四时不顺，寒暑不和，这样岂不伤害了人体！使人喜怒失常，心神不定，半途而废，于是才出现了伪诈、凶猛等，随后就有盗跖、曾参、史鱼的行为。因此尽天下之物不足以奖赏善者，尽天下之力不足以惩罚恶者，所以天下之大不足以赏罚。自三代以后，以赏罚为能事，他们哪里有工夫来安定本性呢！

爱好明就是沉溺于色彩；爱好聪就是沉溺于声音；提倡仁就是惑乱于德；提倡义就是违逆于理；提倡礼就是助长技巧；提倡乐就是助长淫声；提倡圣就是助长技艺；提倡智就是助长吹毛求疵。天下若想安定本性，这八者就可有可无；天下若不想安定性命之情，这八者就会迂曲搅扰而迷乱天下。而天下却开始推崇、珍惜它，天下竟然迷惑到了这般地步！哪里因为时间流逝而抛弃它呢！还要斋戒着去谈论它，恭敬地去进奉它，钟鼓齐鸣地去歌舞它，我对此又有什么办法呢！

所以君子如果不得已而君临天下，最好是无为而治。无为才能安定性命之情。因此，珍重自身胜过天下，才可以把天下托付给他；爱护自己胜过天下，才可以把天下托付给他。所以，君子如果能不放纵情欲，不炫耀聪明，寂然不动而活灵如龙，深沉静默而震动如雷，行动如神而舍于自然，从容无为而万物自然运动，又何须我来治理天下呢！

原文

崔瞿问于老聃曰："不治天下，安藏❶人心？"

老聃曰："汝慎无撄人心。人心排下而进上❷，上下囚杀，淖约柔乎刚强。廉刿❸雕琢，其热焦火，其寒凝冰。其疾俯仰之间而再抚四海之外，其居也渊而静，其动也县而天。偾骄❹而不可系者，其唯人心乎！昔者黄帝始以仁义撄人之心，尧、舜于是乎股无胈❺，胫无毛，以养天下之形，愁其五藏以为仁义，矜其血气以规法度。然犹有不胜也。

尧于是放讙兜于崇山，投三苗于三峗，流共工于幽都，此不胜天下也。夫施及三王而天下大骇矣。下有桀、跖，上有曾、史，而儒墨毕起。于是乎喜怒相疑，愚知相欺，善否相非，诞信相讥，而天下衰矣；大德不同，而性命烂漫矣；天下好知，而百姓求竭矣。于是乎斤⁶锯制焉，绳墨杀焉，椎凿决焉。天下脊脊大乱，罪在撄人心。故贤者伏处大山堪岩之下，而万乘之君忧栗乎庙堂之上。今世殊死者相枕也，桁杨⁷者相推也，刑戮者相望也，而儒墨乃始离跂攘臂乎桎梏之间。意！甚矣哉！其无愧而不知耻也甚矣！吾未知圣知之不为桁杨椄槢也，仁义之不为桎梏凿枘也，焉知曾、史之不为桀、跖嚆矢⁸也！故曰：绝圣弃知而天下大治。"

注释

① 藏：通"臧"，善。
② 排下而进上：得失而情绪不定。
③ 廉刿（guì）：尖利。
④ 偾（fén）骄：不可禁之势。
⑤ 胈（bá）：白肉。
⑥ 斤（jīn）：斧头。
⑦ 桁（héng）杨：夹在足和颈上的刑具。
⑧ 嚆（hào）矢：响箭，信号。

解读

崔瞿问老子："不治理天下，怎能使人心向善？"

老子说："你要谨慎，别扰乱了人心。人心患得患失，上下绞杀，软弱屈从于刚强。人们的心理屡受震荡，高兴时热如烈火，愤怒时冷若冰霜。变化之快顷刻间就能驰骋于四海之外。安稳时深沉而寂静，跃动时思

庄 子

绪高入云天。强傲而无法约束的,是人心啊!从前黄帝用仁义扰乱人心,于是尧舜奔波劳苦得大腿无肉,小腿无毛,为天下人而操劳。愁劳身心以施行仁义,耗费心血以建立法度,即使这样还是不能改变人心。于是尧将谨兜流放到崇山,将三苗放逐到三峗,将共工流配到幽都,这都是不能治理好天下的。到了三代帝王,天下大乱。下有夏桀、盗跖,上有曾参、史鱼,儒墨之争并起。于是喜怒互相猜疑,愚智互相欺诈,善恶互相非议。荒诞与诚实互相讥讽,天下随之衰败;大德不能统一,性命则散乱;天下推崇智巧,百姓则贫困。于是用刑具来制裁,用法律来酷杀,用肉刑来摧残。天下纷纷大乱,其罪过就在于扰乱人心。所以贤者隐居于高山深谷,国君则忧虑于朝廷之上。当今惨死的人尸体堆积如山,戴枷锁的人拥挤不堪,刑杀的人满目皆是,而儒墨之徒还竭力鼓吹于枷锁之间。唉!太过分了!他们也太不知羞耻了!圣智是刑具肆虐的尖刺,仁义是加固枷锁的关键,曾参、史鱼之流则是夏桀、盗跖之类的前导!所以只有绝弃圣智,天下才能大治。"

外 篇

原文

黄帝立为天子十九年，令行天下，闻广成子在于空同之上，故往见之，曰："我闻吾子达于至道，敢问至道之精。吾欲取天地之精，以佐五谷，以养民人。吾又欲官阴阳，以遂群生，为之奈何？"

广成子曰："而所欲问者，物之质也；而所欲官者，物之残①也。自而治天下，云气不待族而雨，草木不待黄而落，日月之光益以荒矣，而佞人之心翦翦②者，又奚足以语至道！"

黄帝退，捐③天下，筑特室，席白茅，间居三月，复往邀之。

广成子南首而卧，黄帝顺下风膝行而进，再拜稽首而问曰："吾闻子达于至道，敢问治身奈何而可以长久？"

广成子蹶然而起曰："善哉问乎！来！吾语汝至道。至道之精，窈窈冥冥；至道之极，昏昏默默。无视无听，抱神以静，形将自正。必静必清，无劳女形，无摇汝精，乃可以长生。目无所见，耳无所闻，心无所知，汝神将守形，形乃长生。慎汝内，闭汝外，多知为败。我为汝遂于大明之上矣，至彼至阳之原也；为汝入于窈冥之门矣，至彼至阴之原也。天地有官，阴阳有藏，慎守汝身，物将自壮。我守其一以处其和，故我修身千二百岁矣，吾形未常衰。"

黄帝再拜稽首曰："广成子之谓天矣！"

广成子曰："来！余语汝。彼其物无穷，而人皆以为有终；彼其物无测，而人皆以为有极。得吾道者，上为皇而下为王；失吾道者，上见光而下为土。今夫百昌皆生于土而反于土，故余将去汝，入无穷之门，以游无极之野。吾与日月参光，吾与天地为常。当我，缗乎！远我，缗乎！人其尽死，而我独存乎！"

庄　子

注释

① 物之残：事物的渣滓。
② 翦翦：狭隘鄙陋的样子。
③ 捐：抛弃。

解读

黄帝在位十九年，政令通行天下，听说广成子在崆峒山上，特地去拜访，对他说："我听说先生已达至道之境，请问至道的精粹。我想摄取天地之精华，用来助长五谷，养育人民。我还想掌管阴阳，来成就万物，不知如何？"

广成子说："你所要问的是事物的本质；你所要掌管的是事物的残渣。自从你治理天下，云气没有凝聚就下雨，草木没有枯黄就凋零，日月之光越来越昏暗，你心胸狭隘鄙陋，有什么资格谈至道呢！"

黄帝退回后，抛弃天下，独居一室，铺垫白茅，闲居三月。又去请教广成子。

广成子面朝南躺着，黄帝从下方跪行而前，叩头施礼后问："我听说先生已达到至道，请问怎样修身才能长寿？"

广成子一跃而起说："问得很好！来！我告诉你至道。至道的精粹深不可测；至道的极致沉静幽深。不要看不要听，凝神虚静，形体就会健康。清静无虑，不要劳累，不要扰动精气，才可以长寿。目不外视，耳不旁听，心不多想，精神就能守住形体，就会健康。内心少思，不言少行，弃绝智巧。我将助你达到大明境界，达到至阳的本原；助你进入幽深的门径，达到至阴的本原。天地各司其职，阴阳各有其所，谨慎地守护自身，万物将会自然昌盛。我坚守道而与万物和谐相处，所以我修身一千二百年，身体从未衰老。"

黄帝叩头施礼说："广成子已与天合一了。"

广成子说:"来!我告诉你。万物无穷,但人们都认为物有所终;万物深不可测,但人们都认为物有极限。获得我的道,在上可为皇,在下可为王;丧失了我的道,在上只能看见日月之光,在下便化为尘土。当今万物都生于土而返归于土,所以我将离你而去,进入无穷之门,遨游于无极之野。我和日月同光,与天地同寿。对于迎我而来或背我而去的,我不放在心上!人们都将死去,唯我长生不老!"

原文

云将东游,过扶摇之枝而适遭鸿蒙。鸿蒙方将拊脾❶雀跃而游。云将见之,倘然止,贽然立,曰:"叟何人邪?叟何为此?"

鸿蒙拊脾雀跃不辍,对云将曰:"游!"

云将曰:"朕愿有问也。"

鸿蒙仰而视云将曰:"吁!"

云将曰:"天气不合,地气郁结,六气不调,四时不节。今我愿合六气之精以育群生,为之奈何?"

鸿蒙拊脾雀跃掉头曰:"吾弗知!吾弗知!"

云将不得问。又三年,东游,过有宋之野而适遭鸿蒙。云将大喜,行趋而进曰:"天忘朕邪?天忘朕邪?"再拜稽首,愿闻于鸿蒙。

鸿蒙曰:"浮游不知所求,猖狂不知所往;游者鞅掌❷,以观无妄。朕又何知!"

云将曰:"朕也自以为猖狂,而百姓随予所往;朕也不得已于民,今则民之放也。愿闻一言。"

鸿蒙曰:"乱天之经,逆物之情,玄天弗成;解兽之群,而鸟皆夜鸣;灾及草木,祸及止虫,意!治人之过也。"

庄 子

云将曰:"然则吾奈何?"

鸿蒙曰:"意!毒哉!仙仙乎归矣。"

云将曰:"吾遇天难,愿闻一言。"

鸿蒙曰:"意!心养。汝徒外无为,而物自化。堕尔形体,黜尔聪明,伦与物忘,大同乎涬溟③,解心释神,莫然无魂。万物云云,各复其根,各复其根而不知;吾混浑沌沌,终身不离;若彼知之,乃是离之。无问其名,无窥其情,物故自生。"

云将曰:"天降朕以德,示朕以默。躬身求之,乃今也得。"再拜稽首,起辞而行。

注释

① 髀:通"髀"。拊髀:拍股。
② 鞅掌:众多。
③ 涬溟(xíng míng):自然之气。

解读

云将到东方游玩,经过神木枝头时遇见鸿蒙。鸿蒙正在拍着腿像麻雀那样跳跃游玩。云将见后忽然停下,站立着问:"您是谁呀?为什么要这样呢?"

鸿蒙拍着腿,对云将说:"遨游!"

云将说:"我想请教您。"

鸿蒙仰头看着云将说:"嗯!"

云将说:"天气不和,地气郁结,六气失调,四时不顺,现在我想调和六气的精华来养育万物,该怎么办呢?"

鸿蒙拍腿掉头说:"我不知道!我不知道!"

云将得不到回答。又过了三年,云将去东游玩,经过宋国的原野时恰好遇见了鸿蒙。云将非常高兴，快步上前说："您忘了我吗？您忘了我吗？"接着叩头施礼，请求鸿蒙赐教。

鸿蒙说："悠然遨游无所贪求，随心所欲无所不往；遨游者纷纷纭纭，来观察万物的真相。我又能知道什么呢？"

云将说："我自以为是随心所游，而百姓总是追随我，我没有办法，现在他们总是依赖我。愿听您的指教。"

鸿蒙说："乱天然常道，违万物之情，自然之化不成；群兽离散，鸟雀夜鸣；草木灾，昆虫遭祸。唉！这都是治人的过错啊！"

云将说："那么我该怎么办呢？"

鸿蒙说："唉！深受毒害啊！你快点回去吧！"

云将说："我很难见您，请您一定赐教。"

鸿蒙说："唉！重在养心。你只要自然无为，万物就会自生自灭。忘掉形体，放弃聪明，忘却自身和万物，与自然之气浑然一体，解心释神，无所用心。万物纷纭，恢复本性，而不知其所以然；混混沌沌，终身不失本性；如果知其所以然，就会丧失本性。不问其名，不求其真，万物就会自生。"

云将说："您赐予我道德，以静默感化我。我恭敬求道，现在才有所得。"叩头施礼，拜辞而去。

原文

世俗之人，皆喜人之同乎己，而恶人之异于己也。同于己而欲之，异于己而不欲者，以出乎众为心[1]也。夫以出乎众为心者，曷常出乎众哉！因众以宁所闻，不如众技众矣。而欲为人之国者，此揽乎三王之利而不见其患者也。此以人之国侥幸也，几何侥幸而不丧人之国乎！其存人之国也，无万分之一；而丧人之国也，一不成而万有余丧矣。悲

庄　子

夫，有土者之不知也！

夫有土者，有大物❷也。有大物者，不可以物；物而不物❸，故能物物。明乎物物者不非物也，岂独治天下百姓而已哉！出入六合，游乎九州，独律独来，是谓独有。独有之人。是谓至贵。

注释

❶ 出乎众为心：想出人头地。
❷ 大物：指土地和人民。
❸ 物而不物：有物而不拘泥于物。

解读

世俗的人都喜欢别人赞同自己而讨厌别人异己。喜欢别人赞同，不喜欢别人异己，这是想出人头地的缘故。想出人头地的人，又何尝能出人头地呢！因为众人的赞同而心安理得，其实你不如众人。想谋求国君的地位，是只追求三代帝王的荣华而没有看到他们的祸患。这种侥幸有多少不丧失国家呢？这样能保存国家的，没有万分之一；而丧失国家的，则几乎是百分之百。悲哀啊，统治者对此竟不明白！

位居国君者，拥有土地和人民。拥有大物的，不可拘泥于物；有物而不为物所支配，才能主宰大物。明白了这个道理，能够治理的岂止是天下的百姓！出入六合，遨游九州，独来独往，可称为"独有"。这样的人是最尊贵的人。

原文

大人❶之教，若形之于影，声之于响。有问而应之，尽其所怀，为天下配。处乎无响，行乎无方。挈汝适复之挠挠，以游无端；出入无旁②，与日无始；颂论形躯，合乎大同，大同而无己。无己，恶乎得有有！睹有者，昔之君子；睹无者，天地之友。

注释

① 大人：至人，得道的人。
② 无旁：无边无际。

解读

道德高尚的人对别人的教导，就像形体对于影子，声音对于回响。有问必答，全盘托出以应天下人。他处身于静寂，行动随心所欲。引导纷纭的人群使其回归本性，遨游于无边无际的境界；其言谈形躯，合乎大同，大同则无我。既然无我，怎么会有"有"呢！着眼于"有"的，是昔日的君子；着眼于"无"的，是天地的朋友。

原文

贱而不可不任者，物也；卑而不可不因者，民也；匿而不可不为者，事也；粗而不可不陈①者，法也；远而不可不居者，义也；亲而不可不广者，仁也；节而不可不积者，礼也；中而不可不高者，德也；一②而不可不易者，道也；神而不可不为者，天也。

故圣人观于天而不助，成于德而不累，出于道而不谋，会于仁而不恃，薄③于义而不积，应于礼而不讳，接于事而不辞，齐于法而不乱，恃于民而不轻，因于物而不去。物者莫足为也，而不可不为。不明于天者，不纯于德；不通于道者，无自而可；不明于道者，悲夫！何谓道？有天道，有人道。无为而尊者，天道也；有为而累者，人道也。主者，天道也；臣者，人道也。天道之与人道也，相去远矣，不可不察也。

庄 子

注释

① 陈：施，实行。
② 一：固定。
③ 薄：迫近。

解读

物虽然低贱，但也不可不用；民虽然卑微，但不可不顺；事情虽然隐秘，但不可不做；法度虽然粗疏，但不可不实施；义虽然远离于道，但不可不遵守；仁虽然是对亲人而言的，但不可不推而广之；礼虽然有节制，但不能不那样繁多；德虽然顺合于世，但其内质必须高尚；道的本质是永恒而不断变化的；天机虽然神妙莫测，但不可不发挥作用。

所以，圣人顺乎自然而无所作为，德行自然而无须操劳，出于道而不必有意图谋，合乎仁而无须有所依赖，近于义而无须积累，应于礼而无须违避，接于事而无须推辞，统一法度而不乱，依靠百姓而不轻用，利用万物而不随意抛弃。万物虽然难于利用，但又不能不择机利用。不明白自然法则的，德行就不会纯正；不通于道的，任何事都办不成；不了解道的，是莫大的悲哀！什么叫道？道有天道，有人道。无为而尊贵的，是天道；有为而劳累的，是人道。天道是主宰，人道是辅佐。天道和人道相差甚远，必须搞清楚。

外 篇

天 地

原文

天地虽大,其化均也;万物虽多,其治❶一也;人卒虽众,其主君也。君原于德而成于天,故曰,玄古之君天下,无为也,天德而已矣。以道观言,而天下之名正;以道观分,而君臣之义明;以道观能,而天下之官治;以道泛观,而万物之应备。故通于天者,道也;顺于地者,德也;行于万物者,义也;上治人者,事也;能有所艺者,技也。技兼于事,事兼于义,义兼于德,德兼于道,道兼于天。故曰:古之畜天下者,无欲而天下足,无为而万物化,渊静而百姓定。《记》曰:"通于一而万事毕,无心得而鬼神服。"

注释

❶ 治:规则,条理。

解读

天地虽大,但却均衡无私;万物虽多,但都服从自然;百姓虽多,主宰他们的却是国君。国君主政要以德为本,顺其自然,所以君主统治天下,一切都出自无为,顺其自然罢了。

用道的观点来看言论,天下的名称都是合理的;用道的观点来看职分,君臣的道义也就明确了;用道的观点来看才能,天下的官吏都恪尽职守;用道的观念广泛观察,万事万物的对应都已齐备。所以,通达于天的就是"道",顺合于地的就是"德",通行于万物的就是"义",治人的关键是各任其事,能力有所专精的关键是技艺。技统属于事,事统属于义,义统属于德,德统属于道,道统属于天。所以说,古时养育百姓的统治者无所贪欲而天下富足,无所作为而万物自化,深沉宁寂而百姓安定。古书上记载说:"贯通纯一之道,万事可成;无心于身外得失,鬼神敬服。"

原文

夫曰:"夫道,覆载万物者也,洋洋乎大哉!君子不可以不刳心❶焉。无为为之之谓天,无为言之之谓德,爱人利物之谓仁,不同同之之谓大,行不崖异之谓宽,有万不同之谓富。故执德之谓纪,德成之谓立,循于道之谓备,不以物挫志之谓完。君子明于此十者,则韬❷乎其事心之大也,沛乎其为万物逝也。若然者,藏金于山,沉珠于渊,不利货财,不近贵富;不乐寿,不哀夭;不荣通,不丑穷;不拘一世之利以为己私分,不以王天下为己处显。显则明,万物一府,死生同状。"

夫子曰:"夫道,渊乎其居也,漻乎其清也。金石不得,无以鸣。故金石有声,不考不鸣。万物孰能定之!夫王德之人,素逝而耻通于事,立之本原而知通于神。故其德广,其心之出,有物采之。故形非道不生,生非德不明。存形穷生,立德明道,非王德者邪!荡荡乎!忽然出,勃然动,而万物从之乎!此谓王德之人。视乎冥冥,听乎无声。冥冥之中,独见晓焉;无声之中,独闻和焉。故深之又深而能物焉,神之又神而能精焉。故其与万物接也,至无而供其求,时骋而要其宿;大小、长短、修远。"

注释

① 刳（kū）心：掏空心胸，排除杂念；去其私心，合于自然。
② 韬：借为"滔"，盛大。

解读

先生说："道覆载万物，多么浩瀚啊！君子不可不毫无杂念地去效法。用无为的态度去做叫作天；用无为的态度去说叫作德；爱人之性、利物之情叫作仁；使万物归于同一叫作大；行为不高于众而异于人叫作宽；包容万象叫作富；持守德行叫作纪；实践德行叫作立；一切循道去做叫作备；不因外物挫折志节叫作完。君子明白了这十个道理，就能胸怀宽广，万物归往。像这样，藏金于深山，沉珠于深渊，不贪图财物，不追求富贵，不以高寿为乐，不以夭折为哀，不以通达为荣，不以贫穷为耻，不把谋求举世之利作为职分，不以称王于天下而炫耀，自居荣显就会妄自尊大。万物一体，死生无区别。"

先生说："道，幽深如渊，清澈如水。所以钟、磬虽有鸣响的本能，但不敲则不响。万物这种感应谁能确定！具有盛德的人，能够抱定纯朴，与世推移，以周旋于世俗之间为羞耻；能够立足于万物的本原，智慧与神明相通，因此他的德泽广远。他的心神发动，是与外物的交感所致。所以说，形体没有道就不能产生，生命没有德就不会明达。保全形体，享尽天年，立盛德，明大道，这不就是具有盛德的人吗？多么浩瀚广大啊！他忽然而出，勃然而动，而万物都紧紧地跟随他！这就是具有盛德的人。视而无形，听而无声。无形中有所见，无声中有所听。幽深而又能产生万物，玄妙而能产生精神。所以道与万物相接时，道体虚寂却能满足万物，驰骋不已却成为万物的归宿。无论大小、长短、远近。"

庄　子

原文

黄帝游乎赤水之北，登乎昆仑之丘而南望，还归遗其玄珠。使知❶索之而不得，使离朱❷索之而不得，使喫诟❸索之而不得也，乃使象罔，象罔得之。黄帝曰："异哉！象罔乃可以得之乎？"

注释

❶ 知：杜撰的人名，寓含才智、智慧之意。
❷ 离朱：杜撰的人名，以明察秋毫著称。
❸ 喫诟：杜撰的人名，善于闻声辨言。

解读

黄帝在赤水北岸游玩，登上昆仑山顶向南观望，返回时遗失了玄珠。派知去找未能找到，派离朱去找未能找到，派喫诟去找也未能找到。于是让象罔去找，象罔找回了玄珠。黄帝说："奇怪啊！只有象罔才能找到吗？"

原文

尧之师曰许由，许由之师曰啮缺，啮缺之师曰王倪，王倪之师曰被衣。

尧问于许由曰："啮缺可以配天乎？吾藉王倪以要之。"许由曰："殆哉圾❶乎天下！啮缺之为人也，聪明睿知，给数以敏❷，其性过人，而又乃以人受天。彼审乎禁过，而不知过之所由生。与之配天乎？

彼且乘人而无天。方且本身而异形，方且尊知而火驰，方且为绪使，方且为物絯❸，方且四顾而物应，方且应众宜，方且与物化而未始有恒。夫何足以配天乎？虽然，有族，有祖，可以为众父❹，而不可以为众父父。治，乱之率也，北面之祸也，南面之贼也。

注释

❶ 圾：通"岌"，危险。
❷ 给数以敏：机警敏捷。给，捷。数，速。
❸ 物絯（gāi）：为外物所拘束。絯，碍。
❹ 众父：指百姓的官长。

解读

尧的老师叫许由，许由的老师叫啮缺，啮缺的老师叫王倪，王倪的老师叫被衣。

尧问许由："啮缺可以做天子吗？我请王倪邀他。"许由说："恐怕天下要危险了！啮缺聪明睿智，机警敏捷，天赋过人，又能用人事去应接天理。他明白怎样禁止过失，却不知晓过失产生的缘由。让他做天子吗？他将借助于人为而抛弃天然，会以自身为本位而改变万物固有的形迹，会尊尚巧智而急功近利，会被细末琐事所役使，会被外物所拘束，会四方张顾而应接不暇，会八面玲珑而满足众需，会因外物的影响而没有恒常的规则。怎么能做天子呢？虽然这样，有聚族就有宗祖，可以成为一方百姓的官长，却不能成为一国的君主。治是乱的先导，是臣子的祸患，是国君的灾难。"

原文

尧观乎华。华封人❶曰："嘻，圣人！请祝圣人。""使圣人寿。"尧曰："辞。""使圣人富。"尧曰："辞。""使圣人多男

庄 子

子。"尧曰:"辞。"封人曰:"寿、富、多男子,人之所欲也。女独不欲,何邪?"尧曰:"多男子则多惧,富则多事,寿则多辱。是三者,非所以养德也,故辞。"

封人曰:"始也我以女为圣人邪,今然君子也。天生万民,必授之职。多男子而授之职,则何惧之有?富而使人分之,则何事之有?夫圣人,鹑居而鷇食②,鸟行而无彰;天下有道,则与物皆昌;天下无道,则修德就闲;千岁厌世,去而上仙;乘彼白云,至于帝乡③;三患莫至,身常无殃;则何辱之有!"封人去之。尧随之,曰:"请问。"封人曰:"退已!"

注释

① 封人:守护自己封地边疆的人。
② 鹑居而鷇食:鹑居,喻居无常处。鷇,初生的小鸟。鷇食,喻无心求食。
③ 帝乡:旧注指天和地交接的地方,指太虚幻境。

解读

尧在华巡视。华地守护封疆的人说:"啊,圣人!请接受我的祝福。祝愿圣人长寿。"尧说:"不用。"守护封疆的人说:"祝愿圣人富有。"尧说:"不用。"守护封疆的人说:"祝愿圣人多男儿。"尧说:"不用。"守护封疆的人说:"长寿、富有、多男儿,这是人们都想得到的。唯有你不想要,为什么呢?"尧说:"多男子便多恐惧,富有便多麻烦,长寿便多困辱。这三项都无助于培养德行,所以我谢绝。"

守护封疆的人说:"起初我还以为你是个圣人呢,如今看来是个君子。天生万民,必定会授给他们一定的职事。男子多而授给他们的职事也相应多,有什么可恐惧的?富有了就与人分享,有什么麻烦的?圣人随遇而安，像待哺雏鸟一样无心觅食，像鸟儿在空中飞行，不留踪迹；天下有道，就与万物同昌盛；天下无道，就修德闲居；千秋老去，飞升仙界，乘着白云飘散，至于虚无之境，三患不来，灾殃不见，还会有什么困辱可言？"守护封疆的人走了，尧却跟在他后面说："希望得到指教。"守护封疆的人说："回去吧！"

原文

尧治天下，伯成子高立为诸侯。尧授舜，舜授禹，伯成子高辞为诸侯而耕。禹往见之，则耕在野。禹趋就下风❶，立而问焉，曰："昔尧治天下，吾子立为诸侯。尧授舜，舜授予，而吾子辞为诸侯而耕。敢问，其故何也？"

子高曰："昔尧治天下，不赏而民劝，不罚而民畏。今子赏罚而民且不仁，德自此衰，刑自此立，后世之乱自此始矣。夫子阖行邪？无落吾事！"挹挹❷乎耕而不顾。

注释

❶ 下风：逆风，为下方。
❷ 挹挹：用力耕地的样子。

解读

尧统治天下，伯成子高做诸侯。尧把帝位授给舜，舜又授给禹，伯成子高便辞去职位耕田去了。夏禹前去拜见，他正在地里耕作。夏禹碎步上前，居于下方，恭敬地站着问道："当年尧统治天下，先生立为诸侯。尧把帝位让给了舜，舜又让给了我，先生却辞去了职位来耕田。这是为什么呢？"

庄 子

伯成子高说:"从前尧治理天下,不行赏而人民自然向善,不用罚而人民自然戒恶。如今你施行赏罚而人民却不仁爱,德行从此衰败,刑罚从此建立,后世之乱也就从此开始了。先生怎么能不走开呢?不要耽误我的事情!"于是低下头,一心耕地,不再理睬夏禹。

原文

泰初有无,无有无名;一之所起,有一而未形。物得以生,谓之德;未形者有分,且然无间,谓之命;留动而生物,物成生理❶,谓之形;形体保神,各有仪则,谓之性。性修反德,德至同于初。同乃虚,虚乃大。合喙鸣❷;喙鸣合,与天地为合。其合缗缗❸,若愚若昏,是谓玄德,同乎大顺。

注释

❶ 物成生理:万物生成以后便各有各的结构、形态。
❷ 合喙鸣:像鸟鸣一样无心于言而自言。
❸ 缗缗:泯合无迹的样子。

解读

一切事物只存在于"无",而没有存在也就没有称谓;混沌的状态就是宇宙的初始,此时还未形成形体。万物从混沌中产生,叫作德;未有形体有区别,不过还没有界限,叫作命;万物生成生命的机制,叫作形;形体守护精神,各有轨迹与法则,叫作本性。

善于修身养性就会返归德行,德达到完美的境界就同于本来状态。就会无比虚豁,包容广大。这样就跟鸟鸣一样无心于是非和爱憎,与天地融合而共存。混同合一不露踪迹,蒙昧又昏暗,这就叫玄德,也就返回本真而一切归于自然了。

原文

夫子问于老聃曰："有人治道若相放❶，可不可，然不然。辩者有言曰：'离坚白若县宇❷。'若是则可谓圣人乎？"老聃曰："是胥易技系❸、劳形怵心者也。执狸之狗来田，猿狙之便来藉。丘，予告若，而所不能闻与而所不能言。凡有首有趾无心无耳者众，有形者与无形无状而皆存者尽无。其动止也，其死生也，其废起也，此又非其所以也。有治在人，忘乎物，忘乎天，其名为忘己。忘己之人，是之谓入于天。"

注释

❶ 放：背逆。
❷ 县宇：高悬于天宇，清楚醒目。
❸ 胥易技系：小吏供职时为技艺所拘系。

解读

孔子向老聃请教："有人研修大道却好像跟大道相悖，认可不能认可的，肯定不正确的。善辩的人说：'石头的坚硬和颜色的发白是要区别开来分析的理论，就好像高悬于天宇那样醒目。'这样的人可以称作圣人吗？"

老聃说："这只不过是小吏为技艺所拘系，劳苦身躯担惊受怕罢了。善于捕捉狸狌的狗会受到拘系，猿猴会因为行动便捷而被人捕捉。我告诉你，告诉你无法听到而说不出来的道理。凡是有形体的人大多无知无闻，有形的人想要和无形的道并存，是绝对没有的。人的动静、生死、穷达都是出于自然而不知其所以然的。倘若果真存在什么治理，那也要忘掉外物，忘掉自然，它叫作忘掉自己。忘掉自己的人，就可以和自然融为一体。"

庄 子

原文

蒋闾葂见季彻曰："鲁君谓葂也曰：'请受教。'辞不获命，既已告矣，未知中否，请尝荐之。吾谓鲁君曰：'必服①恭俭，拔出公忠之属而无阿私，民孰敢不辑②！'"

季彻局局然笑曰："若夫子之言，于帝王之德犹螳螂之怒臂以当车轶③，则必不胜任矣。且若是，则其自为处危，其观台多物，将往投迹者众。"蒋闾葂覤覤然惊曰："葂也汒若④于夫子之所言矣。虽然，愿先生之言其风也。"

季彻曰："大圣之治天下也，摇荡民心，使之成教易俗，举灭其贼心而皆进其独志，若性之自为，而民不知其所由然。若然者，岂兄尧舜之教民，溟涬然弟之哉？欲同乎德而心居矣。"

注释

① 服：亲身实践。
② 辑：和睦。
③ 轶（zhè）：通"辙"，代指车轮。
④ 汒（máng）若：茫然。汒，通"茫"。

解读

蒋闾葂拜见季彻说："鲁国国君对我说：'请你教导我。'我一再推辞，鲁君不答应，我就对他说了，不知道可否，我说给你听听。我对他说：'你必须亲身实践恭敬和节俭，选拔臣子管理政务而没有偏私，还会有谁敢不和睦相处'！"

季彻听后弯腰笑道："像你说的这些，对于帝王的准则来说恐怕像螳螂奋臂挡车轮一样，必定不能胜任。不仅如此，还会把自己置于危险的境地，朝廷多事，前往奔走帮忙的人多了。"蒋闾葂吃惊地说："我很茫然。虽然这样，还是希望先生谈个大概。"

季彻说："圣人治理天下，让民心自由开放不受拘束，使他们自我教化，移风易俗，消除伤害他人的心，增强自我教化的决心，就像自然在驱使他们自由活动，人们并不知道为什么会是这样。这样难道还用得着尊崇尧舜来教化人民，而轻视混沌不分的状态吗？他们将只希望同于自然而心境安定啊！"

原文

子贡南游于楚，反于晋，过汉阴，见一丈人方将为圃畦，凿隧而入井，抱瓮而出灌，搰搰然❶用力甚多而见功寡。子贡曰："有械于此，一日浸百畦，用力甚寡而见功多，夫子不欲乎？"

为圃者卬而视之曰："奈何？"

曰："凿木为机，后重前轻，挈水若抽。数如泆汤❷，其名为槔。"

为圃者忿然作色而笑曰："吾闻之吾师，有机械者必有机事，有机事者必有机心。机心存于胸中，则纯白不备；纯白不备，则神生❸不定；神生不定者，道之所不载也。吾非不知，羞而不为也。"

子贡瞒然惭，俯而不对。

有间，为圃者曰："子奚为者邪？"

曰："孔丘之徒也。"

为圃者曰："子非夫博学以拟圣，於于以盖众，独弦哀歌以卖名声于天下者乎？汝方将忘汝神气，堕❹汝形骸，而庶几乎！而身之不能治，而何暇治天下乎！子往矣，无乏吾事！"

子贡卑陬❺失色，顼顼然不自得，行三十里而后愈。

庄 子

其弟子曰："向之人何为者邪？夫子何故见之变容失色，终日不自反邪！"

曰："始吾以为天下一人耳，不知复有夫人也。吾闻之夫子，事求可，功求成。用力少，见功多者，圣人之道。今徒不然。执道者德全，德全者形全，形全者神全。神全者，圣人之道也。托生与民并行而不知其所之，汒乎淳备哉！功利机巧必忘夫人之心。若夫人者，非其志不之，非其心不为。虽以天下誉之，得其所谓，謷然不顾；以天下非之，失其所谓，傥然不受。天下之非誉，无益损焉，是谓全德之人哉！我之谓风波之民。"

反于鲁，以告孔子。孔子曰："彼假修浑沌氏之术者也；识其一，不知其二；治其内，而不治其外。夫明白太，无为复朴，体性抱神，以游世俗之间者，汝将固惊邪？且浑沌氏之术，予与汝何足以识之哉！"

注释

❶ 搰（gú）搰然：用力的样子。
❷ 数（shuò）如泆（yì）汤：数，频繁，快速。泆，亦作"溢"，水涌如溢。
❸ 神生：心灵。生，通"性"。
❹ 堕（huī）：通"隳"，毁坏。
❺ 卑陬（zōu）：惭愧的样子。

解读

子贡到南边的楚国游历，后返回晋国，在经过汉水南岸时，看到一位老人正在整地开畦，他开了一条地沟通到井水边，抱着水瓮来往浇水灌地，很费力气，但效率不高。子贡见了说："我懂得一种机械，每天可以浇灌上百个菜畦，省力且效率高，您不想试试吗？"

老人抬起头来看着子贡说："怎么回事啊？"

子贡说："用木料加工成机械，后面重，前面轻，提灌就像从井中抽水似的，快速犹如沸水的外溢一样，它叫桔槔。"

老人把脸一沉讥笑说："我老师说过，有了机械的东西必定会产生机巧的事，有了机巧的事必定会产生机变的心。机变的心思留在胸中，就不会再有纯洁空明的心境了；纯洁空明的心境不完备，心灵就不再专一安定；心灵不能专一安定的人，他的内心也不会充实。我知道你所说的桔槔，只不过羞于做那样的事罢了。"

子贡羞愧满面，低下头去一句话也答不上来了。

一会儿，老人说："你是干什么的呀？"

子贡说："我是孔丘的学生。"

老人说："他不就是个学识广博并处处仿效圣人，哗众取宠，自唱自

和，哀叹世事不济而又周游天下以沽名钓誉的人吗？你要是放弃这种理想和追求，放松身体，恐怕还能接近于道！连自身的问题都解决不好，哪还谈得上治理天下呢！你走吧，别在这里耽误我的事了！"

子贡顿感惭愧，怅然若失而不能自持，一直往前走出三十里才逐渐恢复了常态。子贡的弟子问道："先前碰到的那个人是干什么的呀？先生为什么一见到他就变脸失色，整天都缓不过气来呢？"

子贡说："起初我总以为天下的圣人就只有老师孔丘一人，真不知道还会有那样的人。我从老师那里听说办事要寻求可行性，功业要讲究成功。用力少，功效多的就是圣人之道。如今看来全然不是。持守大道的人才会德行完备，才能身形完整，才会精神健全。让精神健全的方法，才是圣人之道。这样的人寄托形骸于世间，和万民生活在一起，却并不知道自己要到哪里去，内心世界深不可测，德行淳厚而完备！功利机巧不会放在心上。那样的人，不是自己的心志所适就不会去追求，不符合自己的思想就不会去做。即使天下人都称誉他，他仍然孤高独行而不顾；即使天下人都非议他，他也无动于衷不理不睬。天下人对他的非议和赞誉，对他来说是既无增益又无损害，这就叫作德行完备的人啊！我只能算作一个心神不定而为世俗事务所奴役的人。"

子贡回到鲁国，把路上遇到的情况告诉了孔子。孔子说："那是研究和实践浑沌氏主张的人，他们只学习亘古不变的道理，不管生活中的事务，善于在内心自我修养，却不管治理外部世界的事。那是一些明澈透亮，高尚素洁，清虚无为，返璞归真，体悟真性情，持守真精神，优游自得的人，你怎么会不感到惊异呢？况且，浑沌和方法，我和你又怎么能够了解呢！"

原文

谆芒将东之大壑，适遇苑风于东海之滨。苑风曰："子将奚之?"曰:"将之大壑。"曰:"奚为焉?"曰:"夫大壑之为物也,注焉而不满,酌焉而不竭,吾将游焉。"苑风曰:"夫子无意于横目之民❶乎?愿闻圣治。"

谆芒曰:"圣治乎?官施而不失其宜,拔举而不失其能,毕见其情事而行其所为,行言自为而天下化,手挠顾指,四方之民莫不俱至,此之谓圣治。""愿闻德人。"

曰:"德人者,居无思,行无虑,不藏是非美恶。四海之内共利之之谓悦,共给之之谓安;怊乎❷若婴儿之失其母也,傥乎若行而失其道也。财用有余而不知其所自来,饮食取足而不知其所从,此谓德人之容。""愿闻神人。"

曰:"上神乘光,与形灭亡,此谓照旷。致命尽情,天地乐而万事销亡,万物复情,此之谓混冥。"

注释

❶ 横目之民:亦即人民。人的双目横生于面,故以代称。
❷ 怊(chāo)乎:怅然若失的样子。

解读

谆芒向东到大海去,正巧在东海之滨遇到苑风。苑风问道:"你打算去哪儿?"谆芒说:"打算去大海。"苑风问:"去干什么?"谆芒说:"大海啊,江河注入它不会满溢,不停地舀取也不会枯竭,因而我将到大海游乐。"

苑风说:"先生无意关心庶民百姓吗?希望能听到你的圣人之治。"谆芒说:"圣人之治吗?设置官吏发布政令要合宜得体,举贤任能而不要漏掉能人,让每个人都能看清事情的真相而去做自己想做的事,语言行为要人人自觉自动而自然顺化,挥挥手示示意,四方百姓无不来,这就叫圣

庄　子

人之治。"苑风说："希望能听听关于顺物自得的人。"

谆芒说："顺物自得的人，居处时不思索，行动时不谋虑，是非美丑不留胸中。四海之内人人都能得到利益就喜悦，人人共享财货就安定；悲伤得像婴儿失去了母亲，怅然若失又像是迷失了方向。财货用之不尽却不知道从哪里来，饮食取用充足却不知道从哪儿出。这就是顺物自得的人的仪态举止。"苑风说："希望再听听什么是神人。"

谆芒说："精神超脱的神人驾驭着光明，又和所有的有形事物一道消失，这叫普照万物。享受天命，放纵真情，人们和天地同乐，因而治理之事都自然消亡，万物恢复了真性，这叫作混同冥合的平等齐物。"

原文

门无鬼与赤张满稽观于武王之师。赤张满稽曰："不及有虞氏乎；故离❶此患也。"门无鬼曰："天下均治而有虞氏治之邪？其乱而后治之与？"

赤张满稽曰："天下均治之为愿，而何计以有虞氏为！有虞氏之药疡❷也，秃而施髢❸，病而求医。孝子操药以修❹慈父，其色燋然，圣人羞之。至德之世，不尚贤，不使能；上如标枝，民如野鹿；端正而不知以为义，相爱而不知以为仁，实而不知以为忠，当而不知以为信，蠢动而相使，不以为赐。是故行而无迹，事而无传。"

注释

❶ 离：通"罹"，遭受。
❷ 药疡：医治头疮。疡，头疮。
❸ 髢（dì）：假发。
❹ 修：借为"羞"，进献。

解读

门无鬼与赤张满稽观看武王伐纣的部队。赤张满稽说:"周武王还是比不上舜帝啊!所以天下才会遭遇祸难。"门无鬼说:"天下太平无事时有虞氏在治理呢,还是天下动乱了才去治理呢?"

赤张满稽说:"天下太平无事是人们的心愿,为什么还要考虑让有虞氏为国君呢!有虞氏不过是替人治头疮,为秃子敷设假发,因为有了病才去求医。孝子操办药物调治慈父的病,哪怕他累得面容憔悴,圣人也以此为羞。盛德的时代,不崇尚贤才,不任用能人;国君位居上位,其实并无心在上,老百姓无拘无束;行为端正却不知道把它看作道义,相互友爱却不知道把它看作仁爱,敦厚老实却不知道把它看作忠诚,办事得当却不知道把它看作信义;无心活动而又相互友助却不把它看作恩赐。所以行动不留痕迹,功成不传后代。"

原文

孝子不谀其亲,忠臣不谄其君,臣子之盛也。亲之所言而然,所行而善,则世俗谓之不肖子❶;君之所言而然,所行而善,则世俗谓之不肖臣。

而未知此其必然邪?世俗之所谓然而然之,所谓善而善之,则不谓之道❷谀之人也。然则俗故❸严于亲而尊于君邪?谓己道人,则勃然作色;谓己谀人,则怫然❹作色。而终身道人也,终身谀人也,合譬饰辞聚众也,是终始本末不相坐。

垂衣裳,设采色,动容貌,以媚一世,而不自谓道谀,与夫人之为徒,通是非,而不自谓众人,愚之至也。知其愚者,非大愚也;知其惑者,非大惑也。大惑者,终身不解;大愚者,终身不灵。三人行而一人

庄 子

惑，所适者犹可致也，惑者少也；二人惑则劳而不至，惑者胜也。而今也以天下惑，予虽有祈向，不可得也。不亦悲乎！大声不入于里耳，折杨、皇荂，则嗑然而笑。是故高言不止于众人之心，至言不出，俗言胜也。以二垂踵惑，而所适不得矣。而今也以天下惑，予虽有祈向，其庸可得邪！知其不可得也而强之，又一惑也，故莫若释之而不推。不推，谁其比忧！厉之人夜半生其子，遽取火而视之，汲汲然唯恐其似己也。

注释

① 不肖子：不像父亲的儿子。
② 道：当为"诣"字，下同。
③ 故：通"固"。
④ 怫（fú）然：生气发怒的样子。

解读

孝子不奉承父母，忠臣不谄媚国君，这是忠臣、孝子尽忠尽孝的极点。凡是父母所说的便都加以肯定，父母所做的便都加以称赞，那就是不肖之子；凡是君王所说的就都加以应承，君王所做的就都加以趋奉，那就是不良之臣。

可是人们却不了解，世俗的看法就一定是正确的吗？人们所谓的正确我们便把它当作正确，人们所谓的好我们便把它当作好，却不称他们是谄谀之人。这样，世俗观念岂不是比父母更可亲敬、比君王更可尊崇了吗？说自己是个谀谄的人，定会勃然大怒脸色大变；说自己是个阿谀的人，也定会愤恨填胸面色剧变。可是一辈子谀谄阿谀的人，只不过是哗众取宠，这样，终结和初始、根本和末节全都不能吻合。

穿上华美的衣裳，绣制斑斓的纹彩，打扮艳丽的容貌，讨好献媚世人，却不自认为谀谄与阿谀，跟世俗人为伍，是非观念相通，却又不把自己看作普通的人，真是愚昧至极。知道自己愚昧的人，并不是最大的愚昧；知道自己迷惑的人，并不是最大的迷惑。最迷惑的人，一辈子也不会醒悟；最愚昧的人，一辈子也不会明白。三个人同行，其中一人迷惑，要去的地方还是可以到达的，因为迷惑的人毕竟要少些；两人迷惑，就会徒劳而到不了目的地，因为迷惑的人占了优势。如今天下的人全都迷惑，我即使祈求导向，也不可能有所帮助。这难道不令人可悲吗？高雅的音乐世俗人不可能欣赏，折杨、皇荂之类的民间小曲，世俗人听了都会欣然而笑。所以高雅的谈吐不可能留在世俗人的心里，而至理名言也不能从世俗人的口中说出，因为流俗的言谈占据了优势。让其中两个人迷惑而弄错方向，所要去的地方便到不了。如今天下人都大惑不解，我即使寻求导向，又怎么可能到达呢！明知不可能到达却要勉强去做，这又是一大迷惑，所以不如弃置不顾。不去寻根究底，还会跟谁一道忧愁呢！丑陋的人半夜生下孩子，会立即拿火来照，表情急切，唯恐孩子像自己一样丑。

原文

百年之木，破为牺尊，青黄而文之，其断在沟中。比牺尊于沟中之断，则美恶有间矣，其于失性一也。跖与曾史，行义有间矣，然其失性均也。

且夫失性有五：一曰五色乱目，使目不明；二曰五声乱耳，使耳不聪；三曰五臭薰鼻，困惾中颡❶；四曰五味浊口，使口厉爽；五曰趣舍滑心，使性飞扬。此五者，皆生之害也。而杨墨乃始离跂自以为得，非吾所谓得也。

夫得者困，可以为得乎？则鸠鸮之在于笼也，亦可以为得矣。且夫趣舍声色以柴其内，皮弁鹬冠搢笏绅修以约其外，内支盈于柴栅，外重缴绕，睆睆然❷在缴绕之中而自以为得，则是罪人交臂历指而虎豹在

庄 子

于囊槛，亦可以为得矣。

注释

❶ 困㮑（zōng）中颡：㮑，气味上逆。颡，额。气味上逆，由鼻腔达于额头，伤害头脑。

❷ 睆（huǎn）睆然：睁大眼睛。

解读

百年的大树，伐倒剖开后雕刻成精美的酒器，再用青、黄二色绘出美丽的花纹，而余下的碎木头则弃置在山沟里。雕刻成精美酒器的木料比起弃置在山沟里的碎木，美好的命运和悲惨的遭遇之间就有了差别，不过一样失去了原有的本性。

盗跖与曾参、史䲡的行为在道义上存在着差别，然而他们一样失去了真性。大凡丧失真性有五种情况：一是五种颜色扰乱视觉，使眼睛看不明晰；二是五种乐音扰乱听力，使耳朵听不真切；三是五种气味熏扰嗅觉，壅塞鼻腔且直达额顶；四是五种滋味秽浊味觉，使口舌受到伤害；五是欲念迷乱心神，使心性驰竞不息，轻浮躁动。这五种情况都是生命的祸害。可是，杨朱、墨翟竟奋力追求而自以为有所得，不过这却不是优游自得。

得到了反而为其所困，也可以说是有所得吗？如果这也算是有所得，那斑鸠鸮鸟被关在笼中，也算是优游自得了。况且，取舍声色的欲念像柴草一样堆满内心，皮帽羽冠、朝板、宽带和长裙捆束于外，内心里充满柴草栅栏，外表上被绳索捆缚，却瞪着大眼自以为有所得，那么，罪犯反绑着双手和手指受到夹压的酷刑，以及虎豹被关在牢笼之中，也可以算是优游自得了。

▎外 篇

天　道

原文

　　天道运而无所积，故万物成；帝道运而无所积，故天下归；圣道运而无所积，故海内服。明于天，通于圣，六通四辟于帝王之德者，其自为也，昧然无不静者矣。圣人之静也，非曰静也善，故静也；万物无足以铙❶心者，故静也。水静则明烛须眉，平中准，大匠取法焉。水静犹明，而况精神！圣人之心静乎！天地之鉴也；万物之镜也。夫虚静恬淡寂寞无为者，天地之平而道德之至，故帝王圣人休焉。休则虚，虚则实，实则伦矣。虚则静，静则动，动则得矣。静则无为，无为也则任事者责矣。无为则俞俞❷，俞俞者忧患不能处，年寿长矣。夫虚静恬淡寂寞无为者，万物之本也。明此以南乡❸，尧之为君也；明此以北面，舜之为臣也。以此处上，帝王天子之德也；以此处下，玄圣素王之道也。以此退居而闲游江海，山林之士服；以此进为而抚世，则功大名显而天下一也。静而圣，动而王，无为也而尊，朴素而天下莫能与之争美。

　　夫明白于天地之德者，此之谓大本大宗，与天和者也；所以均调天下，与人和者也。与人和者，谓之人乐；与天和者，谓之天乐。

注释

❶ 铙：通"扰"。
❷ 俞俞：即愉愉，恬淡的样子。

庄 子

❸ 乡：通"向"，此处指处于君王的位置。

解读

自然规律的运行从不曾有过停留和积滞，所以万物得以生成；帝王统治的规律也从不曾有过停留和积滞，所以天下百姓归顺；思想修养臻于圣明的人对宇宙万物的看法和主张也不曾中断和停留，所以四海之内人人倾心折服。明白于自然，通晓于圣哲，对于了解帝王之德的人来说，上下四方相通和四季的畅达，全都是自身的运动，晦迹韬光不露形迹从不损伤静寂的心境。圣明的人内心宁寂，不是说宁寂美好，所以才去追求宁寂；各种事物都不能动摇和扰乱他的内心，因而心神才虚空宁寂犹如死灰。水在静止时便能清晰地照见人的须眉，水的平面合乎水平测定的标准，高明的工匠也会取之作为水准。水平静下来尚且清澄明澈，又何况是人的精神！圣明的人心境是多么虚空宁静啊！可以作为天地的明镜，可以作为万物的明镜。虚静、恬淡、寂寞、无为，是天地的基准，是道德修养的最高境界，所以古代帝王和圣明的人都停留在这一境界上。停留在这一境界上便心境空明虚淡，空灵虚淡也就会显得充实，心境充实就能合于自然之理了。心境虚空才会平静宁寂，平静宁寂才能自我运动，没有干扰的自我运动也就能够无不有所得。虚静便能无为，无为使任事的人各尽其责。无为也就从容自得，从容自得的人便不会身藏忧愁与祸患，也就长寿了。虚静、恬淡、寂寞、无为，是万物的根本。明白这个道理而居于帝王之位，就像唐尧作为国君；明白这个道理而居于臣下之位，就像虞舜作为臣属。凭借这个道理而处于尊上的地位，就算是帝王治世的盛德；凭借这个道理而处于庶民百姓的地位，就算是通晓了玄圣素王的看法和主张。凭借这个道理退居闲游于江海，山林的隐士就推心折服；凭借这个道理进身仕林而安抚世间百姓，就能功业卓著名扬四海而使天下大同。清静而成为玄圣，行动而成为帝王，无为方才能取得尊尚的地位，保持淳厚素朴的天性，天下就没有什么东西可以跟他媲美。

明白天地以无为为本的规律,这就叫作把握了根本和宗源,而成为跟自然谐和的人;用此来均平万物、顺应民情,便是跟众人谐和的人。跟人谐和的,称作人乐;跟自然谐和的,就称作天乐。

原文

庄子曰:"吾师乎,吾师乎!䪠万物而不为戾;泽及万世而不为仁;长于上古而不为寿;覆载天地、刻雕众形而不为巧。此之谓天乐。故曰:'知天乐者,其生也天行,其死也物化。静而与阴同德,动而与阳同波。'故知天乐者,无天怨,无人非,无物累,无鬼责。故曰:'其动也天,其静也地,一心定而王天下;其鬼不祟❶,其魂不疲,一心定而万物服。'言以虚静推于天地,通于万物,此之谓天乐。天乐者,圣人之心以畜天下也。"

夫帝王之德,以天地为宗,以道德为主,以无为为常。无为也,则用天下而有余;有为也,则为天下用而不足。故古之人贵夫无为也。上无为也,下亦无为也,是下与上同德。下与上同德则不臣。下有为也,上亦有为也,是上与下同道。上与下同道则不主。

上必无为而用天下,下必有为为天下用。此不易之道也。故古之王天下者,知虽落❷天地,不自虑也;辩虽彫❸万物,不自说也;能虽穷海内,不自为也。天不产而万物化,地不长而万物育,帝王无为而天下功。故曰:莫神于天,莫富于地,莫大于帝王。故曰:帝王之德配天地。此乘天地,驰万物而用人群之道也。

注释

❶祟:鬼不来制造祸害。

庄 子

❷ 落：通"络"，包罗。
❸ 彫：雕饰，粉饰。

解读

庄子说："我的宗师啊！我的宗师啊！拥有（具备、承载着、负担着）万物并不认为那是罪行，恩泽施及万世而不以仁爱自居，生命长（cháng）于远古而不自认为是长寿，覆天载地、雕刻众物之形而不觉得自己智巧，这就叫作天乐。所以说：'通晓天乐的人，他活在世上顺应自然地运动，他离开人世混同万物而变化。平静时跟阴气同宁寂，运动时跟阳气同波动。'因此体察到天乐的人，不会受到天的抱怨，不会受到人的非难，不会受到外物的牵累，不会受到鬼神的责备。所以说：'运动时合乎自然的运行，静止时犹如大地一样宁寂，内心安定专一统驭天下；鬼魔不会作祟，神魂不会疲惫，内心专一安定万物无不折服归附。'这些话就是说把虚空宁静推及到天地，通达于万物，这就叫作天乐。所谓天乐，就是圣人的爱心，用以养育天下人。"

帝王的德行，以天地为根本，以道德为中心，以顺应无为而治为常规。帝王无为，役使天下人而且闲暇有余；臣子有为，为天下事竭心尽力而且唯恐不足。因此，古时候的人都看重帝王无为的态度。处于上位的帝王无为，处于下位的臣子也无为，这样臣子跟帝王的态度相同，臣子跟帝王相同那就不像臣子了；处于下位的臣子有为，处于上位的帝王也有为，这样帝王跟臣子的做法就相同了，帝王跟臣子相同那就不像帝王了。

帝王必须无为方才能治理天下，臣子必须有为而为天下所用，这是天经地义不能随意改变的规律。所以，古代统治天下的人，智慧即使能笼络天地，也从不亲自去思虑；口才即使能周遍万物，也从不亲自去言谈；才能即使能雄踞海内，也从不亲自去做。

上天并不着意要产生什么而万物却自然变化产生，大地并不着意要长出什么而万物却自然繁衍生长，帝王能够无为天下就会自然得到治理。所以说没有什么比上天更为神妙，没有什么比大地更为富饶，没有什么比帝王更为伟大。因此说帝王的德行能跟天地相合。这就是驾驭天地、驱遣万物而治理天下人的办法。

原文

　　本在于上，末在于下；要在于主，详在于臣。三军五兵❶之运，德之末也；赏罚利害，五刑之辟❷，教之末也；礼法度数，形名比详，治之末也；钟鼓之音，羽毛之容，乐之末也；哭泣衰绖❸，隆杀之服，哀之末也。此五末者，须精神之运，心术之动，然后从之者也。

　　末学者，古人有之，而非所以先也。君先而臣从，父先而子从，兄先而弟从，长先而少从，男先而女从，夫先而妇从。夫尊卑先后，天地之行也，故圣人取象焉。天尊地卑，神明之位也；春夏先，秋冬后，四时之序也；万物化作，萌区有状，盛衰之杀，变化之流也。夫天地至神，而有尊卑先后之序，而况人道乎！宗庙尚亲，朝廷尚尊，乡党尚齿，行事尚贤，大道之序也。

　　语道而非其序者，非其道也；语道而非其道者，安取道哉！是故古之明大道者，先明天而道德次之，道德已明而仁义次之，仁义已明而分守次之，分守已明而形名次之，形名已明而因任次之，因任已明而原省❹次之，原省已明而是非次之，是非已明而赏罚次之，赏罚已明而愚知处宜，贵贱履位，仁贤不肖袭情，必分其能，必由其名。以此事上，以此畜下，以此治物，以此修身，知谋不用，必归其天。此之谓太平，治之圣也。

　　故书曰："有形有名。"形名者，古人有之，而非所以先也。古之语大道者，五变而形名可举，九变而赏罚可言也。骤而语形名，不知

庄　子

其本也；骤而语赏罚，不知其始也。倒道而言，迕⑤道而说者，人之所治也，安能治人！骤而语形名赏罚，此有知治之具，非知治之道；可用于天下，不足以用天下。此之谓辩士，一曲之人也。礼法度数，形名比详，古人有之，此下之所以事上，非上之所以畜下也。

注释

① 五兵：五种兵器，即弓、矢、矛、戈、戟。
② 五刑：五种刑罚，即劓、墨、刖、宫、大辟。辟：法。
③ 衰绖（cuī dié）：丧服。
④ 原省：考察。
⑤ 迕（wǔ）：违逆。

解读

本根在于上，枝节在于下；简要在于君主，烦琐在于臣下。兴兵动武，是道德的末流；赏利罚害，五刑之法，是教化的末流；礼制法度，循名责实，是治天下的下策；钟鼓之音，盛饰之舞，是音乐的末流；哭泣守孝，以礼服丧，是悲哀的枝节。上述五末，都是人们费精神、动心机才产生出来的。

五末之学，古时候就已经有了，但并未将其视为根本。君为先而臣为后，父为先而子为后，兄为先而弟为后，长为先而少为后，男为先而女为后，夫为先而妇为后。天地运行变化，有先后高低之序，所以圣人效法之，以制定人伦等级。天尊地卑，是神明的位次；春夏先，秋冬后，是四时的顺序；万物化育，萌芽分枝各有形状，春夏茂盛而秋冬衰落，这是变化的程序。天地最为神明，尚有尊卑先后之序，何况人道！宗庙尚亲，朝廷尚尊，乡党之间推崇长者，任事推崇贤能，这是大道之序。论道而否认道的尊卑先后之序，所谈的就不是真正的道；论道而否认真正的道，怎么取法于道呢！

所以，古代通晓大道的，先明天而后道德，道德已明而后仁义，仁义已明而后分职，分职已明而后名实，名实已明而后因任，因任已明而后考察，考察已明而后是非，是非已明而后赏罚，赏罚已明而愚智各处其宜，贵贱各居其位，仁贤与不肖各尽其情，各行所能，各得其所。以此侍奉主上，以此管理下民，以此修身，智谋不用，必复归于自然。这就叫太平，是最好的治世原则。

所以书说"有形有名"。古人对形名已有论述，但并未将其视为根本。古代谈论大道的，五变而形名仍可列举。九变而赏罚仍可言及。突然论及形名，不知其根本；突然议论赏罚，不知其始端。颠倒道理而言，违逆道理而论，将为人所治，怎么还能治人！突然议论形名赏罚，这是只知道治世的工具，不知道治世的要诀；只能被天下所用，不能驾驭天下。这种人称为辩士，是一种只有一管之见而不懂大道的人。礼制法度，循名责实，古已有之，这是臣下事君之术，而非主上驭民之道。

原文

昔者舜问于尧曰："天王之用心何如？"

尧曰："吾不敖无告，不废穷民，苦死者，嘉❶孺子而哀妇人。此吾所以用心也。"

舜曰："美则美矣，而未大也。"

尧曰："然则何如？"

舜曰："天德而出宁，日月照而四时行，若昼夜之有经，云行而雨施矣。"

尧曰："胶胶扰扰❷乎！子，天之合也；我，人之合也。"

夫天地者，古之所大也，而黄帝、尧、舜之所共美也。故古之王天下者奚为哉？天地而已矣。

庄 子

注释

① 嘉：亲善。
② 胶胶扰扰：纠缠不清。

解读

从前舜问尧说："天子如何用心呢？"

尧说："我对有苦无处诉的人不傲慢，不抛弃穷困者，悲悯死者，善待小孩而哀怜妇女。这就是我的用心之处。"

舜说："好虽然好，但还不算完善。"

尧说："那么究竟该如何呢？"

舜说："与天合德则宁静，日月光照而四时运行，就如昼夜交替之有规律，云飘而雨降一样。"

尧说："我过去真是糊涂徒劳啊！您是与天道相和顺，而我却是用心于人事上的协调。"

天地自古以来就广大无际，为黄帝、尧、舜所共同赞美。所以。古代的君王还需要干什么呢？顺应自然就可以了。

原文

孔子西藏书于周室，子路谋曰："由闻周之征藏史有老聃者，免而归居，夫子欲藏书，则试往因①焉。"孔子曰："善。"往见老聃，而老聃不许，于是翻②十二经以说。老聃中其说，曰："大谩，愿闻其要。"

孔子曰："要在仁义。"老聃曰："请问：仁义，人之性邪？"孔子曰："然。君子不仁则不成，不义则不生。仁义，真人之性也，又将奚为矣？"老聃曰："请问：何谓仁义？"

孔子曰："中心物恺③，兼爱无私，此仁义之情也。"老聃曰："意，几乎后言！夫兼爱，不亦迂乎！无私焉，乃私也。夫子若欲使天下无失其牧乎？则天地固有常矣，日月固有明矣，星辰固有列矣，禽兽固有群矣，树木固有立矣。夫子亦放德而行，循道而趋，已至矣！又何偈偈乎④揭仁义，若击鼓而求亡子焉？意，夫子乱人之性也！"

注释

❶ 因：通过。
❷ 翻（fān）：演绎。
❸ 恺：乐。
❹ 偈偈（jié）乎：用尽气力的样子。

解读

孔子想将著作藏在周王室，子路说："我听说周王室掌管典籍的史

庄 子

官老子隐退在家，先生要藏书，可以去找他帮忙。"孔子说："好。"孔子去见老子，老子却不答应，孔子于是用十二经说服他。老子打断他的议论，说："太漫无边际，请说出要点。"

孔子说："要点是仁义。"老子说："仁义是人的天性吗？"孔子说："是的。君子不仁则不能成名，不义则不能生存。仁义确是人的真性，有什么怀疑吗？"老子说："什么是仁义？"

孔子说："心地中正与外物相和悦，兼爱无私，这就是仁义。"老子说："唉！你的话真危险！提倡兼爱，真是迂曲！所谓无私，就是偏私。你想让天下人不失去养育吗？实际上，天地固有其规律，日月固有其光辉，禽兽固有其群居，树木原本是生长的。你也仿效天德而行，遵循天道而进，这已经是最好的了！又何必竭尽全力标榜仁义，就像击鼓召唤众人为自己去寻找走失的孩子？噫！你是在扰乱人的天性啊！"

原文

士成绮见老子而问曰："吾闻夫子圣人也，吾固不辞远道而来愿见，百舍❶重趼❷而不敢息。今吾观子，非圣人也。鼠壤有余蔬，而弃妹❸之者，不仁也，生熟不尽于前，而积敛无崖。"

老子漠然不应。

士成绮明日复见，曰："昔者吾有刺于子，今吾心正却❹矣，何故也？"

老子曰："夫巧知神圣之人，吾自以为脱焉。昔者子呼我牛也而谓之牛，呼我马也而谓之马。苟有其实，人与之名而弗受，再受其殃。吾服也恒服，吾非以服有服。"

士成绮雁行避影❺，履行遂进而问："修身若何？"

老子曰："而容崖然，而目冲然，而颡頯然❻，而口阚然❼，而状义然，似系马而止也。动而持，发也机，察而审，知巧而睹于泰，凡以为不信。边竟有人焉，其名为窃。"

注释

① 舍：古时行三十里一止宿，称为一舍。
② 胼（jiǎn）：通"茧"，脚掌因走路过多而磨出的硬皮。
③ 昧：犹昧，不爱物。
④ 正却：正在开窍，即有所觉悟。
⑤ 雁行避影：侧身避影，形容惭愧之状。
⑥ 頯（kuí）然：宽大高亢之状。
⑦ 阚（kǎn）然：张口动唇之状。

解读

士成绮拜见老子说："我听说先生是圣人，所以我不辞劳苦远道而来拜见您，脚上都磨出了茧子，却不敢歇息。现在我看先生并不是圣人，鼠穴中有吃剩的食物，弃而不顾，这是不仁，生熟食物堆积于前，却还聚敛不已。"

老子态度冷漠，不理睬他。

士成绮第二天又去见老子，说："昨天我讽刺了您，今天我心中有所觉悟，这是为什么呢？"

老子说："巧智神圣之人，我对此已完全超脱。过去你把我叫作牛也可以，叫作马也可以。如果我确有其实，别人非议我而拒不接受，那就是错上加错。我的所作所为从来如此，并不因世俗干扰而改变。"

士成绮斜步侧身而行，蹑足走上前去问："如何修身？"

老子说："你的姿容高傲自大，你的眼睛鼓目突出，你的额头宽大高亢，你的口舌启动欲言，你的相貌自命不凡，犹如狂马被缚而意欲奔驰。欲动而勉强约束，发动如弩发矢，明察而精神，智巧多端而所见虚浮不

庄 子

实,这些都不是真诚之德。边境上有一种人,他的名字叫窃贼。"

原文

夫子曰:"夫道,于大不终,于小不遗,故万物备。广广乎其无不容也,渊渊乎其不可测也。形德仁义,神之末也,非至人孰能定之!夫至人有世,不亦大乎,而不足以为之累。天下奋棅而不与之偕❶,审乎无假而不与利迁,极物之真,能守其本,故外天地,遗万物,而神未尝有所困也。通乎道,合乎德,退仁义,宾❷礼乐,至人之心有所定矣。"

注释

❶ 奋:争。棅:通柄。偕:同。
❷ 宾:通"摈",摈弃。

解读

先生说:"道,就大而言无穷无尽,就小而言毫无遗漏,所以道具备在万物之内。广大啊,无所不容;深奥啊,不可测量。形德仁义,是精神的末流,若非道德高尚的人谁能确定它!道德高尚的人拥有天下,确实很大,但却不足以牵累他。天下人争权夺利而他不与之合流,持守纯真而不求名逐利,穷究事物之真性,能坚守其根本,所以将天地置之度外,忘却万物,而精神未尝有所困扰。通达于道,融合于德,斥退仁义,抛弃礼乐,道德高尚的人的心随之安定。"

原文

世之所贵道❶者书也,书不过语,语有贵也。语之所贵者意也,意有所随。意之所随者，不可以言传也，而世因贵言传书。世虽贵之，我犹不足贵也，为其贵非其贵也。

故视而可见者，形与色也；听而可闻者，名与声也。悲夫！世人以形色名声为足以得彼之情❷。夫形色名声果不足以得彼之情，则知者不言，言者不知，而世岂识之哉！

注释

❶ 贵道：看重道。

❷ 情：实质。

解读

世俗所看重的是书，书上写的不过是语言，语言有它的可贵之处。语言所可贵的在于它所表达的意义，意义有所指向。意义的由来，是难以用语言表达的，而世俗则因珍重语言而传之于书。世俗虽然看重书，我却认为书不足珍贵，因为珍重的并不是真正可贵的。

所以，可以看得见的，是形和色；可以听得见的，是名和声。可悲啊！世人认为根据形色和名声就可得到道的实质！从形色名声中果然得不到道的实质，知道的不说，说的并不知道，而世俗又怎么能了解呢！

原文

桓公读书于堂上。轮扁❶斫轮于堂下，释椎凿而上，问桓公曰："敢问：公之所读者，何言邪？"

公曰："圣人之言也。"

曰："圣人在乎？"

公曰："已死矣。"

庄 子

曰："然则君之所读者，古人之糟魄[2]已夫！"

桓公曰："寡人读书，轮人安得议乎！有说则可，无说则死！"

轮扁曰："臣也以臣之事观之。斫轮，徐则甘而不固，疾则苦而不入，不徐不疾，得之于手而应于心，口不能言，有数[3]存焉于其间。臣不能以喻臣之子，臣之子亦不能受之于臣，是以行年七十而老斫轮。古人之与其不可传也死矣，然则君之所读者，古人之糟魄已夫！"

注释

① 轮扁：制作车轮的匠人，名扁。
② 魄：通"粕"。
③ 数：分寸。

解读

齐桓公在堂上读书。轮扁在堂下削制车轮，他放下手中的工具走上前来问桓公："请问公读的什么书？"

桓公说："圣人之言。"

轮扁问："圣人还活着吗？"

桓公说："已经死了。"

轮扁说："那么您所读的不过是古人的糟粕罢了！"

桓公说："我读书，工匠怎么能妄加评论！你能说出道理则作罢，说不出道理就得死！"

轮扁说："我是根据我的工作来观察的。制作车轮，榫眼做得宽了就松滑而不牢固，做得紧了就滞涩而安不进去，松紧适宜才得心应手，对此说不出来，分寸大小则心中有数。我无法使儿子明白其中的奥妙，儿子也无法掌握我的技术，所以我虽然已七十岁高龄却还得制作车轮。古人和他那无法言传的东西一同死了，那么您所读的，只不过是古人的糟粕罢了！"

外 篇

天 运

原文

"天其运乎？地其处乎？日月其争于所乎？孰主张是？孰维纲是？孰居无事而推行是？意者❶其有机缄而不得已邪？意者其运转而不能自止邪？云者为雨乎？雨者为云乎？孰隆施是？孰居无事淫乐❷而劝是？风起北方。一西一东，在上彷徨，孰嘘吸是？孰居无事而披拂是？敢问何故？"巫咸袑曰："来！吾语女。天有六极五常❸，帝王顺之则治，逆之则凶。九洛之事，治成德备监照下土，天下戴之，此谓上皇。"

注释

❶ 意者：或者，抑或。
❷ 淫乐：指阴阳交合之造化。
❸ 六极五常：六极，即六合，四方上下。五常，即五行，金、木、水、火、土。

解读

"天在运行吗？地在静处吗？日月往复照临吗？谁在主宰这些现象？谁在维持这些现象？是谁闲暇无事而推动着？或者有什么机关发动而出于不得已？或者是它们自行运转而不能停止？云就是雨吗？雨就是云吗？是谁在行云布雨？是谁闲居无事，耽于淫乐而促成了它？风从北方吹起，一

庄 子

会儿西,一会儿东,在天空中回转游动,是谁呼吸着?是谁安居无事去吹动它?请问是什么缘故?"

巫咸祒说:"来!我告诉你。天有六合五行,帝王顺应它便能治理好国家,违背它就会招来灾祸。顺应自然,九州的事务,功成德备,光辉照临人间,天下拥戴,这就叫作上皇之治。"

原文

商大宰荡问仁于庄子。庄子曰:"虎狼,仁也。"

曰:"何谓也?"

庄子曰:"父子相亲,何为不仁?"

曰:"请问至仁。"

庄子曰:"至仁无亲。"

大宰曰:"荡闻之,无亲则不爱,不爱则不孝。谓至仁不孝,可乎?"

庄子曰:"不然。夫至仁尚矣,孝固不足以言之。此非过孝之言也,不及孝之言也。夫南行者至于郢,北面而不见冥山,是何也?则去之远也。故曰:以敬孝易,以爱孝难;以爱孝易,以忘亲难;忘亲易,使亲忘我难;使亲忘我易,兼忘天下难;兼忘天下易,使天下兼忘我难。夫德遗尧舜而不为也,利泽施于万世,天下莫知也,岂直太息而言仁孝乎哉!夫孝悌仁义,忠信贞廉,此皆自勉以役其德❶者也,不足多也。故曰,至贵,国爵并❷焉;至富,国财并焉;至愿,名誉并焉。是以道不渝。"

注释

❶ 役其德:役劳其德。

❷ 并：通"摒"。

解读

宋国的太宰荡向庄子请教仁。庄子说："虎和狼也有仁性。"

太宰荡说："怎么讲？"

庄子说："虎狼也能父子相亲，为什么不是仁呢？"

太宰荡问："什么是至仁？"

庄子说："至仁超越了亲爱。"

太宰荡说："我听说无亲便不爱，不爱便不孝，要说至仁就是不孝。能成立吗？"

庄子说："不是这样。至仁是最高境界，孝本来就不足以说明它。你所说的并没有超过孝，而是没有达到孝的境界。像往南走到了楚国的郢，面向北便看不见冥山，为什么呢？因为离得远了。所以说用敬来行孝容易，用爱来行孝困难；用爱来行孝容易，使双亲安适困难；使双亲安适容易，让双亲忘我困难；使双亲忘我容易，使天下安适困难；使天下安适容易，让天下忘我困难。德遗忘了尧舜，尧舜方能无为而治，泽及万世而天下不知，难道需要大谈仁孝吗？孝悌仁义、忠信贞廉，都是用来自勉而劳役真性的，不值得推崇。所以说，最尊贵的，爵位都可以弃之不顾；最富有的，财货都可以弃之不顾；最显荣的，任何名誉都可以弃之不顾。因此，大道是永恒不变的。"

原文

北门成问于黄帝曰："帝张咸池❶之乐于洞庭之野，吾始闻之惧，复闻之怠，卒闻之而惑；荡荡默默❷，乃不自得。"

帝曰："汝殆其然哉！吾奏之以人，徵❸之以天，行之以礼义，建之以太清。四时迭起，万物循生；一盛一衰，文武伦经；一清一浊，阴阳调和，流光其声；蛰虫始作，吾惊之以雷霆。

"其卒无尾，其始无首；一死一生，一偾一起；所常无穷，而一不可待。汝故惧也。吾又奏之以阴阳之和，烛之以日月之明。其声能短能长，能柔能刚；变化齐一，不主故常；在谷满谷，在阬满阬；涂郄④守神，以物为量。其声挥绰，其名高明。是故鬼神守其幽，日月星辰行其纪。吾止之于有穷，流之于无止。子欲虑之而不能知也，望之而不能见也，逐之而不能及也；傥然立于四虚之道，倚于槁梧⑤而吟。

"心穷乎所欲知，目穷乎所欲见，力屈乎所欲逐，吾既不及已夫！形充空虚，乃至委蛇。汝委蛇，故怠。吾又奏之以无怠之声，调之以自然之命。故若混逐丛生，林乐而无形；布挥而不曳，幽昏而无声。动于无方，居于窈冥；或谓之死，或谓之生；或谓之实，或谓之荣；行流散徙，不主常声。

"世疑之，稽于圣人。圣也者，达于情而遂于命也。天机不张而五官皆备，无言而心说，此之谓天乐。故有焱氏为之颂曰：'听之不闻其声，视之不见其形，充满天地，包裹六极。'汝欲听之而无接焉，而故惑也。乐也者；始于惧，惧故祟；吾又次之以怠，怠故遁；卒之于惑，惑故愚；愚故道，道可载而与之俱也。"

注释

① 咸池：古代乐章名称。
② 荡荡默默：荡荡，神不能定。默默，口不能言。
③ 徽：通"挥"，演奏之意。
④ 涂郄：涂，借为"杜"，堵塞。郄，通"隙"，指七窍。
⑤ 槁梧：几案。

解读

北门成向黄帝问道:"你在广漠的原野上演奏《咸池》,我初听时感到惊惧,再听下去就松缓下来,听到最后却又迷惑了,神情恍惚,不能自持。"

黄帝说:"你可能会那样吧!我因循人事来弹奏,以天理来谐和,依礼义来运节,用天道来确立。四时更迭而起,万物循序而生;一盛一衰,生杀循序;一清一浊,阴阳调和,声光交流;冬眠的虫豸蠢蠢欲动,我用雷霆之声惊动它。

"乐声终了却听不到尾声,乐声开始却听不到前奏;或沉寂或高昂,或降落或升起;回转无穷,全然不可期待。因此你会感到惊恐不安。我又用阴阳的和谐来演奏,用日月的光辉来照临。于是乐声能短能长,能柔能刚,变化有度,却不落陈俗;流播于山谷山谷满盈,流播于坑凹坑凹充实;充塞了人的耳目,护守了人的精神,万事万物,无所不及。乐声洒脱宽广,节奏高亢明快。因此,鬼神持守幽隐,日月星辰依轨道运行。乐声有止境则有尽,无止境则无穷,循顺自然。你想思考却不能知晓,想观望却不能看见,想追赶却不能赶上;茫茫然伫立在四面空虚的大道上,倚着几案吟咏。

"心力穷尽在想要知道的事物上,眼力穷尽在想要见到的事物上,气力穷尽在想要追求的事物上。你已经赶不上我了啊!形体充盈而内心虚空,才能够随应变化。你随应变化,所以才觉得舒缓。我又演奏起忘情的乐声,用自然的节奏来谐调,所以音调混然相逐,丛然并生,犹如风吹丛林,自然成乐,却又无迹无形,乐调布散挥洒而无滞障,幽昏而似无声。动则应时而动,寂则深居幽冥;或谓之死,或谓之生;或说它秋实,或说它春荣;演进飘徙,不拘一格。

"世人疑惑,向圣人查问。所谓圣,就是通达情理,顺应自然。自然的枢机没有启张而五官俱全,无言而心悦,这就是天乐。所以神农颂扬它

庄　子

说：'听之不闻其声，视之不见其形，充满于天地，包容了六极。'你想听却感触不到，所以你到最后迷惑不解。这样的乐章，开始感到惊惧，因为惊惧而认为是祸患；我又演奏了使人心境舒缓的乐曲，所以惊惧之情遁灭；乐声在迷惑不解中终结，因为迷惑才淳浑无识，心灵淳浑无识才近于道，达到这种境界才可与道汇通融合。"

原文

孔子西游于卫。颜渊问师金曰："以夫子之行为奚如？"

师金曰："惜乎，而夫子其穷哉！"

颜渊曰："何也？"

师金曰："夫刍狗❶之未陈也，盛以箧衍，巾以文绣，尸祝齐戒以将之。及其已陈也，行者践其首脊，苏者❷取而爨之而已。将复取而盛以箧衍，巾以文绣，游居寝卧其下，彼不得梦，必且数眯焉。今而夫子，亦取先王已陈刍狗，聚弟子游居寝卧其下。故伐树于宋，削迹❸于卫，穷于商周，是非其梦邪？围于陈蔡之间，七日不火食，死生相与邻，是非其眯邪？夫水行莫如用舟，而陆行莫如用车。以舟之可行于水也而求推之于陆，则没世不行寻常❹。古今非水陆与？周鲁非舟车与？今蕲行周于鲁，是犹推舟于陆也，劳而无功，身必有殃。彼未知夫无方之传，应物而不穷者也。"且子独不见夫桔槔者乎？引之则俯，舍之则仰。彼，人之所引，非引人也，故俯仰而不得罪于人。故夫三皇五帝之礼义法度，不矜于同而矜于治。故譬三皇五帝之礼义法度，其犹柤梨橘柚邪！其味相反而皆可于口。故礼义法度者，应时而变者也。今取猨狙而衣以周公之服，彼必龁啮挽裂，尽去而后慊❺。观古今之异，犹猨狙之异乎周公也。故西施病心而矉其里，其里之丑人见之而美之，归亦捧心而矉其里。其里之富人见之，坚闭门而不出，贫人见之，挈妻子而去走。彼知矉⁶美而不知矉之所以美。惜乎，而夫子其穷哉！"

注释

① 刍狗：用草扎成的狗，用来祭神。
② 苏者：打柴草的人。苏，草。
③ 削迹：绝迹。
④ 寻常：长八尺为寻，二寻为常。
⑤ 慊：满足。
⑥ 矉：通"颦"，蹙眉。

解读

孔子西游到卫国。颜渊问师金道："你认为我先生此次卫国之行怎么样？"

师金说："可惜呀，你先生只怕会倒霉！"

颜渊说："为什么呢？"

师金说："用草扎成的狗还没献祭时，用竹箱装着，用绣巾盖着，主祭人斋戒迎送。等到献祭以后，行路人踩踏它，打草的人捡回去烧火煮饭罢了。若有人再次取来用于祭祀，拿竹筐装着，用绣巾盖着，遨游居处，不离身旁，即使他不做噩梦，也会感到压抑。如今你的先生，也是拿了先王已经使用过的草狗，并聚集众多弟子遨游居处于它的身旁。所以在宋国大树下受到伐树的屈辱，在卫国被逐出并永远禁止入境，困厄于商周之地，这不就是噩梦吗？被围困在陈、蔡两国的交界，整整七天没有吃东西，几近死亡的边缘，这不就是梦魇吗？在水上通行莫如用船，在陆上行走莫如用车。因为船可以在水中划行便希望推到陆地上行走，那么终身也不会走多远。古今的不同不就像水面和陆地吗？周和鲁的不同不就像船和车吗？如今想把周朝的制度推行到鲁国去，这就好像把船推到陆地上行走一样，徒劳无功，难免遭殃。他不懂得永恒不变的道德传统，是普遍适用的大道。况且，你没有看见过汲水的桔槔吗？牵引它就往下降，放开手它就朝上仰。那吊杆是被人所牵引，并不是牵引人的，所以或俯或仰均不得怪罪人。因此，远古三皇五帝时代的礼义法度，不贵于古今相同，而贵于能使天下太平。三皇五帝时代的礼义法度，就好像柤、梨、橘、柚四种果子！它们的味道彼此不同却都很可口。所以，礼义法度都是顺应时代而变的。如今捕来猿猴给它穿上周公的衣服，它必定会咬碎或撕裂，直到全部剥光方才心满意足。观察古今的差异，就像猿猴不同于周公。从前西施心口疼痛，总是皱着眉头，一个丑女人看见了，认为皱着眉头很美，回去后也在村里捂着胸口皱着眉头。富人看见了，紧闭家门而不出；穷人看见了，带着妻子儿女跑开了。那个丑女人只知道皱着眉头美，却不知道为什么皱着眉头会美。可惜呀，先生的方法是行不通的啊！"

原文

孔子行年五十有一而不闻道，乃南之沛见老聃。老聃曰："子来乎？吾闻子，北方之贤者也，子亦得道乎？"

孔子曰："未得也。"

老子曰："子恶乎求之哉？"

曰："吾求之于度数❶，五年而未得也。"

老子曰："子又恶乎求之哉？"

曰："吾求之于阴阳，十有二年而未得。"

老子曰："然。使道而可献，则人莫不献之于其君；使道而可进，则人莫不进之于其亲；使道而可以告人，则人莫不告其兄弟；使道而可以与人，则人莫不与其子孙。然而不可者，无它也，中无主而不止，外无正而不行。由中出者，不受于外，圣人不出；由外入者，无主于中，圣人不隐。

"名，公器也，不可多取。仁义，先王之蘧庐也，止可以一宿而不可久处，觏②而多责。古之至人，假道于仁，托宿于义，以游逍遥之虚，食于苟简之田，立于不贷之圃。逍遥，无为也；苟简，易养也；不贷，无出③也。

"古者谓是采真之游。以富为是者，不能让禄；以显为是者，不能让名；亲权者，不能与人柄。操之则慄，舍之则悲，而一无所鉴，以窥其所不休者，是天之戮民也。怨恩取与谏教生杀，八者，正之器也，唯循大变无所湮者为能用之。故曰：'正者，正也。其心以为不然者，天门弗开矣。'"

注释

① 度数：制度名数。
② 觏：借为"逗"。
③ 无出：耗费，付出。

解读

孔子活了五十一岁还没有领悟道，于是往南到沛地拜见老聃。老聃说："你来了吗？我听说你是北方的贤者，你恐怕已经领悟了道吧？"

孔子说："还未能得到。"

老子说："你是怎样寻求道的呢？"

孔子说："我从制度名数方面去寻求，用了五年的工夫还未得到。"

老子说："你又怎样寻求呢？"

孔子说："我又从阴阳的变化来寻求，十二年了还是未能得到。"

老子说："会是这样的。假使道可以用来进献，那么人臣就没有不进献给君主的；假使道可以用来进供，那么人子就没有不进供给父母的；

庄 子

　　假使道可以传告，那么人们就没有不告诉给兄弟的；假使道可以给予，那么人们就没有不给予子孙的。然而不可以这样做，内心没有主宰，道就不会停留；外部无所质正，道就不能通行。从传道的角度说，言教从内心发出，倘若不能为外界所接受，圣人就不会发出这种言教；从学道的角度说，言教从外部进入，倘若内心无所主宰，圣人也不会有什么遗憾。

　　"名，是天下共用的器具，不可过多猎取。仁义，是前王的旅舍，不可以久居，否则会多招责难。道德高尚的人借路于仁，托宿于义，以便遨游于逍遥的境界，生活在简略的田畴，立身于无所施与的园圃。逍遥自在，便能虚淡无为；简略，就容易养活自己；无所施与，就没有付出。

　　"古代称这种遨游为采真之游。把财富作为目标的人，不会让人利禄；把荣显作为目标的人，不会让人名誉；迷恋权势的人，不会授人权柄。操持着这些东西就战栗不安，舍弃又会悲忧不止，而且心中全无鉴识，眼睛只盯着追逐的东西，这样的人只能算是被大自然所刑戮的人。怨、恩、取、与、谏、教、生、杀，这八种是用来正人的工具，只有遵循自然变化而不为物欲所滞塞的人才能够运用它。所以说：'自正，才能端正别人。内心不以为然，就不会为天道所容。'"

原文

　　孔子见老聃而语仁义。老聃曰："夫播穅①眯目，则天地四方易位矣；蚊虻噆②肤，则通昔不寐矣。夫仁义憯③然乃愦吾心，乱莫大焉。吾子使天下无失其朴，吾子亦放风而动，总德而立矣，又奚傑傑然揭仁义，若负建鼓而求亡子者邪？夫鹄不日浴而白，乌不日黔而黑。黑白之朴，不足以为辩，名誉之观，不足以为广。泉涸，鱼相与处于陆，相呴以湿，相濡以沫，不若相忘于江湖。"

　　孔子见老聃归，三日不谈。弟子问曰："夫子见老聃，亦将何规哉？"

孔子曰："吾乃今于是乎见龙！龙，合而成体，散而成章，乘云气而养④乎阴阳。予口张而不能嗋⑤，予又何规老聃哉！"

子贡曰："然则人固有尸居而龙见，渊默而雷声，发动如天地者乎？赐亦可得而观乎？"遂以孔子声见老聃。老聃方将倨堂而应，微曰："予年运而往矣，子将何以戒我乎？"

子贡曰："夫三皇五帝之治天下不同，其系声名一也。而先生独以为非圣人，如何哉？"

老聃曰："小子少进！子何以谓不同？"对曰："尧授舜，舜授禹，禹用力而汤用兵，文王顺纣而不敢逆，武王逆纣而不肯顺，故曰不同。"

老聃曰："小子少进！余语汝三皇五帝之治天下。黄帝之治天下，使民心一，民有其亲死不哭而民不非也。尧之治天下，使民心亲，民有为其亲杀其杀而民不非也。舜之治天，使民心竞，孕妇十月而生子，子生五月而能言，不至乎孩而始谁，则人始有夭矣。禹之治天下，使民心变，人有心而兵有顺，杀盗非杀人，自为种而天下耳，是以天下大骇，儒墨皆起。其作始有伦，而今乎归，女何言哉！余语汝，三皇五帝之治天下，名曰治之，而乱莫甚焉。三皇之知，上悖日月之明，下睽山川之精，中堕四时之施。其知憯于蛎虿之尾，鲜规之兽，莫得安其性命之情者，而犹自以为圣人，不亦可耻乎，其无耻也？"子贡蹴蹴然立不安。

注释

❶ 播穅：播，通"簸"。穅，通"糠"。

❷ 嗋（zǎn）：叮咬。

庄 子

③ 憯：通"惨"，毒害。
④ 养：通"翔"。
⑤ 噆：合。

解读

孔子见到老聃便谈论仁义。老聃说："簸扬的糠屑进入眼睛，天地四方在眼中也会颠倒；蚊虻之类的小虫叮咬皮肤，便通宵不能入睡。仁义的毒害搅乱人心，莫此为甚。你要想让天下不丧失真朴，你就该任凭风起风落，顺风而动，执德而立，又何必那么卖力地去宣扬仁义，好像敲着大鼓去寻找迷失的孩子呢？白天鹅不需要天天沐浴自然洁白，黑乌鸦不需要天天染色自然乌黑，乌鸦的黑和天鹅的白，其自然的本质不值得辩论；名誉的光环，不值得张扬。泉水干涸了，鱼儿一同被困在陆地上，张口相互吹着湿气，用口沫相互湿润，倒不如在江湖里彼此相忘。"

孔子拜见老聃回来，三天不讲话。弟子问道："先生见到老聃，有什么规谏吗？"孔子说："我如今竟然见到了龙！龙，合起来是一个整体，散开来又成为华美的文采，乘驾云气而翱翔于阴阳之间。我张着口不能合拢，还能对老聃有什么规谏呢！"

子贡说："这样说，人原来还有像尸体一样安稳不动却又像龙一样神采奕奕，像深渊那样沉寂却又像疾雷一样感人，发动起来如天地的吗？我也可以去见见他吗？"

于是便以孔子的名义去拜见老聃。老聃正坐在堂上，轻声地应答说："我年岁老迈，你对我有什么指教吗？"

子贡说："三皇五帝治理天下各不相同，传继下来的名声是一样的，唯独先生认为他们不是圣人，这是为什么呢？"

老聃说："年轻人，你稍稍近前些！你凭什么说他们彼此不同呢？"

子贡回答："尧传位给舜，舜传位给禹，禹用力治水而汤用兵征伐，文王顺从商纣而不敢悖逆，武王悖逆商纣而不愿顺服，所以说各不相同。"

外 篇

老聃说:"年轻人,再靠前些!我对你说说三皇五帝治理天下的事。黄帝治理天下,使民心纯一,有人死了亲人不哭泣,人们也不会非议。尧治理天下,使民心相亲,各人用不同的方式亲近不同的亲人,人们也不相互非议。舜治理天下,使人民有竞争之心,孕妇十个月生下孩子,生下五个月就能说话,不等长到一定年龄就能区分人我,了解这个世界,就出现了早熟性甚至夭折短命的病态现象。禹治理天下,使民心多变,人有变乱之心,因而用兵动武就成为顺理成章的事,杀死盗贼不算杀人,人人自以为尊而想奴役天下的人,所以天下大为惊恐,儒家、墨家纷纷而起。这些学派刚兴起时还有伦有理,可如今却变成这个模样,你还有什么话说呢!我告诉你,三皇五帝治理天下,名义上叫治理,实际上对天下的扰乱没有比他们更严重的了。三皇的心智,上则遮掩了日月的光明,下则违背了山川的精粹,中则毁坏了四时风雨的施与。他们的心智比蛇蝎之尾还狠毒,

庄 子

就连微小的动物,也不能使本性和真情获得安宁,却还自以为是圣人。不认为可耻吗,还是他们没有羞耻之心呢?"子贡内心惊恐,站立不安。

原文

孔子谓老聃曰:"丘治《诗》《书》《礼》《乐》《易》《春秋》六经,自以为久矣,孰知其故矣;以奸❶者七十二君,论先王之道而明周、召之迹,一君无所钩用。甚矣夫!人之难说也,道之难明邪?"

老子曰:"幸矣,子之不遇治世之君也!夫六经,先王之陈迹也,岂其所以迹哉!今子之所言,犹迹也。夫迹,履之所出,而迹岂履哉?夫白鶂之相视,眸子不运而风化;虫,雄鸣于上风,雌应于下风而风化;类❷自为雌雄,故风化。性不可易,命不可变,时不可止,道不可壅。苟得于道,无自而不可;失焉者,无自而可。"

孔子不出三月,复见曰:"丘得之矣。乌鹊孺,鱼傅沫❸,细要者❹化,有弟而兄啼。久矣夫丘不与化为人!不与化为人,安能化人!"

老子曰:"可。丘得之矣!"

注释

❶ 奸(gān):借为"干"。干,进。
❷ 类:传说中雌雄一体的动物。
❸ 鱼傅沫:鱼濡沫而生。傅,通"付"。
❹ 细要者:指蜂类。要,通"腰"。

解读

孔子对老聃说:"我研究《诗》《书》《礼》《乐》《易》《春秋》

六经，自认为很久了，熟悉其中的道理了；可是拿来觐见许多国君，论述先王治世之道，阐扬周公、召公的业绩，却没有一个国君采用我的主张。实在难啊！是这些人难以说服呢，还是道理难以阐明呢？"

老子说："幸运啊，你不曾遇到治世的国君！六经是先王留下的陈旧遗迹，哪里是根源！如今你所谈论的东西，就好像是足迹；足迹是脚踩出来的，然而足迹难道就是脚吗？白倪相互而视，定睛凝视便能受孕生育；虫，雄的在上方鸣叫，雌的在下方呼应便能感孕生育；一种名叫类的动物，自身具备雌雄两性，不待交合而生育。本性不可改变，天命不可变更，时光不会停留，道不会壅塞。假如真正得道，怎样都行得通；失去道，怎样都行不通。"

孔子三个月闭门不出，再次见到老聃说："我终于明白了。乌鸦喜鹊孵化而生；鱼儿濡沫而生；蜜蜂自化而生；生下弟弟，哥哥就会因为失爱而啼哭。很久了，我没有与万物的造化为友！不与造化为友，又怎么能教化他人！"

老子听后说："好了。孔丘得道了！"

庄子

刻 意

原文

刻意①尚行，离世异俗，高论怨诽，为亢而已矣；此山谷之士，非世之人，枯槁赴渊者②之所好也。语仁义忠信，恭俭推让，为修而已矣；此平世之士，教诲之人，游居学者之所好也。语大功，立大名，礼君臣，正上下，为治而已矣；此朝廷之士，尊主强国之人，致功并兼者之所好也。就薮泽，处闲旷，钓鱼闲处，无为而已矣；此江湖之士，避世之人，闲暇者之所好也。

吹呴③呼吸，吐故纳新，熊经鸟申，为寿而已矣；此导引之士，养形之人，彭祖寿考者之所好也。若夫不刻意而高，无仁义而修，无功名而治，无江海而闲，不导引而寿，无不忘也，无不有也，澹然无极，而众美从之。此天地之道，圣人之德也。

注释

① 刻意：砥砺心志。
② 枯槁赴渊者：指忧国忧民、富有牺牲精神的人。
③ 吹呴：呼吸。

解读

磨砺心志，崇尚品行，超脱尘世，不同凡俗，高谈阔论，心怀怨愤，非议时事，是孤傲卓群罢了；这是遁隐山林、愤世嫉俗、富于自我牺牲精神的人所喜好的。谈说仁义道德，恭俭推让，是注重修身罢了；这是太平治世、实施教化、游说讲学的人所喜好的。宣扬大功，树立大名，用礼来维护君臣秩序，匡正上下关系，是讲求治理之道罢了；这是身居朝廷、尊君强国、建立功业、开拓疆土的人所喜好的。

遁迹山泽，栖身旷野，垂钓闲居，是无为自在罢了；这是放浪江湖、逃避世事、闲暇悠隐者所喜好的。吹嘘呼吸，吐故纳新，像老熊攀缘引体、像鸟儿展翅飞翔，是善于延年益寿罢了；这是舒经活络、善于养身，像彭祖那样高寿的人所喜好的。若不磨砺心志而高洁，不倡导仁义而修身，不追求功名而得太平治世，不避居江海而闲暇旷达，不舒经活络而延年益寿，无所不忘，无所不有，宁静恬淡没有极限，而众德之美却汇集于身，这才是天地大道，圣人的美德。

原文

故曰，夫恬惔寂漠，虚无无为，此天地之本，而道德之质也。故曰，圣人休焉，休则平易矣，平易则恬惔矣。平易恬惔，则忧患不能入，邪气不能袭，故其德全而神不亏。

故曰，圣人之生也天行，其死也物化；静而与阴同德，动而与阳同波；不为福先，不为祸始，感而后应，迫而后动，不得已而后起。去知与故❶，循天之理。故曰无天灾，无物累，无人非，无鬼责。不思虑，不豫谋。光矣而不耀，信矣而不期。其寝不梦，其觉无忧。其生若浮，其死若休。其神纯粹，其魂不罢❷。虚无恬惔，乃合天德。

故曰，悲乐者，德之邪；喜怒者，道之过；好恶者，心之失。故心不忧乐，德之至也；一而不变，静之至也；无所于忤，虚之至也；不与物交，惔之至也。无所于逆，粹之至也。

庄 子

注释

① 故：巧诈。
② 罢：通"疲"。

解读

所以说，恬淡、寂寞、虚无、无为，是天地的根本和道德的最高境界。所以圣人就修心在这一境界里，修心于这一境界就能平易安稳，安稳便得恬淡。安稳恬淡，则忧患不能进入内心，邪气不能侵袭机体，于是德行完整而精神不亏损。

所以说，圣人活着时顺应自然而行，死去时与万物融化；静处时能与阴气同宁寂，运动时能与阳气同波流。不做幸福的先导，也不为祸患的起始。有所感然后有所应，有所迫然后有所动，不得已而后兴起。抛却智巧伪诈，遵循自然常理。所以没有天然的灾害，没有外物的牵累，没有人的非议，没有鬼的责难。没有思虑，也没有预谋。闪亮但不耀眼，信实但不期约。他们睡着不做梦，醒来无忧愁；生时如浮游，死时如休息。他们心神纯粹，魂灵不疲。虚无恬淡，方合乎自然的德行。

所以说，悲哀和欢乐是背离德行的邪僻；喜悦和愤怒是违反大道的过错；好恶则是心的失误。所以无忧无乐，是德行的极致；持守专一，是静的极致；不与外物相抵触，是虚的极致；不与外物交往，是淡的极致；不与任何事物相违逆，是纯粹的极致。

原文

故曰，形劳而不休则弊，精用而不已则竭。水之性不杂则清，莫动则平；郁闭而不流，亦不能清，天德之象也。

故曰，纯粹而不杂，静一而不变，惔而无为，动而天行，此养神之道也。夫有干越❶之剑者，柙❷而藏之，不敢轻用也，宝之至也。精神四达并流，无所不极，上际于天，下蟠于地，化育万物，不可为象，其名为同帝。

纯素之道，唯神是守；守而勿失，与神为一；一之精通，合于天伦。野语有之曰："众人重利，廉士重名，贤人尚志，圣人贵精。"故素也者，谓其无所与杂也；纯也者，谓其不亏其神也。能体纯素，谓之真人。

注释

❶ 干越：即吴越；或可为越之干将之剑。
❷ 柙（xiá）：剑匣，用作动词。

解读

所以说，形体辛劳不休就会疲敝，精力不停使用就会枯竭。水的本性，不混杂就清澈，不搅动就平静；闭塞而不流通，也不会清澈。这是自然现象。

所以说，纯粹而不混杂，专一而不变化，恬淡而无为，遵循自然规律行动，就是养神之道。好比吴越的干将宝剑，用匣子藏起来，不敢轻易使用，因为这是最为珍贵的。如此，精神四达奔流，无所不至，上能接合苍天，下能磅礴大地，化育万物，却又不能捕捉到它的踪迹，这叫作与天帝同德。

纯精素质的道理，唯有守神。守而不失，形体就能与精神融为一体；融为一体从而达到精通的程度，才合乎天伦。俗话说："普通人看重利，廉洁的人看重名，贤能的人崇尚志节，圣人把精神看作是最宝贵的。"所以，素的意思，是说没有杂质；纯的意思，是说不损精神。能够体验到纯和素的道理，就可叫他"真人"。

庄 子

缮 性

原文

　　缮性于俗学，以求复其初；滑①欲于俗思，以求致其明；谓之蔽蒙之民。

　　古之治道者，以恬养知；知②生而无以知③为也，谓之以知养恬。知与恬交相养，而和理出其性。夫德，和也；道，道也。德无不容，仁也；道无不理，义也；义明而物亲，忠也；中纯实而反乎情，乐也；信行容体而顺乎文，礼也。礼乐遍行，则天下乱矣。彼正而蒙己德，德则不冒，冒则物必失其性也。

注释

① 滑（gǔ）：乱。
② 知：知晓
③ 知：通"智"。

解读

　　用世俗的学问来修治本性，以求复归性命的本初；用世俗的思想来扰乱情欲，以求获得明达；这种人就叫蔽塞愚昧的人。古时修道的人，以恬静调养智慧；智慧生成却不用智慧行事，称为以智慧调养恬静。智慧与恬静互相调养，而和顺之情就从本性中流露出来。

　　德，就是和；道，就是顺。德无所不容，叫作仁；道无所不顺，叫作义。义理显明因而物类相亲，叫作忠；心中淳厚朴实而且返归本真，叫作乐；随心所欲、容仪得体且合于一定的节文，叫作礼。把礼乐普遍加以推行，那么天下就大乱了。人人自正而敛藏自己的德行，德行也就不会强加给他人，强加给他人必定违失自然的本性。

原文

古之人，在混芒之中，与一世而得澹漠焉。当是时也，阴阳和静，鬼神不扰，四时得节，万物不伤，群生不夭，人虽有知，无所用之，此之谓至一❶。当是时也，莫之为而常自然。

逮德下衰，及燧人伏羲始为天下，是故顺而不一。德又下衰，及神农黄帝始为天下，是故安而不顺。德又下衰，及唐虞始为天下，兴治化之流，浇淳散朴，离道以为，险德以行，然后去性而从于心。心与心识知，而不足以定天下，然后附之以文，益之以博。文灭质，博溺心，然后民始惑乱，无以反其性情而复其初。由是观之，世丧道矣，道丧世矣。世与道交相丧也，道之人何由兴乎世，世亦何由兴乎道哉！道无以兴乎世，世无以兴乎道，虽圣人不在山林之中，其德隐矣。隐，故不自隐。

古之所谓隐士者，非伏身而弗见也，非闭其言而不出也，非藏其智而不发也，时命大谬也。当时命而大行乎天下，则反一无迹❷；不当时命而大穷乎天下，则深根宁极而待；此存身之道也。

注释

❶ 至一：即自然纯一的境界。
❷ 反一无迹：返于至一而不见有为的痕迹。

庄 子

解读

　　古人生活在混沌蒙昧之中，举世恬淡寂寞、互不交往。那时阴阳谐和宁静，鬼神不来侵扰，四季变化有节，万物不受伤害，众生没有夭折，人们虽有心智，却无处可用，叫作"至一"的境界。那时人们无所作为而万物顺其自然。

　　等到德行衰退，到了伏羲治理天下，只能顺随民心却不能达到自然纯一的境界。德行再度衰退，到了神农治理天下，只能安定天下却不能顺随民心。德行继续衰退，到了尧与舜治理天下，大兴教化末流，浇薄民风，离散了质朴的习俗，背离了道去作为，损伤了德去行事，然后舍弃了本性而顺从有为的心机。人心彼此识察，天下就不安定了。然后又附加浮华的文辞，增益了繁多的学问。

　　文华覆灭了素质，博学淹没了心灵，然后人民才开始惑乱，无法返归恬淡的性情、恢复自然的本初。由此看来，人世丧失了自然之道，自然之道丧失了人世。人世与道交相丧失，有道之人何由兴起于人世，人世又何由兴起自然之道呢？道没有办法在人世间兴起，人世间没有办法让道来振兴，即使圣人不隐居，他的德行也必将隐没而不为人知。隐匿，本来就不是让自己隐藏起来。

　　古时所谓的隐士，不是隐藏自己的形体而不出现，不是封闭自己的言辞而不向外宣泄，也不是隐藏自己的智慧而永不发挥，而是因为时运大相乖谬呀！逢着行道，就返回到至一的境界而不露痕迹；不逢时则深隐极宁以待时机，这是保全性命的方法。

原文

　　古之行身者，不以辩饰知，不以知穷天下，不以知穷德，危然[1]处其所而反其性已，又何为哉！道固不小行，德固不小识。小识伤德，小行伤道。故曰：正己而已矣。

乐全之谓得志。古之所谓得志者，非轩冕②之谓也，谓其无以益其乐而已矣。今之所谓得志者，轩冕之谓也。轩冕在身，非性命也，物之傥来③，寄者也。寄之，其来不可圉④，其去不可止。故不为轩冕肆志，不为穷约趋俗，其乐彼与此同，故无忧而已矣。今寄去则不乐，由是观之，虽乐，未尝不荒也。故曰，丧己于物，失性于俗者，谓之倒置之民。

注释

① 危然：独立之貌。
② 轩冕：借指高官厚禄。
③ 傥来：忽然到来。
④ 圉：通"御"。

解读

古时候保存自身的人，不用辩说来文饰智慧，不用智巧来困累天下，不用心智来困扰德行，独立自处而返回到自然的本性，舍此还有什么要做的呢？道本来就用不着细小的德行，德本来就用不着肤浅的知识。小识损伤了德，小行伤害了道。所以说，端正自己就可以了。

乐意保全自然的性情，叫作得志。古时所谓得志，不是指高官厚禄，而是指无以复加的愉悦而已。现在人们所说的得志，却是指高官厚禄。荣华富贵在身并不是真性本命，犹如外物偶然到来，只是临时寄托。临时寄托的东西，其来也不能抵御，其去也不能阻止。

所以不要为了富贵荣华而放纵心志，不要因穷困贫乏而趋附世俗，要说这当中的快乐，富贵荣华与穷困贫乏是相同的，所以没有忧愁。如今寄托之物离去便觉不快，这样看即使有过快乐，也未尝不是真性的丧亡。所以说，在物欲中丧失自身，在世俗中失却本性，就是本末倒置的人。

庄 子

秋　水

原文

秋水时至,百川灌河,泾❶流之大,两涘渚崖之间,不辩牛马。于是焉,河伯欣然自喜,以天下之美为尽在己。顺流而东行,至于北海,东面而视,不见水端。于是焉,河伯始旋其面目,望洋向若而叹曰:"野语有之曰:'闻道百,以为莫己若'者,我之谓也。且夫我尝闻少仲尼之闻而轻伯夷之义者,始吾弗信;今我睹子之难穷也,吾非至于子之门,则殆矣,吾长见笑于大方之家。"

北海若曰:"井蛙不可以语于海者,拘于虚❷也;夏虫不可以语于冰者,笃于时也;曲士❸不可以语于道者,束于教也。今尔出于崖涘,观于大海,乃知尔丑,尔将可与语大理矣。天下之水,莫大于海,万川归之,不知何时止而不盈;尾闾泄之,不知何时已而不虚;春秋不变,水旱不知。此其过江河之流,不可为量数。而吾未尝以此自多者,自以比形于天地而受气于阴阳,吾在于天地之间,犹小石小木之在大山也,方存乎见少,又奚以自多?计四海之在天地之间也,不似礨空之在大泽乎?计中国之在海内,不似稊米之在大仓乎?号物之数谓之万,人处一焉;人卒九州,谷食之所生,舟车之所通,人处一焉;此其比万物也,不似豪末之在于马体乎?五帝之所连,三王之所争,仁人之所忧,任士之所劳,尽此矣。伯夷辞之以为名,仲尼语之以为博,此其自多也,不似尔向之自多于水乎?"

外 篇

注释

❶ 泾：通"径"，指河之宽度。这里指黄河主流的宽度。
❷ 虚：通"墟"，指井蛙所居之土井之类。
❸ 曲士：指识见褊狭、孤陋寡闻的人。

解读

秋天一到，雨下个不停，千百条河流都灌注到黄河，黄河的河面大大加宽，两岸之间，河中小洲之上，一眼望去，连牛马都小得无法辨认清楚。于是河神欢欣鼓舞、自满自足，以为天下的壮美已经全都在自己这里了。他顺流东行来到渤海，抬头向东面望去，根本就看不到水的边际。此时河神才开始改变神态，对海神感叹说："俗话说听到了许多道理后，自以为无人能比，说的就是我啊。况且，我曾听说有以仲尼的见识为少、以伯夷的道义为轻的人，起初我不信，现在我看到你浩瀚无边，难于穷尽，我如果不来到你的面前，那可就真的糟透了，我将会成为深明大道之人的笑柄啊。"北海神若说："之所以不能对青蛙讲大海，是因为它被土井所局限；之所以不能对夏虫讲冰，是因为它被季节所拘禁；之所以不能和见识褊狭孤陋寡闻的人讲大道，是因为他被教育所束缚。现在你走出了河流的两岸，看见了无边的大海，已经发现了自己的鄙陋，这就可以和你谈论大道了。天下的水，没有比海再大的了，即使千万条河都流归于它，从不休止，它也不漫不溢；从尾闾向外泄漏，虽然不知道什么时候会停止，它也不会干涸。大海不会因为春雨少秋雨多而有所变化，大海对旱涝没有感知。这就是大海远远超过江河的水量，无法估量的原因。我之所以从来不曾以为大海水多，是和天地大小相比，我感受到了世界的永恒变化。我在天地之间，就好像一块小石头和一棵小树苗存在生长于泰山之中，常常感受着自己的渺小，又哪里会来得及自以为多呢？估计四海在天地之间，不就像小蚁穴存在于湖泊大泽中一样吗？算一下中国在四海之内，不就像一

庄　子

粒稗米在大粮仓中一样吗？人们以'万'来称谓物类的数量，人类只不过是居于这千千万万中的一类罢了；人类住满了九州之地，凡谷物可以生长、舟车可以通行的地方，皆有人类居住，每个人也只是众人中的一员；一个人和天地万物相比，不就像一根绒毛末梢在马身上一样微小吗？人类自谓五帝以禅让相传承，三王以武力相争夺，仁德之人所担忧的事情，贤能之士所操劳的国家，全部加起来也就这么一点！其中伯夷用辞让博得名声，仲尼用谈论以显示博学，这种自满自足，不就像原来你自夸黄河水之多是一样的吗？"

原文

河伯曰："然则吾大天地而小毫末，可乎？"

北海若曰："否。夫物，量无穷，时无止，分无常，终始无故。是故大知观于远近，故小而不寡，大而不多，知量无穷；证曏今故，故遥而不闷❶，掇而不跂❷，知时无止；察乎盈虚，故得而不喜，失而不忧，知分之无常也；明乎坦涂，故生而不说，死而不祸，知终始之不可故也。计人之所知，不若其所不知；其生之时，不若未生之时；以其至小❸求穷其至大之域，是故迷乱而不能自得也。由此观之，又何以知毫末之足以定至细之倪？又何以知天地之足以穷至大之域？"

河伯曰："世之议者皆曰：'至精无形，至大不可围。'是信情乎？"

北海若曰："夫自细视大者不尽，自大视细者不明。故异便❹，此势之有也。夫精，小之微也；垺❺，大之殷也。夫精粗者，期于有形者也；无形者，数之所不能分也；不可围者，数之所不能穷也。可以言论者，物之粗也；可以意致者，物之精也；言之所不能论，意之所不能致者，不期精粗焉。是故大人之行，不出乎害人，不多仁恩；动不为利，不贱门隶；货财弗争，不多辞让；事焉不借人，不多食乎力，不贱贪污；行殊乎俗，不多辟异；为在从众，不贱佞谄；世之爵禄不足以为劝，戮耻不足以为辱；知是非之不可为分，细大之不可为倪。闻曰：'道人不闻，至德不得，大人无己。'约分之至也。"

注释

① 遥而不闷：对遥远的古事不感到暗昧。
② 掇而不跂（qǐ）：近傍之事也有不可求解之理。
③ 至小：这里指人的生命短暂和智慧有限。
④ 异便：对其差异进行分辨。异，相异、相别。便，通"辨"，分辨。
⑤ 垺（fú）：通"郭"，城外之城。

解读

河神说："既然这样，我以天地为大，以毫末为小，可以吗？"

海神说："不可以。那些物质性的东西在量的大小上无法穷尽，在时间上不止息；名称也不是恒常不变的；由于宇宙周而复始的循环往复性质，我们也找不到它终极的原因。所以大智之人既观察远处的事物也观察近处的事物，不会因为它的小就以它为少，也不会因为它的大就以它为多，因为对事物量的描述既可以大小论，也可以多少论，不管从哪个角度来谈论都是没有穷尽的。大智之人有能力证明古今都是一样的，所以对遥远的古事不感到暗昧，对近旁的事物也知道它有不可求取的道理，这就是了解时间永不停息的根据和意义。大智之人明白盈满和空虚是相互转化的，因而称谓也是有所变化的，所以，得到了什么并不足以让人欣喜若狂；失去了什么也不足以让人悲伤不已，这就是懂得永恒变化的思想境界。大智之人明白天地万物都是由周而复始、日新不已的大道所决定的，所以就不会因为有了生命就高兴不已，也不会把死亡看作灾祸，这就是懂得了死生往复不定之理的思想境界。计量人们所知道的，远没有他所不知道的多；人生存的时间，远没有他生之前、死之后的时间长；以人的短暂生命和有限智慧，想要在有生之年穷尽对无限宇宙的认识，这就是人们常常陷入迷惑慌乱而不能充分享受生命之快乐的原因。由此看来，你又怎么可能知道秋毫之末就足以确定为最小的界限？又怎么可能知道天地就足以穷尽最大的范围呢？"

河神说："世上谈论学问的人都说，'最精微之物没有形体，最大的物没有什么能包围'，这话真实可信吗？"

海神说："从细小处去观察庞大的事物是看不完全的，以宏观的眼光看细小的事物是看不清晰的。所以才会有大小同异的辩论，因为这是这个世界的存在状态所决定的。人们所说的'精'，是细小之中最为微小的；人们所说的'垺'，是大之外更为庞大的。说到'精'和'粗'，那都是相对于有形之物而言的；至于至精无形的事物，那是用数字所不能计量，用人力也无法剖分的；最大的不可范围的事物，那也是数字所不能穷尽的。可以言说议论的，都是有形的事物，可以在意识中想象思考到的，是物的精微之处；语言所不能谈论，意识也不可思考想象的，既不是精也不是粗，而是无所谓精和粗了。所以修养高尚者的行动，不会出于对人的伤害，也不会赞赏给人以仁慈和恩惠；无论干什么都不是为了私利，也不会轻视从事守门差役之类的人；无论什么财物都不去争夺，也不推重谦和与辞让；凡事从不借助他人的力气，但也不提倡自食其力，同时也不鄙夷贪婪与污秽；行动与世俗不同，但不主张邪僻乖异；行为追随一般的人，也不以奉承和谄媚为卑贱；人世间的所谓高官厚禄不足以作为劝勉，刑戮和侮辱不足以看作是羞耻；知道是与非的界线不能清楚地划分，也懂得细小和巨大不可能确定清晰的界限。听人说：'能体察大道的人不求闻达于世，修养高尚的人不会计较得失，清虚宁寂的人能够忘却自己。'这就是约束自己而达到适得其分的境界。"

原文

河伯曰:"若物之外,若物之内,恶至❶而倪贵贱?恶至而倪小大?"

北海若曰:"以道观之,物无贵贱。以物观之,自贵而相贱。以俗观之,贵贱不在已。以差观之,因其所大而大之,则万物莫不大;因其所小而小之,则万物莫不小;知天地之为稊米❷也,知毫末之为丘山也;则差数睹矣❸。以功观之,因其所有而有之,则万物莫不有;因其所无而无之,则万物莫不无,知东西之相反而不可以相无,则功分定矣。以趣观之,因其所然而然之,则万物莫不然;因其所非而非之,则万物莫不非。知尧桀之自然而相非,则趣操睹矣。昔者尧舜让而帝,之哙让而绝;汤武争而王,白公争而灭。由此观之,争让之礼,尧桀之行,贵贱有时,未可以为常也。梁丽可以冲城,而不可以窒穴,言殊器也。骐骥骅骝❹,一日而驰千里,捕鼠不如狸狌,言殊技也。鸱鸺❺夜撮蚤,察毫末,昼出瞋目而不见丘山,言殊性也。故曰:'盖师是而无非,师治而无乱乎?'是未明天地之理,万物之情者也。是犹师天而无地,师阴而无阳,其不可行明矣。然且语而不舍,非愚则诬也!帝王殊禅,三代殊继。差其时,逆其俗者,谓之篡夫;当其时,顺其俗者,谓之义之徒。默默乎河伯!女恶知贵贱之门,小大之家。"

注释

❶ 恶至:从那里,怎么样。
❷ 稊米:稊秕的籽粒,细米。

庄　子

③ 差数睹矣：差别的相对性就看清楚了。
④ 骐骥骅骝：均指日行千里的良马。
⑤ 鸱鸺（chī xiū）：猫头鹰。

解读

河神说："要么从物性之外，要么从物性之内，怎样区分贵贱？怎样区分大小呢？"

海神说："从大道的标准衡量，万物没有贵贱之分。从万物自身的标准来看，物各自以己为贵，而以对方为贱。以世俗的时尚观念为标准，物的贵贱并不由它自身决定。从物的差别性来看，如果顺着大小序列往小处看，看到的都是小的，所有的物就无不为大；如果顺着大小序列往大处看，看到的都是大的，所有的物就无不为小；明白了这一点，天地和一粒细米是一样的，一根毫毛末梢和丘山也是一样的；这样万物差别的相对性也就清楚了。从物的功能性看，顺着它有功能的方面看，万物莫不有功能；顺着它没功能的方面看，万物莫不无功能；明白东和西相反却又不可相互缺少的道理，万物的功能职分就确定下来了。从万物的价值取向看，顺着它对的一面它就是对的，这样万物无不是对的；顺着它错的一面它就是错的，这样万物无不是错的。懂得了尧和桀都在自以为是而互以对方为非，则他们的价值情趣和道德操守也就清楚了。从前，尧和舜通过禅让而都成了帝，而燕王哙和燕相子之却因禅让而遭到灭顶之灾；商汤与周武王以武力相争而都成了王，白公胜也以武力争位却死无葬身之地。由此看来，武力争夺和礼义禅让的传统，尧与桀的行为，对它们价值高低的评价是因时因地而异的，且不可把它看作某种恒常不变的东西。粗大的梁木可用来冲撞城门，而不可用来堵老鼠洞，这是说它们的功能不同。良马一日行千里，可如果让它们捉老鼠，却反不如野猫、黄鼠狼，这是说它们的技能不同。猫头鹰夜里看东西明察秋毫，甚至可以抓住跳蚤，可一到白天，即使睁大眼睛，它连丘山也看不见，这是说它的眼睛在本性上适应着不同的光谱。常听有人说：'不只师法对的而不师法错的，只师法治世而不师法乱世！'这是不了解天地大道理和万物之情状的人说的话。如同你只想以天为师而不要地、以阴为师而不要阳一样，显然它在事实上行不通。然而还有人说个不休，不肯放弃，这样做的人要么愚昧无知，要么存心骗人！五帝三王传授王位的方式不同，夏、商、周三代的王位继承方法也不一样。错过时代，违背世道人心的，称为篡权者；合乎时代，顺应世道人心的，称为义人。沉默不语吧，河伯！你哪里能知道区分万物贵贱和大小的界限呢？"

原文

河伯曰："然则我何为乎？何不为乎？吾辞受趣舍，吾终奈何？"

北海若曰："以道观之，何贵何贱，是谓反衍❶；无拘而❷志，与道大蹇❸。何少何多，是谓谢施；无一而行，与道参差。严乎若国之有君，其无私德；繇繇❹乎若祭之有社，其无私福；泛泛乎其若四方之无穷，其无所畛域；兼怀万物，其孰承翼？是谓无方。万物一齐，孰短孰长？道无终始，物有死生，不恃其成，一虚一满，不位乎其形。年不可举，时不可止，消息盈虚，终则有始。是所以语大义之方，论万物之理也。物之生也，若骤若驰。无动而不变，无时而不移。何为乎？何不为乎？夫固将自化。"

河伯曰："然则何贵于道邪？"

北海若曰："知道者必达于理，达于理者必明于权，明于权者不以物害己。至德者火弗能热，水弗能溺，寒暑弗能害，禽兽弗能贼。非谓其薄之也，言察乎安危，宁于祸福，谨于去就，莫之能害也。故曰：天在内，人在外，德在乎天。知天人之行，本乎天，位乎得，蹢躅❺而

庄 子

屈申,反要而语极。"

　　曰:"何谓天?何谓人?"

　　北海若曰:"牛马四足,是谓天;落马首,穿牛鼻,是谓人。故曰:'无以人灭天,无以故灭命,无以得殉名,谨守而勿失,是谓反其真。'"

注释

① 反衍:反复衍化,不是凝固不变的。
② 而:通"尔",你。
③ 謇(jiǎn):阻隔。
④ 繇繇:庄严肃穆的样子。
⑤ 躑躅(zhí zhú):进退不定的样子。

解读

　　河神说:"既然如此,我该做什么?不该做什么?怎样在辞让与接受、争取和放弃之间做出抉择,我究竟怎么办呢?"

　　海神若说:"从道来看,什么贵呀贱的,都是反复转化的;不要用传统的成见去束缚你的心志,使其与大道相阻隔。什么少呀多的,都是新陈代谢交互为用的;不要拘执一得之见而行动,反弄得和大道不一致。庄重威严得像国君一样,对谁都没有私恩相加;庄严肃穆得像祭社神一样,不敢为自己祝福;道如流水溢四方,它无所不在无边界。要对万物兼容并包,哪能靠人来庇护?这就是不偏向任何的一方面。万物原本就齐一,谁为短来谁为长?大道无始又无终,物却有死也有生,生成之后又要变,所以不能死依赖。空虚盈满常转化,不能死守老状态。年龄不饶人,时间不停止。消亡又生息,盈满又空虚,刚一结束又开始。这就是我所说的大道的方向,所论的万物的道理。万物之生息,如同奔马般疾速。无一不变化，无时不推移。什么是该做的？什么是不该做的？什么都别管，万物自然会生化。"

河神说："既然如此，那道还有什么可贵之处呢？"

海神若说："深明大道的人一定会通情达理，通情达理的人一定能通达权变，通达权变的人不会让外物损害自己。真正获得大道的人，火烧不着他，水淹不着他，严寒酷暑不受损，凶禽猛兽不吃他。这并不是说得道的人能够触犯这些事物而不受害，而是说他能明察安危，看透祸福，谨慎对待进退去留，所以就没有什么会损害他。因此说：人的天性是内在的，社会对人性的影响是外在的，获得大道的人顺其自然。知道了自然和人为的各行其是，就要以自然天性为根本，把握机会，进退也好屈伸也罢，返归大道之枢要，话要说到点子上。"

河神说："什么是自然？什么是人为？"

海神若说："牛马长有四足，这就是天性；给马戴上笼头，给牛穿上鼻绳，这就是人为。所以说：不要用人为的东西来破坏天性，也不要装腔作势来和命运抗争，不要为了一个道德的好名声把自己搭进去，谨守自然天性而不让它丧失，这就是复归自然的真本性。"

原文

夔怜蚿❶，蚿怜蛇，蛇怜风，风怜目，目怜心。

夔谓蚿曰："吾以一足趻踔❷而行，予无如矣！今子之使万足，独奈何？"

蚿曰："不然。子不见夫唾者乎？喷则大者如珠，小者如雾，杂而下者不可胜数也。今予动吾天机，而不知其所以然。"

蚿谓蛇曰："吾以众足行而不及子之无足，何也？"

蛇曰："夫天机之所动，何可易邪？吾安用足哉？"

庄 子

蛇谓风曰:"予动吾脊胁而行,则有似也;今子蓬蓬然起于北海,蓬蓬然入于南海,而似无有,何也?"

风曰:"然。予蓬蓬然起于北海而入于南海也。然而指我则胜我,鳍[3]我亦胜我。虽然,夫折大木,蜚大屋[4]者,唯我能也。"

故以众小不胜为大胜也。为大胜者,唯圣人能之。

注释

① 夔(kuí)怜蚿(xián):夔,独脚兽。怜,爱慕。蚿,多足虫。

② 趻踔(chěn chuō):跳着走的样子。

③ 鳍:足踢。

④ 蜚大屋:蜚,同"飞"。把大屋子吹得飞上天,掀翻。

解读

独脚的夔仰慕多足的蚿,多足的蚿仰慕无足的蛇,无足的蛇仰慕无形的风,无形的风仰慕能看的眼睛,能看的眼睛仰慕能思索的心。夔对蚿说:"我用一只脚跳着走路,再简便没有了!你走个路要用那么多的脚,将怎么办呢?"

蚿说:"哪有什么不方便。你没见打喷嚏的人吗?喷出的唾沫大的如水珠,小的如雾气,混杂着往下落,谁能数得清。我只是顺着自然的天性走路就是了,管它脚是怎么走法。"

蚿对蛇说:"我用那么多的脚走路反不如你的无足,这是为什么呢?"

蛇说:"天性机能发动,怎么可以改变呢?我哪里用得着足呢?"

蛇对风说:"我用脊背和两肋爬行,还是有形可见;你呼呼叫地由北海刮起来,又呼呼叫地吹入南海,却不留一点儿形迹,这是为何呢?"

风说:"是的。我从北海吹到南海。可是,人们用手指随便一戳,就能胜过我,用脚一踢也能胜过我。话虽如此,吹折大树,掀翻房屋的也只有我能做得到。所以,我是以众多小的不胜换取到了大胜。"

取得这样的大胜,是只有圣人才能做得到的。

原文

孔子游于匡,卫人围之数匝,而弦歌不惙。子路入见曰:"何夫子之娱也?"

孔子曰:"来,吾语女。我讳穷①久矣,而不免,命也;求通久矣,而不得,时也。当尧舜之时而天下无穷人,非知得也;当桀纣之时而天下无通人,非知失也;时势适然。夫水行不避蛟龙者,渔父之勇

庄 子

也。陆行不避兕❷虎者，猎夫之勇也。白刃交于前，视死若生者，烈士之勇也。知穷之有命，知通之有时，临大难而不惧者，圣人之勇也。由，处矣！吾命有所制矣！"

无几何，将甲者进，辞曰："以为阳虎也，故围之；今非也，请辞而退。"

注释

❶ 讳穷：忌讳穷困。
❷ 兕（sì）：犀牛一类的猛兽。

解读

孔子师徒一行游经匡邑，卫国人把他们包围起来，而孔子则弹琴唱歌不止。子路进来对孔子说："先生为什么还能这样快乐呢？"

孔子说："来，我告诉你！我忌讳穷困已经很久了，却仍然不可避免，这是命该如此啊！我渴求通达已经很久了，却至今不能得到，这是时运不佳啊！生活在尧舜时代，天下没有穷困的人，并不是因为他们都有智慧；生活在桀纣时代，天下没有通达的人，也不是因为他们都没有智慧，而是一切都是时运造成的呀。在水里游泳不躲避蛟龙，是渔夫的勇敢。在陆地行走不躲避犀牛老虎，是猎人的勇敢。在刀光剑影面前视死如归，是烈士的勇敢。懂得穷困是由于命运，知道通达需要时机，遭逢大危难而不畏惧，这是圣人的勇敢。子路啊，你放心吧！我的命运是由老天安排的。"

没过多久，一个带兵的长官进来道歉说："原来以为你们是和阳虎一伙的，所以才把你们包围起来，现在知道你们不是阳虎的人，请允许我表达歉意，我现在就让他们走开。"

外 篇

原文

公孙龙问于魏牟曰:"龙少学先王之道,长而明仁义之行;合同异,离坚白;然不然,可不可;困百家之知,穷众口之辩;吾自以为至达已。今吾闻庄子之言,汒焉❶异之;不知论之不及与?知之弗若与?今吾无所开吾喙❷,敢问其方。"

公子牟隐机大息,仰天而笑曰:"子独不闻夫坎井之蛙乎?谓东海之鳖曰:'吾乐与!出跳梁乎井干之上,入休乎缺甃之崖;赴水则接腋持颐,蹶泥则没足灭跗❸,还视虷蟹与科斗,莫吾能若也。且夫擅一壑之水,而跨跱❹坎井之乐,此亦至矣。夫子奚不时来入观乎?'东海之鳖左足未入,而右膝已絷矣。于是逡巡而却,告之海曰:'夫千里之远,不足以举其大;千仞之高,不足以极其深。禹之时十年九潦,而水弗为加益;汤之时八年七旱,而崖不为加损。夫不为顷久推移,不以多少进退者,此亦东海之大乐也。'于是坎井之蛙闻之,适适然惊,规规然自失也。且夫知不知是非之竟,而犹欲观于庄子之言,是犹使蚊虻负山,商蚷驰河也,必不胜任矣。且夫知不知论极妙之言而自适一时之利者,是非坎井之蛙与?且彼方跐黄泉而登大皇,无南无北,奭然四解❺,沦于不测;无东无西,始于玄冥,反于大通。子乃规规然而求之以察,索之以辩,是直用管窥天,用锥指地也,不亦小乎?子往矣!且子独不闻夫寿陵馀子之学行于邯郸与?未得国能,又失其故行矣,直匍匐而归耳!今子不去,将忘子之故,失子之业。"

公孙龙口呿❻而不合,舌举而不下,乃逸而走。

注释

❶ 汒焉:迷惘不清。汒,通"茫"。

| 庄 子

❷ 喙：鸟兽的嘴，这里指人口。
❸ 灭跗：灭，即淹没。跗，通"趺"，脚背。
❹ 跨跱（zhì）：跨，跳跃。跱，蹲距。
❺ 奭（shì）然四解：奭然，逍遥自在，无拘无束的样子。
❻ 呿（qū）：张开。

解读

公孙龙问魏牟说："我小时就开始学习先王之道，长大后通晓仁义理论的实践，能把相同相异的事物论证为无差别的同一，能把坚白等事物的属性论证为和物体相分离；在辩论中，我能把别人认为不对的说成对的，把别人认为不可以的说成可以的；能困窘百家的见解，让众多的善辩者理屈词穷；我自以为已经是达到了最为通达事理的境界了。现在，我听了庄子的言论，却深感怪异而迷惑不解；不知是我的辩才不如他高呢，还是知识不如他渊博呢？现在我一见到庄子学派的人，都不知道从哪里开口了，请问这是怎么回事啊？"

魏牟凭靠在小几上深深叹了一口气，然后仰天而笑着说："你只怕是没有听说过浅井之蛙的故事吧？井蛙对东海的大鳖说：'我多么快乐呀！我跳到井栏上，又蹦回到井中，在井壁的破砖边休息，游水时，井水托在腋窝和两腮之下，践踏在淤泥中则让泥水随意地淹没脚背；环视周围的小红虫、小螃蟹、小蝌蚪们，它们没有谁能像我这样自在的！况且我独占一井之水，在其中跳跃蹲踞的乐趣，也可以说是无以复加了。你老先生为什么不时常地进来观光呢？'东海的大老鳖左脚还没踩到井底，右膝就被绊住了。于是，大老鳖迟疑一会儿就退出来了，并告诉井蛙关于大海的样子说：'千里的遥远，不足以形容海的大；八千尺的高度，不足以穷尽海的深。大禹的时代，十年就有九年涝，而海水并不增加；商汤的时代，八年就有七年旱，海岸线也不向后退缩。大海并不为时间而有所改变，也不因雨水的多少而有所进退，这也算得上是东海的最大乐趣啦！'浅井之蛙听后惊怖不已，一副茫然自失的样子。再说，你的智慧还未能达到通晓是非的境界，就想观察领会庄子的言论，这就像是让蚊子背大山，让商蚷在河中游泳一样，一定不能胜任。况且，你的智慧也还不足以理解最为微妙的理论，而自满自足于一时口舌之争的胜利，这不是井底之蛙一样吗？再说庄子的理论玄妙莫测，就像是刚深入到地底下，却忽而又上升到天空的极高处，不分东西南北，四面畅通无阻，深入不可知的境界；不分东西南北，从深邃而幽远暗昧的地方开始，再返回到无不通达的大道。你就只知道在那里琐细地分辨，想用明察和辩论的方法追求真理，这简直是以管窥天，以锥戳地，思想境界太狭隘了！你赶快回去吧，你难道没听说过寿陵少年邯郸学步的故事吗？没有学会赵国人走路的技艺，反而把自己原来的走法也忘了，只好爬着回去！现在你要再不离开，怕是会忘记了原来的老本行，失掉固有的事业了。"

公孙龙听后惊异得合不拢嘴，舌头伸着缩不回，匆忙逃跑了。

原文

庄子钓于濮水，楚王使大夫二人往先焉，曰："愿以境内累❶矣！"

庄子持竿不顾，曰："吾闻楚有神龟，死已三千岁矣，王以巾笥而藏之庙堂之上。此龟者，宁其死为留骨而贵乎，宁其生而曳尾于涂中乎？"

二大夫曰："宁生而曳尾涂中。"

庄子曰："往矣！吾将曳尾于涂中。"

惠子相梁，庄子往见之。或谓惠于曰："庄子来，欲代子相。"于是惠子恐，搜于国中，三日三夜。

庄子往见之曰："南方有鸟，其名为鹓❷，子知之乎？夫鹓雏发于南海，而飞于北海，非梧桐不止，非练实不食，非醴泉不饮。于是

庄 子

鸱得腐鼠[3]，鹓雏过之，仰而视之曰：'吓！'今子欲以子之梁国而吓我邪？"

庄子与惠子游于濠梁之上。庄子曰："鲦鱼出游从容，是鱼之乐也。"

惠子曰："子非鱼，安知鱼之乐？"

庄子曰："子非我，安知我不知鱼之乐？"

惠子曰："我非子，固不知子矣；子固非鱼也，子之不知鱼之乐，全矣。"

庄子曰："请循其本。子曰'汝安知鱼乐'云者，既已知吾知之而问我，我知之濠上也。"

注释

❶ 愿以境内累：愿以楚国的政事相累于先生。
❷ 鹓（yuān）：传说中鸾凤之类神鸟，庄子以之自喻。
❸ 鸱：猫头鹰，比喻惠施。腐鼠，比喻相位。

解读

庄子在濮水边钓鱼，楚威王派两位大夫前来，表达相邀之意说："愿意把国事相累于先生！"庄子手持钓竿，头也不回地说："我听说楚国有只神龟，已经死去三千年了。楚王将它的甲骨裹上巾被放在竹箱里，珍藏在太庙的明堂上。对于这只龟来说，它是愿意死后留下龟甲而显示自己的尊贵呢，还是宁肯活着在泥里拖着尾巴爬行呢？"

二大夫回答说："宁愿活着在泥里拖着尾巴爬行。"

庄子说："你们请回吧！我也准备拖着尾巴继续在泥里爬行。"

惠施在梁国做相国，庄子前去拜访他。有人对惠施说："庄子来了，他是打算取代你的相位。"于是惠施十分惊恐，派人在都城内搜索庄子，搜了三天三夜。

庄子去见惠施说："南方有一种鸟叫鹓䲪，你知道吗？这种鸟从南海出发，飞往北海，除了梧桐，别的树它不肯栖息；除了竹实，别的它不肯吃；除了甘美的泉水，别的水它不肯饮。它正飞的时候，猫头鹰得到一只腐烂的老鼠，见鹓从头下飞过，仰头愤怒地叫道：'吓！'今天你是否也想用你得到的相位来吓我呢？"

庄子与惠施在濠水桥上游玩。庄子说："白鲦鱼悠闲自在地游水，这是鱼儿的快乐呀。"

惠施说："你不是鱼，怎么能知道鱼的快乐？"

庄子说："你不是我，怎么知道我不知道鱼的快乐？"

惠施说："我不是你，所以就不能知道你；你本不是鱼，你的不知道鱼之乐，就完全可以肯定了。"

庄子说："请让我们回到原来的话题上，你问我'你怎知鱼之乐'这句话，就证明你已经知道我所知道的才向我发问的。既然你能知道我，我为什么不能知道鱼呢？告诉你吧，我是在濠水桥上知道的！"

庄 子

至 乐

原文

　　天下有至乐无有哉？有可以活身者❶无有哉？今奚为奚据？奚避奚处？奚就奚去？奚乐奚恶？

　　夫天下之所尊者，富贵寿善也；所乐者，身安厚味美服好色音声也；所下者，贫贱夭恶也；所苦者，身不得安逸，口不得厚味，形不得美服，目不得好色，耳不得音声。若不得者，则大忧以惧，其为形❷也亦愚哉！夫富者，苦身疾作，多积财而不得尽用，其为形也亦外矣！夫贵者，夜以继日，思虑善否❸，其为形也亦疏矣！人之生也，与忧俱生。寿者惛惛，久忧不死，何苦也！其为形也亦远矣！烈士为天下见善矣，未足以活身。吾未知善之诚善邪？诚不善邪？若以为善矣，不足活身；以为不善矣，足以活人。故曰："忠谏不听，蹲循勿争。"故夫子胥争之以残其形；不争，名亦不成。诚有善无有哉？

　　今俗之所为与其所乐，吾又未知乐之果乐邪？果不乐邪？吾观夫俗之所乐，举群趣者，然如将不得已，而皆曰乐者，吾未之乐也，亦未之不乐也。果有乐无有哉？吾以无为诚乐矣，又俗之所大苦也。故曰："至乐无乐，至誉无誉。"

　　天下是非果未可定也。虽然，无为可以定是非。至乐活身，唯无为几存。请尝试言之：天无为以之清，地无为以之宁，故两无为相合，万物皆化。芒乎芴乎，而无从出乎！芴乎芒乎，而无有象乎，万物职职，皆从无为殖。故曰："天地无为也而无不为也。"人也孰能得无为哉！

注释

① 活身者：全生保身的方法。
② 为形：保养身体。
③ 否（pǐ）：不善。

解读

世上到底有没有至乐呢？有没有全生保身的办法呢？现在应当有何作为？以何为依据？回避什么？定位在哪里？屈就什么？舍弃什么？喜欢什么？厌恶什么？

天下人最崇尚富有、尊贵、长寿、好名声；最喜爱身体安逸，美味佳肴，服饰漂亮，色彩艳丽，音乐动听；人所否定的是生活贫穷，地位低下，夭折和坏名声；最苦恼的是不得安逸，口无美味，穿不上漂亮服装，看不到艳丽色彩，听不到动听的音乐。如果不能得到这些，就大为忧惧，这样的养身方法岂不是太愚蠢了？富有的人，为了财富而劳苦身体，但多积累财富却不能尽数享用，这是求养身于外了！高贵的人，夜以继日，费心劳神地要划出分辨善与不善的界限，这和养身也有点儿不沾边！人一生下来，就和忧虑同在。长寿的人稀里糊涂，长久地处于忧愁之中而不死，何等苦恼啊！这样地养身健体，也是事与愿违，相距更远了！殉名之士为天下人所称道，却不能使自身生命得以保存。

我真不知道这种所谓的善到底是善呢，还是不善呢？如果认为是善，却连自身都不能保全；如果认为是不善，它的确成全了他人。所以说："忠诚劝谏人不听，那就退身不强争。"伍子胥因为强谏而身遭残害，然而如果不谏争，他也不会成名。这样说来，到底有没有善呢？

现如今流行的行为方式和兴趣爱好，我也不知那是真正的快乐呢，还是不快乐呢？我观察那些流行的兴趣爱好，大家似乎都在成群结队地赶时髦，

庄 子

一个个坚定果敢的样子,好像停不下来,而他们都以为乐不可支的事情,我却认为并没有什么可乐的,可也没有什么不可乐的。到底这快乐是有还是没有呢?我认为"无为"才确实是可乐的,可是流行的观念却又认为那是痛苦。我认为:"最高的快乐就是无忧无乐,最高的赞誉就是不褒不贬。"

天下的是非确实是不确定的。虽然这样说,"无为"却可以决定是非。最高的快乐是让自己活下来,也只有"无为"才能勉强可以做到这一点。我们不妨试着讨论一下:天正是由于它的无为才得以清虚,地正是由于它的无为才得以宁静;所以,天地结合起来,万物才得以化生。恍惚暗昧,我们不知道它们究竟从何而来!

暗昧恍惚,它似乎没有定型!然而万物是如此的繁杂众多,它们都在"无为"中生殖了出来。所以说,天地是无为而无不为的。人啊,谁能得到"无为"的真谛啊!

原文

庄子妻死,惠子吊之,庄子则方箕踞❶鼓盆而歌。惠子曰:"与人居,长子老身,死,不哭亦足矣,又鼓盆而歌,不亦甚乎!"

庄子曰:"不然。是其始死也,我独何能无概然❷!察其始而本无生;非徒无生也,而本无形;非徒无形也,而本无气。杂乎芒芴❸之间,变而有气,气变而有形,形变而有生。今又变而之死,是相与为春秋冬夏四时行也。人且偃然寝于巨室,而我噭噭然随而哭之,自以为不通乎命,故止也。"

注释

❶ 方箕踞:叉开双腿坐着,其形如簸箕。
❷ 概然:慨然,慨叹哀伤。

❸ 芒芴：恍惚迷离，亦真亦幻，是从无到有转化的中间环节。

解读

庄子的妻子死了，惠子来吊丧，庄子正叉着腿坐在地上敲击瓦盆唱歌。惠子说："你和老伴儿过了一辈子，她为你养大了孩子，自己却老了，现在人家死了，你不哭也就罢了，却在这里敲着瓦盆唱歌，不是太过分了吗？"

庄子说："不是这样的呀。她刚死的时候，我能不悲伤吗？然而推究起来，她最初本来是未曾有生命的；不但是没有生命，而且本来也没有什么形质可寻；不但没有形质，而且本来怕是连精气也没有。她在那恍惚迷离的状态中，一变就有了气，气再变就有了形，形再变才有了生命。现在又由生而变成了死，这就像春夏秋冬四季运行一样。现在她人还安安稳稳地睡在天地之间，而我在旁边嗷嗷叫地哭个不停，自以为这是对天命不通达的表现，所以就不哭了。"

原文

支离叔与滑介叔观于冥伯之丘，昆仑之虚❶，黄帝之所休。俄而柳❷生其左肘，其意蹶蹶然恶之。支离叔曰："子恶之乎？"滑介叔曰："亡❸，予何恶！生者，假借也；假之而生生❹者，尘垢也。死生为昼夜。且吾与子观化而化及我，我又何恶焉！"

注释

❶ 昆仑之虚：虚，通"墟"，比喻遥远渺茫之处。
❷ 柳：通"瘤"。
❸ 亡：通"无"，表示否定。
❹ 生生：指人借物而生，而瘤子又借人体而生。

庄 子

解读

支离叔和滑介叔在冥伯之丘和昆仑之墟"观化",这都是黄帝曾经休息过的地方。突然,滑介叔的左肘上长出来一个瘤子,他表现出惊惧不安的样子,好像很厌恶这个瘤子。支离叔说:"你厌恶它吗?"

滑介叔说:"不,我为什么要厌恶它!人的身体不过是假借众物合成而已。假借而生之身体又生出瘤子,不过是尘垢罢了。死生好比是昼夜交替。况且,我和你来这里是要观察造化的运行,它化到了我的身上(正好认真地看一看),我又为什么会要厌恶它呀!"

原文

庄子之楚,见空髑髅[1],然有形。

撽[2]以马捶,因而问之,曰:"夫子贪生失理而为此乎?将子有亡国之事,斧钺之诛,而为此乎?将子有不善之行,愧遗父母妻子之丑而为此乎?将子有冻馁之患而为此乎?将子之春秋故及此乎?"

于是语卒,援髑髅,枕而卧。

夜半,髑髅见梦曰:"子之谈者似辩士,视子所言,皆生人之累,死则无此矣。子欲闻死之说乎?"

庄子曰:"然。"

髑髅曰:"死,无君于上,无臣于下,亦无四时之事,从然以天地为春秋,虽南面王乐,不能过也。"

庄子不信,曰:"吾使司命复生子形,为子骨肉肌肤,反[3]子父母、妻子、闾里、知识,子欲之乎?"

髑髅深矉蹙頞[4]曰:"吾安能弃南面王乐而复为人间之劳乎!"

注释

① 髑髅（dú lóu）：死人的头骨。

② 撽（qiào）：敲打。

③ 反：通"返"，归还。

④ 深（pín）矉蹙頞：頞，通"额"。矉，通"皱"，皱着眉头，愁眉苦脸的样子。

解读

庄子在去楚国的路上看到一颗人头骨，虽干枯却仍似生人形貌。

庄子用马鞭敲打着骷髅，盯着它问道："先生是由于贪图享乐，放纵情欲，做了违法乱纪的事情而导致了这样的结果吗？抑或是遭遇到了亡国的战事，被斧钺诛杀而成了现在这个样子呢？或者，你难道是做了坏事，怕给父母妻子留下耻辱而羞愧自杀以至于此的吗？还是你因为受到挨饿受冻的折磨而成了这样的呢？也许，是你年事已高寿终正寝，遇到什么变故才身首异处来到这里的吧！"

就这样说完了话，庄子拉过骷髅，枕着躺下睡了。

半夜时分，骷髅给庄子托梦，对他说："听您的言谈好像是位辩士，看你所说的事儿，也都是活人的负担，死人可没有这么多的事儿啊。您愿意听听死人的快乐吗？"

庄子说："可以。"

骷髅说："人一死，上面没有君主，下面没有臣属，也没有一年四季的操劳，随便自如地和天地同在，即使是南面为王的乐事，也比不过死人啊。"

庄子不相信，说："我让主管生死的神恢复你的形体，配上你的骨肉肌肤，归还你父母妻子，住在原来的村落房舍，恢复你生前的记忆，你愿意吗？"

骷髅深深皱起眉头，现出愁苦的样子说："我怎能舍弃南面为王的快乐而再去受人间的劳苦呢？"

庄　子

原文

颜渊东之齐，孔子有忧色。子贡下席❶而问曰："小子敢问，回东之齐，夫子有忧色，何邪？"

孔子曰："善哉汝问。昔者管子有言，丘甚善之，曰：'褚小者不可以怀大，绠❷短者不可以汲深。'夫若是者，以为命有所成而形有所适也，夫不可损益。吾恐回与齐侯言尧舜黄帝之道，而重以燧人神农之言。彼将内求于己而不得，不得则惑，人惑则死❸。且女独不闻邪？昔者海鸟止于鲁郊，鲁侯御而觞之❹于庙，奏《九韶》以为乐，具太牢以为膳。鸟乃眩视忧悲，不敢食一脔，不敢饮一杯，三日而死。此以己养养鸟也，非以鸟养养鸟也。夫以鸟养养鸟者，宜栖之深林，游之坛陆，浮之江湖，食之鳅鲦，随行列而止，委蛇而处。彼唯人言之恶闻，奚以夫讙讙为乎？《咸池》《九韶》之乐，张之洞庭之野，鸟闻之而飞，兽闻之而走，鱼闻之而下入，人卒闻之，相与还而观之。鱼处水而生，人处水而死。彼必相与异，其好恶故异也，故先圣不一其能，不同其事。名止于实，义设于适，是之谓条达而福持。"

注释

❶ 下席：又称避席。古人席地而坐，为了表示敬意，离座站立，称下席。

❷ 绠（gěng）：汲水时系吊桶的绳子，俗称井绳。

❸ 人惑则死：是说人若惶惑于心，忧思不解，则会悒郁而死。

❹ 觞：饮酒器具。指设酒宴招待。

解读

颜渊要向东去到齐国，孔子一脸的忧愁神态。子贡离开席位问道：

外 篇

"学生请问老师,颜回东去齐国,先生一脸的不高兴,这是为什么呀?"

孔子说:"你提的这个问题很好啊。从前管子有句话,我非常欣赏,他说:'小口袋不能包藏大物件,短井绳无法汲出深井水。'之所以这样说,因为命运各有所定,形物也各有它的特定用处,是不能增加和减少的,我怕颜回和齐侯讲尧舜、黄帝之道,又加上燧人、神农的主张,齐侯听了将会按那些道理要求自己,可心里又不能理解,不能理解就会产生惶惑,人心一惶惑就会更加忧思不已,结果就会悒郁而死。你难道没听说过吗?从前有一只海鸟飞落在鲁国都城的郊外,鲁侯用车把海鸟迎进太庙,用酒宴招待,宴会上演奏《九韶》音乐想让它高兴,设太牢之宴作为它的膳食。可是海鸟却头晕目眩忧愁悲苦,一块肉也不敢吃,一杯酒也不敢饮,三天就死了。这是用善待自己的方式去善待鸟,不是用适合于鸟的方式去养鸟。用适合于鸟的方式养鸟,应该让它栖息在深林之中,漫游在沙洲荒岛,浮沉于江湖水面,让它自己捕食泥鳅白鲦鱼,随着鸟群的行列而栖息,从容自如地生活。鸟最厌恶听到人的声音,为什么还要给它弄这么多喧闹嘈杂呀!《咸池》《九韶》这样的乐曲,如果你在广漠的旷野进行演奏,鸟听了会飞走,兽听了要逃跑,鱼听了会潜入水底,可我们听到它,就会呼朋引类地来围观。鱼在水里而得生,人在水里就要死。人和鱼类,那是有巨大差别的,所以它们的好恶也会各不相同。所以,上古的圣人不强求人们的能力一样,且会根据人的能力让他们各行其是。名称只限于和实际相符,义理的讲究也要适合于不同情况,这就叫条理通达而持守人们的福德。"

原文

列子行食于道从,见百岁髑髅,攓❶蓬而指之曰:"唯予与汝知而未尝死,未尝生也。若果养❷乎?予果欢乎?"种有几,得水则为继,得水土之际则为蛙之衣,生于陵屯❸则为陵舄❹,陵舄得郁栖则为乌

庄 子

足，乌足之根为蛴螬^⑤，其叶为胡蝶。胡蝶胥也化而为虫，生于灶下，其状若脱，其名为鸲掇^⑥。鸲掇千日为鸟，其名为乾余骨。

乾余骨之沫为斯弥，斯弥为食醯。颐辂生乎食醯，黄軦生乎九猷^⑦，瞀芮^⑧生乎腐蠸。羊奚比乎不笋，久竹生青宁。青宁生程，程生马，马生人，人又反入于机。万物皆出于机，皆入于机。

注释

① 擢（qiān）：通"搴"，拔取。
② 恙：读为"恙"，忧。
③ 陵屯：高爽之地。
④ 陵舄（xì）：车前草。
⑤ 蛴螬（qí cáo）：俗称地蚕，金龟子幼虫，生在粪壤中。
⑥ 鸲掇（qú duō）：虫名，其状柔嫩，像刚刚脱皮的样子。
⑦ 黄軦（kuàng）、九猷：均为虫名。
⑧ 瞀芮（mào ruì）：蠓虫之类。

解读

列子出行，在道旁进餐，见到一具百年骷髅，他拔去骷髅身边的蒿草指着它说："只有我和你知道你其实是既不曾死，也不曾生。你果真忧愁吗？我果真欢乐吗？"物种有精微的本质，有了水的滋养便会相继而生，在水土的交界处就成为覆盖水面的藻类浮萍，生于高爽之地为车前草，车前草栖息在粪壤上就成为乌足，乌足的根变成地蚕，叶变成蝴蝶。蝴蝶很快又变化成虫，生活在灶下，样子像蜕了皮似的，名叫鸲掇。

鸲掇过一千天变为鸟，它的名字叫乾余骨。乾余骨的唾沫变为斯弥虫，斯弥虫造出食醋。蠛蠓生在食醋中，黄軦虫从九猷虫生出，蠓虫生于黄甲虫，竹蓐与不生笋的老竹并联一起，老竹生出竹根虫，竹根虫生赤虫，赤虫生马，马生人，人又复归于无机物。动物都从有机物生出，又都返回无机物。

外 篇

达 生

原文

达生❶之情者，不务生之所无以为；达命之情者，不务知之所无奈何。养形必先之以物，物有余而形不养者有之矣；有生必先无离形，形不离而生亡者有之矣。生之来不能却，其去不能止。悲夫！世之人以为养形足以存生，而养形果不足以存生，则世奚足为哉！虽不足为而不可不为者，其为不免矣！

夫欲免❷为形者，莫如弃世。弃世则无累，无累则正平，正平则与彼更生，更生则几矣。事奚足弃而生奚足遗？弃事则形不劳，遗生则精不亏。夫形全精复，与天为一。天地者，万物之父母也，合则成体，散则成始。形精不亏，是谓能移。精而又精，反以相天。

注释

❶ 生：一指生命，二指自性，三指政治生活乃至世俗生活。
❷ 免：当解作"勉"，勉强，凑合。

解读

通达生命本质和生活意义的人，不努力去做无法做到的事；通达命运本体和生命有限的人，不努力去追求智力所不能达到的领域。保养形体必须先给它一定的物质生活资料，然而物质生活资料有余而形体未能得以保养好的人也还是有的；保存精神生命的健康必须先让它不和形体分离，然

庄　子

而形体还活着而精神生命已备受伤害的人也是有的。生命之来不能推却，离去也不能阻止。多么可悲呀！世上的人以为保养形体就足以保存精神生命，然而保养形体确实不足以保存精神生命，所以世俗生活中许多人的养形存生方法确实不可取啊！虽然不可取却又不得不生活下去，因为，你要活着就必须有一定的维系生活的物质生活资料，这不得不有所追求！

要想吃饱穿暖，凑合生活下去这一类养护形体的事，并不必要费太大的劲，要想做这样的人，最好的办法就是抛弃政治乃至世俗生活。放弃了它也就不再有什么牵累，没有牵累就容易公平正直而且心气平和，正直且心气平和就能和自然之造化一起推移更新，与造化推移更新也就接近大道了！世事为何必须舍弃？人生为何必须遗忘？舍弃了世事形体就会不劳累，遗忘了人生精神就会不受损。形体健全，精神饱满，就能与天道结合成为一体。天地像是万物的父母。天地的阴阳相结合就生成了万物的形体，形体一消散，事物也就重新开始了。一个人如果能够做到形体与精神不亏损，他就能与造化推移。如果你在精神上追求精益求精，完美之上追求更加完美，你就可以帮助上天来滋养万物了。

原文

子列子问关尹曰："至人潜行不窒，蹈火不热，行乎万物之上而不慄，请问何以至于此？"

关尹曰："是纯气之守也，非知巧果敢之列。居❶，予语女。凡有貌象声色者，皆物也，物与物何以相远？夫奚足以至乎先❷？是色而已。则物之造乎不形而止乎无所化❸，夫得是而穷之者，物焉得而止焉？彼将处乎不淫之度，而藏乎无端之纪，游乎万物之所终始。壹其性，养其气，合其德，以通乎物之所造。未若是者，其天守全，其神无郤，物奚自入焉！夫醉者之坠车，虽疾不死。骨节与人同而犯害与人异，其神全也。乘亦不知也，坠亦不知也，死生惊惧不入乎其胸中，是故物而不慴。彼得全于酒而犹若是，而况得全于天乎！圣人藏于天，故莫之能伤也。"

注释

① 居：坐下。
② 至乎先：在他物之先、之上。
③ 无所化：虚静无为之道体。

解读

列子问关尹："道德高尚的人在水下潜行而不窒息，踩在火上也不觉得热，在任何的高处行走也不恐惧。他们为什么能有这样的本领呢？"

关尹说："这是因为他持守着纯和之气的结果，不属于智巧果敢的范围。坐下吧，我讲给你听！凡是有形象声音色彩的东西，都属于物质的范畴。可为什么物和物之间能有这么大的差别呢？既然都属于物质的范畴，哪个物又有资格处先居上呢？因为它们无非都是些有形状有色彩的事物而已。所有有形色的物质都是由无形的大道创生出来的，然后又复归于虚静无为的道体。得到了这个万物生化道理而又能穷尽它的人，世俗哪里能够限定得了他呢？他总是处在无过无不及的位置上，而又暗合于循环无穷推陈出新的大道，逍遥在万物的无穷循环之中。如果你能够专心致志地持守自己的自然本性，存养自己的精神生命，让自己的德行和天道完全相合且与创生万物的自然大道相融通。如果你能够做到了这一点，你所持守的自然之大道就会完备而不缺欠，你的精神生活也就没有外物伤害的空间，这样，外在事物又能从哪里侵入你的心灵，使你的精神受到伤害呢！喝醉酒的人从车上摔下来，虽然摔得很猛一般也不会摔死。因为喝醉酒之后你的骨节虽然和别人的相同而自我防卫能力却和一般的人不一样，所以受到的伤害也就和别人不一样，因为精神生命在这样的状态下是凝聚专一而完备的。他乘车的时候醉得不省人事,从车上掉下来的时候也是不省人事的,不省人事的人,生死之惊惧念头也就无法进入他的心中,所以在和外物碰撞时他才能够不惊不惧;而此时他本能的防卫能力也就比一般人高得多。靠酒醉就能使人的精神生活凝聚专一完备,更何况是平时已经修炼得和自然之道完全相融通的人呢!圣人与天道暗合,所以,外物也就不能使他受到伤害了。"

原文

复仇者不折镆干,虽有忮心者不怨飘瓦,是以天下平均。故无攻战之乱,无杀戮之刑者,由此道也。不开人之天,而开天之天。开天者德生,开人者贼生。不厌其天,不忽于人,民几乎以其真。仲尼适楚,出于林中,见痀偻者承蜩❶,犹掇之也。

仲尼曰:"子巧乎,有道邪?"

曰:"我有道也。五六月累丸二而不坠,则失者锱铢❷;累三而不坠,则失者十一;累五而不坠,犹掇之也,吾处身也,若厥株枸❸;吾执臂也,若槁木之枝。虽天地之大,万物之多,而唯蜩翼之知。吾不反不侧,不以万物易蜩之翼,何为而不得!"

孔子顾谓弟子曰:"用志不分,乃凝于神,其痀偻丈人之谓乎!"

注释

❶ 承蜩:捕蝉。
❷ 锱铢:古代很微小的重量单位,六铢为一锱,四锱为一两。
❸ 厥株枸:厥,通"橛"。枸,立木。立着的断树桩子。

外 篇

> **解读**

复仇的人并不会去折断曾经伤害过他的宝剑，即使常存忌恨之心的人也不会怨恨那无意中掉落而砸到他的瓦片，这样一来天下也就太平安宁。所以没有相互攻战的动乱，没有杀戮的刑罚，都是由于这无为无心之道。不去开启人的智巧，而去开启人的自性。开启人的自性就能培养好的德行，开启人的智巧就会产生贼害之心。不满足于对自性的修养而持之以恒，也不忽略人对天理的认识，这样的人就近于按本性行事了。孔子前往楚国，当他从林中走出来的时候，看见一位驼背老人在捕蝉，就像拾取一样熟练。

孔子说："老先生真是灵巧啊，您有什么绝招吗？"

老人回答说："我是有一些绝招。当技艺练到五六个月的时候，在竿头上放上两个小球丸，我可以持竿而不使球丸掉下来，这时再去捕蝉，能逃掉的蝉就很少了；如果练到能在竿头上放上三个球丸而让它们不掉下来，则逃掉的蝉也就只有十分之一了；如果能在竿头放上五个球丸而让它们不掉下来，捕蝉就像捡蝉一样容易了。我立定了身体，就像一根立着的

庄 子

断树桩；我控制着手臂，就像一根枯树枝。虽然天地广大，万物众多，我只想着蝉的翅膀。我的心志凝注专一，手臂不偏不抖，似乎谁用天地万物和我交换蝉翼我都不肯，凭什么我会得不到那个小小的蝉呢！"

孔子回过头对弟子们说："专心致志，精神凝聚，这道理说的不就是这位驼背老人吗？"

原文

颜渊问仲尼曰："吾尝济乎觞深之渊，津人❶操舟若神。吾问焉，曰：'操舟可学邪？'曰：'可。善游者数能。若乃夫没人❷，则未尝见舟而便操之也。'吾问焉而不吾告，敢问何谓也？"

仲尼曰："善游者数能，忘水也。若乃夫没人之未尝见舟而便操之也，彼视渊若陵，视舟之覆犹其车却也。覆却❸万方陈乎前而不得入其舍，恶往而不暇。

"以瓦注者巧，以钩注者惮，以黄金注者殙。其巧一也，而有所矜，则重外也。凡外重者内拙。"

注释

❶ 津人：在渡口上撑船之人。
❷ 若乃夫没人：若乃，至于。没人，精通水性的人。
❸ 覆：翻滚。却：倒退。

解读

颜渊问孔子说："我曾经渡过觞深之渊，船夫撑船的技艺高超得神妙莫测，我问及此事，说：'撑船的技艺可以学得到吗？'他回答说：'可以啊。善于游泳的人要训练很多的技能。至于像我这样精通水性的人，即便从来没有见过船，也能够撑得很好。'我问他这是为什么，他不肯告诉我，请问他这是什么意思呢？"

孔子说："善于游泳的人训练出多种多样的技能之后，他们就把水给忘了，忘了水就不会害怕水从而技能发挥得会更好。至于精通水性的人，他们即使从来没有见过船也能撑得很好，是因为他们在水里就像在陆地上一样，这样，他们就会把翻船看得像车退坡一样。船翻船退虽然变化多端，摆在他们面前，他们却可以毫不在意，泰然处之；这样，无论在什么情况之下都可以做到从容镇定，悠闲自如！

"你没看那些投赌的人吗？如果用瓦片做赌注，他的技巧十分高超；如果用带钩做赌注，他的心里就会发怵；而如果用黄金做赌注，他由于太在乎胜负了，所以会心绪烦乱，技巧变得稀里糊涂。他投注的技巧本来都是一样的，之所以赌注越贵重技巧就发挥得越糟糕，就是人们对贵重的赌注会身不由己地产生顾惜的心理。这样就是对身外之物过分看重。所以，凡是看重身外之物的人，他在心灵深处也就相对变得笨拙起来了。"

原文

田开之见周威公，威公曰："吾闻祝肾学生❶，吾子与祝肾游，亦何闻焉？"

田开之曰："开之操拔篲❷以侍门庭，亦何闻于夫子！"

威公曰："田子无让，寡人愿闻之。"

开之曰："闻之夫子曰：'善养生者，若牧羊然，视其后者而鞭之。'"

威公曰："何谓也？"

田开之曰："鲁有单豹者，岩居而水饮，不与民共利，行年七十而犹有婴儿之色，不幸遇饿虎，饿虎杀而食之。有张毅者，高门县薄，

庄　子

无不走也，行年四十而有内热之病以死。豹养其内而虎食其外，毅养其外而病攻其内，此二子者，皆不鞭其后者也。"

仲尼曰："无入而藏，无出而阳，柴立其中央❸。三者若得，其名必极。夫畏涂者，十杀一人，则父子兄弟相戒也，必盛卒徒而后敢出焉，不亦知乎！人之所取畏者，衽席之上，饮食之间，而不知为之戒者，过也！"

祝宗人玄端以临牢说彘曰："汝奚恶死？吾将三月豢汝，十日戒，三日齐，藉白茅，加汝肩尻乎雕俎之上，则汝为之乎？"为彘谋，曰不如食以糠糟而错之牢之中，自为谋，则苟生有轩冕之尊，死得于腞楯之上，聚偻之中则为之。为彘谋则去之，自为谋则取之，所异彘者何也！

注释

❶ 学生，学练养生之道。
❷ 操拔篲：做洒扫杂活的人。拔篲，扫帚。
❸ 柴立其中央：柴指枯木，比喻无心无欲之物。

解读

田开之见周威公，威公说："我听说祝肾学习养生之道，先生与祝肾交往，听到些什么秘诀吗？"

田开之说："开之在那里只是扫扫院子，看看门房罢了，哪能听到先生的高论呢？"

威公说："田先生不必谦让，寡人愿意听一听。"

开之说："听先生讲：'善于养生的人，就像放羊一样，哪只羊落在后面了，就抽它一鞭子。'"

威公问:"这是什么意思呢?"

田开之说:"鲁国有个人名叫单豹,他住在山洞里喝泉水,不与世人争利。七十多岁了脸色还像婴儿似的,不幸遇到饿虎,他就被吃掉了。还有个人名叫张毅,不管富贵人家还是贫寒人家,无不交往走动,四十岁时得了个内热病死了。单豹注重的是保养精神,被老虎吃掉了;张毅注重保养身体却因病攻心而死。这两个人,都是不懂得鞭策其不足的一面。"

孔子说:"不要过分深藏,也不要过分显露,像枯木一样立在道中央。这三点都能做到,声名必然高涨。有一条凶险的路,十个人经过这里就有一人被杀,父子兄弟相互警告,一定要聚集多人才敢从那里经过,这不是很明智嘛!人生的畏途有时并不是路上的强盗,而是在卧席之上和饮食之间的食色之欲中,不引以为戒就错了!"

掌管祭祀祝祷的人穿着黑色的礼服,来到猪圈旁对猪说:"你为什么厌恶死!我准备花三个月时间用精饲料喂你,为你作十日的戒、三日的斋,铺上白茅草,你的前肩和后臀会放在雕花精美的俎案上,你愿意享受这些尊贵吗?"如果真是为猪着想,不如把它放在猪圈里吃糟糠更好;为自己谋划则不然,如果活着有高官厚禄,死后能享有棺椁柩车陪葬品,就要去追求。为猪考虑要抛弃的东西,为自己考虑反而要取用,这样人和猪有何区别呢?

原文

桓公田于泽,管仲御,见鬼焉。公抚管仲之手曰:"仲父何见?"对曰:"臣无所见。"

公反,诶诒❶为病,数日不出,齐士有皇子告敖者曰:"公则自伤,鬼恶能伤公!夫忿滀❷之气,散而不反,则为不足;上而不下,则使人善怒;下而不上,则使人善忘;不上不下,中身当心,则为病。"

庄　子

桓公曰："然则有鬼乎？"

曰："有。沈有履③，灶有髻。户内之烦壤，雷霆处之；东北方之下者，倍阿鲑蠪跃之；西北方之下者，则泆阳处之。水有罔象，丘有峷，山有夔，野有彷徨，泽有委蛇。"

公曰："请问，委蛇之状何如？"

皇子曰："委蛇，其大如毂，其长如辕，紫衣而朱冠。其为物也恶，闻雷车之声则捧其首而立。见之者殆乎霸。"

桓公然而笑曰："此寡人之所见者也。"于是正衣冠与之坐，不终日，而不知病之去也。

注释

① 诶诒（xī yí）：因惊吓失魂而口出呓语，自言自笑。
② 忿滀（chù）：滀，为水停聚的样子，引申为蓄愤、郁结。
③ 沈有履：污水聚积之处有鬼名叫履。

解读

齐桓公在沼泽中打猎，管仲为他驾车，桓公看见了鬼，抓住管仲的手问："仲父，你看见什么没有？"管仲回答说："臣下没看见什么。"

桓公返回后，失魂落魄，得病发呓语，几天不出门。齐国有位贤士叫皇告敖的说："您是自己伤害自己，鬼哪能伤害您呢？愤怒之气郁结起来，如果聚而不散，就会变得血气不足；如果滞留在头上，人就容易发怒；如果滞留在下体，就会使人好遗忘；如果滞留中心的部位，就会使人得病。"

桓公说："那么有没有鬼呢？"

皇告敖说："有。污水聚积处有履鬼，灶有带髻的灶神，户内堆放灰尘垃圾处，住有雷霆鬼；住宅东北角墙下，有倍阿、鲑蠪鬼在那里跳跃；西北角墙下，则有泆阳鬼停留。水中的鬼叫罔象，土丘上的鬼叫峷，山中的鬼叫夔，旷野上的鬼叫彷徨，沼泽中的鬼叫委蛇。"

桓公说："委蛇是什么样子？"

皇告敖回答说："委蛇有车轮一般粗细，有车辕一般长短，身体是紫色头是红色。这种怪物形象丑陋，听到战车轰鸣就捧着头站在那里。见到这种怪物的人，就差不多可以做霸主了。"

桓公欢颜而笑说："这就是寡人所见到的鬼。"于是整理一下衣冠，坐起来和皇告敖说话，不到一天的工夫，病就好了。

原文

纪渻子为王养斗鸡。

十日而问："鸡可斗已乎？"曰："未也，方虚而恃气。"

十日又问，曰："未也，犹应向景❶。"

十日又问，曰："未也，犹疾视而盛气。"

十日又问，曰："几矣，鸡虽有鸣者，已无变矣，望之似木鸡矣，其德全矣。异鸡无敢应者，见者反走矣。"

孔子观于吕梁，县水三十仞，流沫四十里，鼋鼍鱼鳖之所不能游也。见一丈夫游之，以为有苦而欲死也，使弟子并流而拯之。数百步而出，被发行歌而游于塘下。

孔子从而问焉，曰："吾以子为鬼，察子则人也。请问，蹈水有道乎？"

曰："亡，吾无道。吾始乎故，长乎性，成乎命。与齐❷俱入，与汨偕出，从水之道而不为私焉。此吾所以蹈之也。"

孔子曰："何谓始乎故，长乎性，成乎命？"

庄 子

曰:"吾生于陵而安于陵,故也;长于水而安于水,性也;不知吾所以然而然,命也。"

梓庆削木为鐻[3],鐻成,见者惊犹鬼神。

鲁侯见而问焉,曰:"子何术以为焉?"

对曰:"臣工人,何术之有?虽然,有一焉。臣将为鐻,未尝敢以耗气也,必齐以静心[4]。齐三日,而不敢怀庆赏爵禄;齐五日,不敢怀非誉巧拙;齐七日,辄然忘吾有四枝形体也。当是时也,无公朝,其巧专而外骨消[5];然后入山林,观天性,形躯至矣,然后成见鐻,然后加手焉,不然则已。则以天合天,器之所以疑神者,其由是与!"

注释

[1] 应向景:应,反应。向,通"响",景,通"影"。发觉鸡的声音影子就有所反应。

[2] 齐:漩涡。齐,通"脐"。

[3] 鐻(jù):乐器架。

[4] 齐:通"斋",斋戒。静心:使心志安静专一。

[5] 外骨消:骨,通"滑",乱。外界之扰乱完全排除。

解读

纪渻子为齐王驯养斗鸡。

齐王十天后来问:"养练成了吗?"纪渻子回答说:"还没有,现在正是内心空虚而神态高傲,盛气凌人的样子。"

齐王十天后又来问,纪渻子回答说:"还没有,一听到鸡的声音,看到鸡的影子就有反应。"

齐王十天后又来问,纪渻子回答说:"还没有,现在还目光敏锐而充满怒气。"

齐王十天后再来问，纪渻子回答说："差不多了，虽有鸣叫挑战的鸡在跟前，它也没有什么反应，看上去像个木鸡了，精神已经安定专一，不动不惊了。别的鸡没有敢应战的，一见到它就都退走了。"

孔子在吕梁观光，见到瀑布从二十多丈高处泻下，水沫流至四十里外，<u>鱼鳖鼋鼍</u>也无法游过。看见一个男人在那里游泳，以为是投水自杀的人。就令弟子下去营救他。那个人在数百步以外才从水中浮出来上了岸，披散着头发，边走路边哼着歌在岸边闲游。

孔子问道："我以为你是鬼，仔细观察才知道是人。请问游泳有什么道术吗？"

男子回答说："没有，我没有什么道术。我开始于习惯，长大了变成习性，成年后就顺其自然。我与漩涡中心一同入水，又随漩涡浮出，顺从水性而不妄动。这就是我之所以能在那里面游泳的原因。"

孔子说："什么叫作开始于习惯，长大了成为习性，成年后顺其自然？"

男子回答说："我生在高地就安于高地生活，这就是开始于习惯；在水边长大，就安于水上生活而积久成性，这就是长大了成为习性；不知道我之所以那样做的原因就那样做了，这就是顺水之自然。"

梓庆雕刻木料做成鐻，见到的人都惊叹为鬼斧神工。

鲁侯见了之后对梓庆说："你用什么技艺做出来的呀？"

梓庆回答说："臣是一个工匠，哪有什么技艺！虽然如此，有一点可以讲一讲。我要做鐻时，精神不敢有一点分散，一定要斋戒使心志安静专一。斋戒三日，不敢有想要得到奖赏官爵俸禄的念头；斋戒五日，不敢顾忌别人对作品的是非赞誉，说自己巧还是说自己笨；斋戒七日，已经忘记了自己的四肢形体。这时，心中不再有朝廷君主，专心致志于制作技巧而将外界的扰乱全部排除。然后进入山林，观察木料的自然性能，精心选择自然形态完全合乎标准的，这时一个现成的鐻就会浮现在眼前，然后才动手去做。如果心中没数，那就先停下来。这就是要以自己的自然天性和木

庄 子

料的自然天性完全结合在一起,乐器架之所以有鬼斧神工之妙,大概就是这个原因吧!"

原文

东野稷以御见庄公,进退中绳,左右旋中规。庄公以为文[1]弗过也,使之钩百而反。

颜阖遇之,入见曰:"稷之马将败[2]。"公密而不应。

少焉,果败而反。公曰:"子何以知之?"

曰:"其马力竭矣,而犹求焉,故曰败。"

工倕旋而盖[3]规矩,指与物化而不以心稽。故其灵台[4]一而不桎。忘足,履之适也;忘要[5],带之适也;忘是非,心之适也;不内变,不外从,事会之适也。始乎适而未尝不适者,忘适之适也。

注释

[1] 文:疑为"父"字之误,前脱一"造"字。《太平御览》即引作"造父"。传说造父为古代最出名的善御者。

[2] 败:仆倒。

[3] 盖:胜过。

[4] 灵台:心。

[5] 要:通"腰"。

解读

东野稷以驾车的技术到鲁庄公前献艺,驾车进退像绳子般笔直,左右转弯像圆规画的一样圆,庄公以为怕是连造父的技艺也不能超过他,命他驾车兜一百圈再返回。

颜阖碰到东野稷正在表演，就进去见庄公说："东野稷的马就要仆倒了。"庄公默不作声。

一会儿，果然因马仆倒而回。庄公说："您怎么知道马要仆倒呢？"

颜阖回答说："他的马气力已经用尽了，还驱赶不停，所以说要仆倒。"

工倕旋物而胜过规矩，他的手指随物变化而不须存留于心，再作有意度量。因为他心志专一而没有滞碍。总也想不到自己的脚，说明鞋子合适；意识不到自己的腰，说明腰带合适；忘记了是非，心就无所不适；不有意思索，不专门迁就，做事就会自然而合适。人的本性是自洽而自我调适的，而能做到无不合适，就是忘记是否合适的合适。

原文

有孙休者，踵门❶而诧子扁庆子曰："休居乡不见谓不修，临难不见谓不勇。然而田原不遇岁，事君不遇世，宾❷于乡里，逐于州部，则胡罪乎天哉？休恶遇此命也？"扁子曰："子独不闻夫至人之自行邪？忘其肝胆，遗其耳目，芒然彷徨乎尘垢之外，逍遥乎无事之业，是谓为而不恃，长而不宰。今汝饰知❸以惊愚❹，修身以明污，昭昭乎若揭日月而行也。汝得全而形躯，具而九窍，无中道夭于聋盲跛蹇而比❺于人数亦幸矣，又何暇乎天之怨哉！子往矣！"

孙子出，扁子入。坐有间，仰天而叹。弟子问曰："先生何为叹乎？"扁子曰："向者休来，吾告之以至人之德，吾恐其惊而遂至于惑也。"弟子曰："不然。孙子之所言是邪，先生之所言非邪，非固不能惑是；孙子所言非邪。先生所言是邪，彼固惑而来矣，又奚罪焉！"

扁子曰："不然。昔者有鸟止于鲁郊，鲁君说之，为具太牢以飨

223

之，奏九韶以乐之。鸟乃始忧悲眩视，不敢饮食。此之谓以己养养鸟也。若夫以鸟养养鸟者，宜栖之深林，浮之江湖，食之以委蛇，则安平陆而已矣。今休，款启寡闻之民也，吾告以至人之德，譬之若载鼷以车马，乐鴳以钟鼓也，彼又恶能无惊乎哉！"

注释

① 踵门：古人相见，如亲自叩门求见就叫踵门。
② 宾：通"摈"。抛弃。
③ 知，通"智"。心智。
④ 惊愚：令愚顽的人有所惊觉醒悟。
⑤ 比：列为。

解读

有个名叫孙休的人，走到扁庆子门前告诉他说："我居住在乡里，没有人说我没有修养；遇到危难，没有人说我不勇敢。然而，我耕地却遇不到丰年，为国君做事却遇不到圣明的时代，被乡里人排斥，被州邑的官吏驱逐，我什么地方得罪了上天吗？我为什么会遇到此等命运呢？"

扁子说："你难道没有听说得道之人的自我修养吗？'道德高尚的人'能忘记自己的肝胆耳目，无知无识地放纵在世俗之外，自由自在地以无为事业，这便叫率性而为而并不自恃其能，长育万物而并不以主宰自居。如今你修饰智慧而惊吓俗愚，修养自身来显明别人的污秽，明亮的样子像高举日月而行于世。你能保全你的形体，具备九窍，没有在人生中途伤残于耳聋、目盲、跛腿而列于常人的行列，也就算幸运了，又怎么能有闲暇怨恨天呢？你走吧！"

孙休走出门去，扁子进入室内。坐了一会，仰天而叹。弟子问道："先生为什么叹息呢？"扁子说："刚才孙休来的时候，我把'道德高尚的人'的品德告诉他，我怕他感到震惊，以至于更加迷惑。"弟子说："不能这样说。孙休所说是对的吗？先生所说是错的吗？错误本来就不能使正确迷惑。孙休所说是错的吗？先生所说是对的吗？他本来就是有迷惑才来求教你，你又有什么过错呢？"

扁子说："不能这样说。从前，有一只鸟飞到鲁国京城的郊外，鲁国国君非常喜欢这只鸟，就设置'太牢'款待它，演奏《九韶》乐曲使它快乐。鸟只是眼花缭乱，忧愁悲伤，不敢饮食。这叫作以自己的生活方式来养鸟。假若用养鸟的方式养鸟，让鸟栖息在深林中，浮游在江湖里。喂食泥鳅，就像生活在陆地上而已。如今的孙休，是开窍甚小而孤陋寡闻的人。我告诉他道德高尚的人的品德，就像用马车载小老鼠，用钟鼓之声让鹦雀快乐那样，他又怎么能不惊惧呢？"

庄 子

山 木

原文

庄子行于山中，见大木枝叶盛茂，伐木者止其旁而不取也。问其故，曰："无所可用。"庄子曰："此木以不材得终其天年。"

夫子出于山，舍于故人之家。故人喜，命竖子❶杀雁而烹之。竖子请曰："其一能鸣，其一不能鸣，请奚杀？"主人曰："杀不能鸣者。"

明日，弟子问于庄子曰："昨日山中之木，以不材得终其天年；今主人之雁，以不材死。先生将何处？"

庄子笑曰："周将处乎材与不材之间。材与不材之间，似之而非也，故未免乎累。若夫乘道德而浮游则不然，无誉无訾❷，一龙一蛇，与时俱化，而无肯专为。一上一下，以和为量，浮游乎万物之祖。物物而不物于物，则胡可得而累邪！此神农、黄帝之法则也。若夫万物之情，人伦之传，则不然。合则离，成则毁，廉则挫，尊则议，有为则亏，贤则谋，不肖则欺，胡可得而必乎哉！悲夫！弟子志之，其唯道德之乡乎！"

注释

❶ 竖子：童仆。
❷ 訾（zǐ）：毁谤非议。

外 篇

解读

庄子在山中行走,见到一棵大树,枝繁叶茂。伐木的人却停在旁边不予砍伐。问他为什么,伐木工回答说:"它没有地方可用。"庄子说:"这棵树是因为不成材才得以终其天年的呀。"

庄子从山中走出来,寄宿在友人家中。友人很高兴,就命童仆杀只鹅来招待他。童仆请示说:"我们有两只鹅,一只能鸣叫,另一只不能鸣叫,请问杀哪一只?"主人说:"杀那只不会鸣叫的。"

第二天,弟子向庄子问道:"昨天在山中,那棵树因为不成材得以终其天年,现在主人家的鹅,却因不成材而被杀。先生将选择怎样的立身处世之道呢?"

庄子笑着说:"我将处在成材与不成材之间。成材与不成材好像和大道相似,实际上没有关系。所以,不管是成材还是不成材都不能彻底免于累害。至于顺乎自然之道而作茫然无心之漫游的人生,就不是这样,既没有赞誉也无人毁谤,或如龙之显现,或如蛇之潜藏,随时变化,而不肯专注一端。时上时下,以与天地万物和谐为准则,精神上茫然无心漫游于虚无之中。按照物的本性去利用万物而不要被外物所役使支配,这哪里还会受牵累呢!这就是神农、黄帝遵循的法则。至于万物的本质,人世间的伦理传统就不是这样。聚合转化成分离,成功转化为毁灭,刚直的人容易受到伤害,尊贵的人则容易遭到非议,有所作为就会有亏损,贤能的会被人算计,不贤能的人会受到欺辱。怎么可能一定不受累害呢?可悲呀!弟子们要记住,只有用超越的精神才能回到原初的道德啊。"

原文

市南宜僚见鲁侯,鲁侯有忧色。市南子曰:"君有忧色,何也?"

鲁侯曰:"吾学先王之道,修先君之业;吾敬鬼尊贤,亲而行之，无须臾居；然不免于患，吾是以忧。"

市南子曰："君之除患之术浅矣！夫丰狐文豹，栖于山林，伏于岩穴，静也；夜行昼居，戒也；虽饥渴隐约❶，犹且胥疏于江湖之上而求食焉，定也。然且不免于罔罗机辟❷之患，是何罪之有哉？其皮为之灾也。今鲁国独❸非君之皮邪？吾愿君刳形去皮，洒心去欲，而游于无人之野。南越有邑焉，名为建德之国。其民愚而朴，少私而寡欲；知作而不知藏，与而不求其报；不知义之所适，不知礼之所将。猖狂妄行，乃蹈乎大方；其生可乐，其死可葬。吾愿君去国捐俗，与道相辅而行。"

君曰："彼其道远而险，又有江山，我无舟车，奈何？"市南子曰："君无形倨，无留居，以为君车。"君曰："彼其道幽远而无人，吾谁与为邻？吾无粮，我无食，安得而至焉？"

市南子曰："少君之费，寡君之欲，虽无粮而乃足。君其涉于江而浮于海，望之而不见其涯，愈往而不知其所穷。送君者皆自崖而反，君自此远矣！故有人者累，见有于人者忧。故尧非有人，非见有于人也。吾愿去君之累，除君之忧，而独与道游于大莫之国，方舟而济于河，有虚船来触舟，虽有惼心之人不怒。有一人在其上，则呼张歙之；一呼而不闻，再呼而不闻，于是三呼邪，则必以恶声随之。向也不怒而今也怒，向也虚而今也实。人能虚己以游世，其孰能害之！"

> **注释**
>
> ❶ 隐约：因隐蔽而受拘束。
> ❷ 机辟：捕野兽的机关。
> ❸ 独：难道。

解读

　　市南宜僚前往拜见鲁侯，看到鲁侯面有忧色。市南先生说："国君面有忧色，这是为什么呢？"鲁侯说："我学习先王的治世之道，继承了前辈们的事业；我敬鬼神而尊贤能，身体力行，未曾片刻怠慢，竟然还不能让鲁国免于祸患，我因此而忧愁。"

　　市南先生说："国君你解除忧患的方法太过肤浅了呀！皮毛丰厚的狐狸和花纹美丽的豹子，它们栖息于深林之中，隐伏在岩洞之内，是多么安静啊。夜里出来白天隐居，是多么戒备；虽然受饥忍渴却仍然要隐蔽起来而自我约束，瞻前顾后小心翼翼地远离江湖在山林里面觅食，又是多么审慎啊。然而，还是不能避免陷进猎人的罗网机关之中，难道它们有什么罪过吗？不是，是它们的珍贵皮毛给自己带来的灾祸啊。现在整个鲁国难道不都是你美丽的皮毛吗？我希望国君能够净化心灵，放弃你身上那招惹人的美丽皮毛，清洗心灵去除物欲，用超越的心灵漫游在广漠无人的境界。南越有个城邑，名叫建德之国。那里的人民愚昧而质朴，私心少，情欲淡；只知道劳作而不知道私家敛藏，帮助别人而不求报答；不懂得道义将往哪里用，也不知道礼仪如何举行。他们随心所欲，从来不约束自己的行为，却能和大道相一致。他们活得适性快乐，死后安然归葬。我希望国君能够放弃鲁国的权位，抛开世俗的观念，和大道相辅相成，并行不悖。"

　　鲁侯说："去那个地方路途遥远，不知有多少艰难险阻，又有江山相阻隔，我既没有船也没有车，怎么办呢？"市南先生说："如果国君能不凭借着自己的地位傲视于人，不留恋自己舒适的生活条件，这就是国君通往大道的车船。"

　　鲁侯说："那个地方道路幽暗遥远而又渺无人烟，谁和我相伴呢？我既没有干粮，也没有食品供给，怎么能到达那里呢？"

　　市南先生说："减少您的费用，节制您的欲望，虽然没有粮食也足够了。您将渡过江河，浮游大海，一眼望去不见边际，越往前走而越不知

庄　子

道它的尽头。护送您的人也都从岸边返回了，您从此将远离尘世生活而进入无限广阔的精神世界！所以把人民国家视为己有的人，人民国家也必然成为他的牵累；以治理好人民国家为己任的人，也必然被人民和国家所役使。所以尧才不把天下看作私有之物，任人自行管理而不加干预，推行自治的理念。我愿意去掉君之牵累，除去君之忧愁，而只是和大道一起漫游在广漠空虚的境界。坐着舫舟渡河，如果有只空船来冲撞，虽然是个心地狭急的人也不会发怒。但如果有一个人站在船上，他就一定要大呼小叫地让对方把船撑开或者慢慢地靠过来。一次呼喊没听到，再次呼喊没听到，到第三次时，就一定会带上责骂的语气了。之所以原先不发怒是因为原先船是空的，没有让你发怒的对象，而现在船上有人，你的怒气当然也就有地方撒了。人能把自己变得空虚淡漠，在世上漫游，就像那条空船，谁还能加害于他呢！"

原文

　　北宫奢为卫灵公赋敛以为钟，为坛乎郭门之外，三月而成上下之县❶。王子庆忌见而问焉，曰："子何术之设？"

　　奢曰："一之间无敢设也。奢闻之：'既雕既琢，复归于朴❷。'侗❸乎其无识，傥乎其怠疑❹；萃乎芒乎，其送往而迎来；来者勿禁，往者勿止；从其强梁，随其曲傅，因其自穷，故朝夕赋敛而毫毛不挫，而况有大涂者乎？"

注释

❶ 县：同"悬"，悬挂钟的架子，分上下两层。
❷ 既雕既琢，复归于朴：经过雕琢之后，复归于自然的质朴。
❸ 侗（tóng）乎：幼稚无知的样子。

❹ 怠疑：不急于求取。

> **解读**

　　北宫奢承担了为卫灵公募集费用、铸造编钟的任务，他在城门外建成了一个铸钟台，三个月之间，分上下两排的一套编钟就铸成了。王子庆忌见到北宫奢时问及此事，说："你使用了什么办法，工作进展得如此顺利呀？"

　　北宫奢说："一心只想着怎么能尽快把编钟铸造好，不敢有别的私心杂念，哪敢乱想点子呢？我听说：'既雕刻又琢磨，还要复归于质朴。'我对人无知无识不辨善恶，淡漠无心而又呆模呆样的，人们聚集而来帮我，我茫然无所知，只是无心地送往迎来。来者不拒，往者不追。强横而不肯合作的听其自便，曲意附和的也随其自由，任人们自尽其力而不加勉强。所以，虽然我一天到晚地募集人力和物资，人民却没有丝毫损伤，何况还有慷慨大方的人呢？"

> **原文**

　　孔子围于陈蔡之间，七日不火食。大公任往吊之，曰："子几死乎？"
　　曰："然。"
　　"子恶死乎？"
　　曰："然。"
　　任曰："予尝言不死之道。东海有鸟焉，其名曰意怠。其为鸟也，翂翂翐翐❶，而似无能；引援而飞，迫胁❷而栖；进不敢为前，退不敢为后；食不敢先尝，必取其绪。是故其行列不斥，而外人卒不得害，是以免于患。直木先伐，甘井先竭。子其意者饰知以惊愚，修身以明污，昭昭乎如揭日月而行，故不免也。昔吾闻之大成之人曰：'自伐❸者无

庄 子

功，功成者堕❹，名成者亏。'孰能去功与名而还与众人！道流而不明居德行而不名处纯纯常常，乃比于狂；削迹捐势，不为功名。是故无责于人，人亦无责焉。至人不闻，子何喜哉？"

孔子曰："善哉！"

辞其交游，去其弟子，逃于大泽；衣裘褐，食杼栗；入兽不乱群，入鸟不乱行。鸟兽不恶，而况人乎！孔子问子桑雽曰："吾再逐于鲁，伐树于宋，削迹于卫，穷于商周，围于陈蔡之间。吾犯此数患，亲交益疏，徒友益散，何与？"

子桑雽曰："子独不闻假人之亡与？林回弃千金之璧，负赤子而趋。或曰：'为其布与？赤子之布寡矣；为其累与？赤子之累多矣。弃千金之璧，负赤子而趋，何也？'林回曰：'彼以利合，此以天属也。'夫以利合者，迫穷祸患害相弃也；以天属者，迫穷祸患害相收也。夫相收之与相弃亦远矣。且君子之交淡若水，小人之交甘若醴。君子淡以亲，小人甘以绝，彼无故以合者，则无故以离。"

孔子曰："敬闻命矣！"

徐行翔佯而归，绝学捐书，弟子无挹于前，其爱益加进。异日，桑雽又曰："舜之将死，乃命禹曰：'汝戒之哉，形莫若缘，情莫若率。缘则不离，率则不劳；不离不劳，则不求文以待形；不求文以待形，固不待物。'"

注释

❶ 翂（fēn）翂翐（zhì）翐：形容鸟飞得又低又慢。
❷ 迫胁：偎依在一起。
❸ 伐：夸耀。

❹ 堕：通"隳"，毁。

解读

孔子一行被围困在陈国与蔡国之间，七天没有生火做饭。大公任前往慰问说："先生快要饿死了吧？"

孔子说："是啊。"

大公任又问："您厌恶死吗？"

孔子说："是的。"

大公任说："我试着说说不死的道理。东海上有一种鸟，它的名字叫意怠。这种鸟飞得又低又慢，好像很无能的样子；它要别的鸟协助才能起飞，和众鸟偎依在一起栖息；前进时不敢在前，后退时不敢殿后；吃东西不敢先尝，一定要别的鸟吃剩下了才敢吃。因此，它在鸟群中也就不被排斥，人也不能加害于它，所以得以免于祸难。挺拔的树木先遭伐，甘美的水井先枯竭。您把心思用在礼仪上想唤醒愚昧，修养德行以显示别人的卑污，光明显赫像是在举着日月行走，所以也就难免遭受各种各样的艰难险阻。以前我听道行高的人说过：'自我夸耀的人没有功绩；大功告成即开始毁败，名声显赫就开始吃亏。'谁能舍弃功名而混迹于普通人之中啊！大道变化流行却不明白可见，德成于身却不可言说；纯一而恒常的人性，也就是率性无心；减少文饰而放弃对权势的追求，不为功名奋斗。这样，也就既无求于人，人亦无求于我。道行最高的人是不求闻名于世的，您又为什么有那么多追求呢？"

孔子说："说得好啊！"

于是孔子辞别朋友，离开弟子，逃往旷野之中，穿粗衣，吃野果，进入兽群兽不惊，接近鸟群鸟不怕。鸟兽都不厌恶他，何况是人呢！孔子问子桑雽说："我两次被鲁国驱逐，在宋国连个树荫都不让我乘，卫国拒绝我入境，在商周也受了不少穷困，在陈蔡之间时甚至被包围起来。我遭遇到这么多艰难险阻却从不放弃，亲朋好友却越来越疏远我，学生们也不断地离我而去,为什么呢?"

子桑雽说:"您难道没有听说假国人逃亡的故事吗?有一位名叫林回的人在逃亡时,他放弃了价值千金的玉璧,却背着个婴儿往前跑。有人说:'你说他是为了钱吧,一个小孩子也卖不了几个钱;你说他是怕玉璧沉重吧,一个孩子比玉璧重得多了。舍弃价值千金的玉璧,背着个婴儿逃难,这到底是为了什么呢?'林回说:'你的分析是以利益为基础的,而我这样做却是以天性为基础的。'以利益为基础而结合到一起的人,一遇到困穷灾祸就相互抛弃了;以天性为基础走到一起的人,遭遇到穷困灾祸却可以相互帮助和悦纳。相互宽容悦纳与相互遗弃之间是相距甚远的。况且,君子之交淡如水,小人之交甜若醴。君子淡泊而相亲,小人亲密易断交,无缘无故走到一起的人,也会无缘无故地分离。"

孔子说:"敬听您的教诲!"

他缓慢而自由地回去了,断绝有为的学说,抛弃圣贤的书籍,弟子也再无须对老师作揖鞠躬了,但他们对老师的敬爱之情却与日俱增。又有一天,子桑雽又说:"舜在要死时,对禹说:'你要当心!仪容举止莫如顺

其自然，情感方式莫如坦率直白。顺其自然就不会和事物太隔膜，坦率直白就不会因选择焦虑而劳心费神。外不离物、内不劳神，却不追求对仪容举止加以文饰。不追求对仪容举止的文饰，也就不需要外物来辅助才能生活了。'"

原文

庄子衣大布而补之，正緳❶系履而过魏王。魏王曰："何先生之惫邪？"

庄子曰："贫也，非惫也。士有道德不能行，惫也；衣弊履穿，贫也，非惫也。此所谓非遭时也。王独不见夫腾猿乎？其得楠梓豫章❷也，揽蔓其枝而王长其间，虽羿、蓬蒙不能眄睨❸也。及其得柘棘枳枸之间也，危行侧视，振动悼栗，此筋骨非有加急而不柔也，处势不便，未足以逞其能也。今处昏上乱相之间而欲无惫，奚可得邪？此比干之见剖心，征也夫！"

注释

❶ 正緳（xié）：整理扎束好腰带。緳，通"絜"，带子。
❷ 楠（nán）梓豫章：几种树名，这里指猿猴的生存环境好。
❸ 眄睨（mián nì）：斜视瞄准。

解读

庄子穿着带补丁的粗布衣裳，扎扎腰带，系系鞋子去见魏惠王。魏王说："先生为什么如此疲乏困顿？"

庄子说："这只是贫穷，并不是疲困。志士有道行而不得以推行，那才是疲困；至于衣服鞋子破烂，这是贫穷。这就是没有碰上好世道。大

庄 子

王难道没有见过那些善于腾跃的猿猴吗？它们在柟梓豫章之类的高大树林中，在树枝之间蹿来跳去，一副怡然自得的样子，就是羿和逢蒙也难以瞄准射中它们。等到它们走在柘棘枳枸之类带刺的灌木丛中时，行动谨慎而左顾右盼，心怀畏惧而震颤不已，这时，猿猴的筋骨肌肉不变，却为什么如此高度紧张而不再柔软灵活了呢？外在环境对它不利，所以也就不能施展本领了。现在到处是昏君和乱相，生活在他们中间，想要不疲困却又怎么可能呢？这已经是比干被剖心之前的征兆了啊！"

原文

孔子穷于陈蔡之间，七日不火食，左据槁木，右击槁枝，而歌猋氏之风。有其具而无其数，有其声而无宫角❶，木声与人声，犁然❷有当于人之心。颜回端拱还目而窥之。仲尼恐其广己而造大也，爱己而造哀也，曰："回，无受天损易，无受人益难。无始而非卒也，人与天一也。夫今之歌者其谁乎？"

回曰："敢问无受天损易。"

仲尼曰："饥渴寒暑，穷桎不行，天地之行也，运物之泄也，言与之偕逝之谓也。为人臣者，不敢去之。执臣之道犹若是，而况乎所以待天乎？"

"何谓无受人益难？"

仲尼曰："始用四达，爵禄并至而不穷。物之所利，乃非己也，吾命其在外者也。君子不为盗，贤人不为窃，吾若取之何哉？故曰，鸟莫知于鹢䴘❸。目之所不宜处，不给视，虽落其实，弃之而走；其畏人也，而袭诸人间，社稷存焉尔。"

"何谓无始而非卒？"

仲尼曰："化其万物而不知其禅之者，焉知其所终？焉知其所始？正而待之而已耳。"

"何谓人与天一邪？"

仲尼曰："有人，天也；有天，亦天也。人之不能有天，性也。圣人晏然体逝而终矣！"

注释

❶ 宫角：宫、商、角、徵、羽五声之代称。
❷ 犁然：释然，悠然。
❸ 鷾鸸（yì ér）：燕子。

解读

孔子一行被困在陈国和蔡国之间，七天没有生火做饭了。孔子向左靠在枯树上，右手用枯枝打拍子，唱着神农氏时代的歌谣。此时孔子的歌声，虽然有根枯树枝在敲打着节拍，却没有节奏；虽然还有力气唱出声音来，却已经走调了。尽管如此，敲打的声音和孔子歌唱的声音，却仍然悠然动听。颜回端正地拱手站着，斜眼悄悄地看着孔子。孔子担心颜回过分推崇自己而有所夸大，由于爱己过深而过分哀伤，就说："颜回呀，不让天损害自己很容易，不接受别人对自己的好处却相当困难。没有哪个起点不是终点，人和天是同一个整体。这样说来，今天唱歌的人到底是谁呢？"

颜回说："请问什么叫作不让天损害自己很容易？"

孔子说："饥渴寒暑的侵袭，穷困滞碍而不能通达，这是天地的运行，也是万物无穷变化的发动和变迁，这就是说，人要和天地万物的运动变化相和谐就是了。作为人臣，不敢违抗君命。一个人守为臣之道尚且不敢违抗君命，更何况是面对天地之大道，哪里有丝毫违抗的可能呢！不可违抗的损害怎么能算是损害呢？"

颜回又问："什么叫不接受别人对自己的好处相当困难呢？"

孔子说："你一旦被起用，就会四面通达，官爵俸禄并至且无穷无尽。这些利益是身外之物，我们的命运却又被它们所操纵。君子不会当强盗，贤人不会去做贼，我却不得不获取这些身外之物，又怎么能不难受呢？所以说，没有什么鸟比燕子更聪明了。捕鸟的人只要看它一眼，目光盯它一下，网罗中虽然有诱饵，它们仍然会弃之而飞；你说它害怕人，它却又进入人的房子里来筑巢。人也是要把巢筑在国家中来求生免害的呀！"

颜回又问："什么叫没有哪个起点不是终点？"

孔子说："万物生灭变化无穷而你却不知道它是如何禅替更代的，哪里能知道它的终点和起点？所以，人也就只有持守正道以待其变化而已了。"

颜回又问："什么叫人与天同一？"

孔子说："所有人事的变化，无不受天支配；所有的天道变化，也是天的变化。人不能支配天道，这是本性啊。所以，圣人会安然地体悟天道的生生不息而终其天年。"

原文 ●●●●

庄子游于雕陵之樊❶，睹一异鹊自南方来者，翼广七尺，目大运寸。感周之颡，而集于栗林。庄周曰："此何鸟哉！翼殷不逝，目大不睹。"蹇裳躩步❷，执弹而留之。睹一蝉方得美荫而忘其身，螳螂执翳❸而搏之，见得而忘其形。异鹊从而利之，见利而忘其真。庄周怵然曰："噫！物固相累，二类相召也！"捐弹而反走，虞人❹逐而谇之。

庄周反入，三月不庭❺。蔺且从而问之："夫子何为顷间甚不庭乎？"庄子曰："吾守形而忘身，观于浊水而迷于清渊。且吾闻诸夫子曰：'入其俗，从其俗。'今吾游于雕陵而忘吾身。异鹊感吾颡，游于栗林而忘真，栗林虞人以我为戮，吾所以不庭也。"

注释

① 樊：与"藩"通，藩篱之类。
② 蹇（qiān）裳躩（jué）步：蹇裳，提起裤角。躩步，蹑足而行。
③ 执翳（yì）：翳，遮蔽。用树叶遮蔽自身，以便偷袭猎物。
④ 虞人：看管陵园之人。
⑤ 不庭：不快，不开心。

解读

庄子在雕陵园里游玩，看见一只奇异的鹊鸟从南边飞来，翅膀长有七尺，眼睛直径有一寸。鹊鸟的翅膀打在了庄周的额头上，而后落在了栗树林中。庄周说："这是什么鸟啊！翅膀那么大而不飞去，眼睛那么大却看不见人。"便提起裤角悄悄地走过去，拿着弹弓伫立在不远处，准备伺机发弹击鸟。这时，庄周看到一只蝉正在浓密的树荫下怡然自得地享受着风凉，而忘记了自身的危险；它的身后正有一只螳螂，躲在树叶后面准备伺机偷袭蝉。螳螂也是看到了美食而忘记了自身的危险，没想到那只奇异的鹊鸟正在它的身后准备捕食它，也是一见利益就忘记了自己的真性情。庄周惊讶地说："哎哟！物类原来是相互牵累的呀，两类事物之间总是相互招引的呀。"庄周丢下弹弓返身就往回跑去。这时，看管陵园的人以为他是偷栗子的，在后面追赶着责骂他。

庄周返回家中，接连三天一脸不快。学生蔺且问道："先生近来为什么很不快乐呀？"庄周说："我静能守形，动却忘身，能看破世人追名逐利的危险，自己却不知躲避。而且我听先生说：'要入乡随俗，服从禁

庄　子

令。'那天我在雕陵园游玩时就忘了自身。有一只奇异的鹊鸟撞了我额头一下，我在栗树林中打弹弓玩时就忘记了自己的真性；看栗园的人以为我偷了他家的东西，追着责骂着辱我，所以我不开心呀。"

原文

阳子之宋，宿于逆旅❶。逆旅人有妾二人，其一人美，其一人恶，恶者贵而美者贱。阳子问其故，逆旅小子对曰："其美者自美，吾不知其美也；其恶者自恶；吾不知其恶也。"

阳子曰："弟子记之：行贤而去自贤❷之行，安往而不爱哉！"

注释

❶ 逆旅：旅店。
❷ 自贤：自以为贤。

解读

阳朱去宋国，寄宿在旅店里。旅店主人有两个小妾，其中一个漂亮，另一个丑陋，丑陋的受宠爱而漂亮的却受歧视。阳朱问这是什么缘故，店主回答说："那个漂亮的自以为很漂亮，我于是也就不知道她到底哪儿漂亮了；那个丑的常自以为丑，我反而不觉得她哪儿丑了。"

阳朱说："同学们记住，品行贤良而又能戒除自以为贤的心态，这样的人到哪里会不受爱戴呢？"

田子方

原文

田子方侍坐于魏文侯，数称谿工。

文侯曰："谿工，子之师邪？"

子方曰："非也，无择之里人也；称道数当❶，故无择称之。"

文侯曰："然则子无师邪？"

子方曰："有。"

曰："子之师谁邪？"

子方曰："东郭顺子。"

文侯曰："然则夫子何故未尝称之？"

子方曰："其为人也真，人貌而天虚❷，缘而葆真，清而容物。物无道，正容以悟之，使人之意❸也消，无择何足以称之！"

子方出，文侯傥然终日不言，召前立臣而语之曰："远矣，全德之君子，始吾以圣知之言仁义之行为至矣。吾闻子方之师，吾形解而不欲动，口钳而不欲言。吾所学者直土梗耳，夫魏真为我累耳！"

注释

❶ 称道数当：讲说大道。数当，常常恰当，合乎道理。
❷ 天虚：心像天一样空虚。
❸ 意：惑乱背道之心。

庄　子

解读

田子方陪坐在魏文侯旁边，多次称赞谿工。

文侯说："谿工是先生的老师吗？"

子方说："不是，只是我的同乡。讲说大道常常恰当在理，所以我称赞他。"

文侯说："那么先生没有老师吗？"

子方说："有。"

又问："先生的老师是谁？"

子方说："是东郭顺子。"

文侯说："可是，先生为什么从来没有称赞过呢？"

子方说："他为人真诚，具有人的体貌和天一样空虚的心，随顺物性而保持真性，心性高洁又能容人容物。人与事不合正道，他端正自己的仪态使人自悟其过而改之。我哪里配得上去称赞他呀！"

子方出去后，文侯若有所失，整天不言不语。招呼站在面前的侍臣并对他说："太深远玄妙了，真是一位德行完备的君子！起先我认为仁义的行为，圣智的言论是至高无上的。我听到子方老师的情况后，身体松散不愿动，口像被钳住一样不愿说话，对照我所学的东西，只是没有生命的土偶而已！魏国真成了我的累赘啊！"

原文

温伯雪子适齐[1]，舍于鲁。鲁人有请见之者，温伯雪子曰："不可。吾闻中国之君子，明乎礼义而陋于知人心，吾不欲见也。"至于齐，反舍于鲁，是人也又请见。温伯雪子曰："往也蕲[2]见我，今也又蕲见我，是必有以振我也。"

出而见客，入而叹。明日见客，又入而叹。其仆曰："每见之客也，必入而叹，何邪？"

曰："吾固告子矣，中国之民，明乎礼义而陋乎知人心。昔之见我者，进退一成规，一成矩，从容一若龙，一若虎，其谏我也似子，其道❸我也似父，是以叹也。"

仲尼见之而不言。子路曰："吾子欲见温伯雪子久矣，见之而不言，何邪？"

仲尼曰："若夫人者，目击而道存矣，亦不可以容声矣。"

注释

❶ 适齐：前往齐国。
❷ 蕲（qí）：通"祈"，请求。
❸ 道：通"导"，引导、指导。

解读

温伯雪子往齐国去的路上，寄宿在鲁国。鲁国有个人请求见他，温伯雪子说："不可以。我听说中原的君子，只知礼义而很少了解心性，我不想见他。"到齐国后，返回时又住宿在鲁国，那个人又请相见。温伯雪子说："往日请求见我，今天又请求见我，看来此人必定是有启示性的见解对我说。"

出去见过客人，回来就慨叹一番。第二天又见过客人，回来又是慨叹不已。他的仆从问道："你每次见了那位客人必定要慨叹半天，为什么呢？"

温伯雪子回答说："我本来已告诉过你，中原的人只知道礼仪而对人的心性不太了解。刚才见我的这个人，出入进退一一合乎礼仪法度，动作举止蕴含着不可抵御之气势。他对我直言规劝时就像儿子对待父亲般的恭顺，他对我指导时又会像父亲对儿子般的严厉，所以我才慨叹不已。"

庄 子

孔子见到温伯雪子，一句话也没说。子路问孔子："我们的先生想见温伯雪子已经很久了，见了却不说话，为什么呢？"

孔子说："像温伯雪子这样的人，两个人对视一眼也就明白大道之所在了，也就不再用语言说话了。"

原文

颜渊问于仲尼曰："夫子步亦步，夫子趋亦趋❶，夫子驰亦驰，夫子奔逸绝尘，而回瞠若乎后矣！"

夫子曰："回，何谓邪？"

曰："夫子步，亦步也；夫子言，亦言也；夫子趋，亦趋也；夫子辩，亦辩也；夫子驰，亦驰也；夫子言道，回亦言道也；及奔逸绝尘而回瞠若乎后者，夫子不言而信，不比而周❷，无器❸而民滔乎前，而不知所以然而已矣。"

仲尼曰："恶可不察与！夫哀莫大于心死，而人死亦次之。日出东方而入于西极，万物莫不比方；有目有趾者，待是而后成功，是出则存，是入则亡。万物亦然，有待也而死，有待也而生。吾一受其成形，而不化以待尽。效物而动，日夜无隙，而不知其所终；薰然其成形，知命不能规❹乎其前。丘以是日徂❺。"吾终身与汝交一臂而失之，可不哀与？女殆著乎？吾所以著也，彼已尽矣；而女求之以为有，是求马于唐肆也。吾服，女也甚忘；女服，吾也亦甚忘？虽然，女奚患焉！虽忘乎故吾，吾有不忘者存。"

注释

❶ 趋亦趋：你怎么样，我也跟着怎么样。

❷ 不比而周：即使不是亲友，你也能对人关怀考虑得十分周到。

③ 器：名位、权势利禄。

④ 规：窥，预知。

⑤ 日徂（cú）：徂，往，但似乎蕴含着沮丧。

解读

颜渊问孔子："先生慢走我也慢走，先生快走我也快走，先生跑我也跑，先生快速奔跑，脚掌好像离开地面向前跳跃一样，这时，我就只能瞪大眼睛在后面看，而不知道该怎么学了。"

孔子说："颜回，你说的是什么意思？"

颜回说："先生慢走我也慢走，是说先生怎样讲我也跟着怎样说；先生快走我也快走，是说先生辨析事理我也跟着辨析事理；先生跑我也跑，是说先生讲说大道我也跟着讲说大道。及至先生好像脚掌离开地面跳跃般地跑，我就只能瞪大眼睛在后面看着，不知道该怎么学了，是说先生不言说时也能让人们信服，不私意亲近也能获得亲附，没有地位名分而人们还是聚集在您的身边。我弄不清其中的原因了。"

孔子说："怎么能不明察呀！最悲哀的莫过于心灵的死亡，身体的死亡也还在其次。太阳从东方出来而入于西方，万物莫不顺从太阳的起落而动作；凡有眼有脚的，一定要等到太阳出来后才有所作为。太阳出来就工作，太阳落山就休息。万物也都如此，要随着造化而生死。我们作为人，一旦生下来秉承了天赋的形体，就不可能转化为他物了，而只能等待着穷尽天年，面对死亡而活着。随着外物而做反应性的运动，日夜操劳，不得空闲，而下场如何却不得而知。阴阳二气自动聚合，就成为我们人的形体，懂得命运的人也不能测度自己将来的命运。我只是天天在不得已与化俱往，随物应酬罢了。我这一辈子都和你在一起，你却还是不能够理解我，这就好像有个极好的机会我们却当面错过了，这不是悲哀吗？你怎么能只是着眼于我见诸语言表述的方面呢？我所说过的话，我其实也不尽理解，并不懂得它的深层含义，因为那深层的含义早已时过境迁而消失殆尽

庄 子

了；你还要着意追求那之所以如此说的原因，因为它是实在的存有，这就如同在空荡无人的市场上想要寻购一匹马一样，那是不可能的呀！你不要只看到我用语言表达出来的道理，由于不理解它深层的原因很快就全都忘记了；其实你用语言表达出来的意思，我不是也因为同样的道理而全都忘了吗？即使这样，你又何必忧患不已呢？虽然你忘记了过去的我，我现在不是还活在你面前吗？这其间不就有道的永存性吗？"

原文

孔子见老聃，老聃新沐，方将被发而干，慹然[1]似非人。孔子便[2]而待之，少焉见，曰："丘也眩与？其信然与？向者先生形体掘若槁木，似遗物离人而立于独也。"

老聃曰："吾游心于物之初。"

孔子曰："何谓邪？"

曰："心困焉而不能知，口辟[3]焉而不能言，尝为汝议乎其将。至阴肃肃[4]至阳赫赫；肃肃出乎天，赫赫发乎地；两者交通成和而物生焉，或为之纪而莫见其形。消息满虚，一晦一明，日改月化，日有所为而莫见其功。生有所乎萌，死有所乎归，始终相反乎无端而莫知其穷。非是也，且孰为之宗？"

孔子曰："请问游是？"

老聃曰："夫得是，至美至乐也；得至美而游乎至乐，谓之至人。"

孔子曰："愿闻其方？"

曰："草食之兽不疾易薮[5]，水生之虫不疾易水，行小变而不失其大常也，喜怒哀乐不入于胸次。夫天下也者，万物之所一也。得其所一而同焉，则四支百体将为尘垢，而死生终始将为昼夜而莫之能滑。而况得丧祸福之所介乎！弃隶者若弃泥塗，知身贵于隶也。贵在于我而不失于变。且万化而未始有极也，夫孰足以患心！已为道者解乎此。"

孔子曰："夫子德配天地，而犹假至言以修心，古之君子，孰能脱焉？"

老聃曰："不然。夫水之于汋也，无为而才自然矣；至人之于德也，不修而物不能离焉。若天之自高，地之自厚，日月之自明，夫何修焉！"

孔子出，以告颜回曰："丘之于道也，其犹醯鸡❻与！微夫子之发吾覆也，吾不知天地之大全也。"

注释

❶ 慹（zhé）然：慹，假借为"蛰"，蛰伏不动。木然不动，形体僵直的样子。
❷ 便：借为"屏"，屏蔽。
❸ 口辟：口开而不能合，大道是不可知不可言的。
❹ 至阴肃肃：至阴，阴之极致，代表地之精粹。
❺ 薮（sǒu）：水草丛生之沼泽地。
❻ 醯（xī）鸡：醋变质生出的小飞虫。用以比喻极端渺小。

解读

孔子去见老聃，老聃刚洗了头，正在披散着头发晾干，那木然的样子，简直不像是一个活着的人。孔子躲在一个地方耐心地等待着，过了一会儿，二人见了面，孔子说："是我眼花呢，还是真的呢？刚才先生的身体，挺立着一动不动的样子简直就像是一段干木头似的，那全神贯注的样子，真像是把天地万物和这世界上的一切都忘得一干二净，只剩下了您所思考的问题。"

老聃说:"我是神游在天地万物的起源问题上,进入了混沌虚无的境界。"

孔子说:"这是什么意思呢?"

老聃说:"心里对这个问题感到十分困惑不解,发现它不是人所能理解的问题,嘴张开想说点什么,却不知道从哪里说起。试着给你谈一下它的大略吧!地之极致为阴冷之气,天之极致是炎热之气,阴冷之气虽在地上却植根于天上,炎热之气虽在天上却植根于地上。两者相互交流贯通和合,这就生成了万物,或许有某种作为这一切的纲纪而存在着,但我们却看不到它的形体。消亡又生息,盈满又空虚,一暗一明,日变月化,每时每刻都有所作为,我们却不知道它是怎样起作用的。万物的出生应该有一个萌发的地方,万物死亡也应该有一个归宿,开始和终结是相反的,我们却不知道它的开端在哪里,也不知道它结束在什么地方。可是如果没有这样的事物存在,那么这个世界该由谁来作为它的主宰呢?"

孔子说:"请问,您神游大道的情形是什么样的呢?"

老聃说:"如果到了这样的境界,那真是无比的美妙和无比的快乐。在无比美妙的境界中享受最伟大的快乐,这就可以称为最崇高的人了。"

孔子说:"请问,怎么样才能达到最美妙最快乐的境界呢?"

老聃说:"食草的兽类,不担忧更换沼泽地;水生的虫类,不担忧变换水是在什么地方。因为那都是些小的变化而并没有失去基本的生活条件,所以,喜怒哀乐的心情就不会随着小的变化而在心中引起动荡。天下这块地方,是万物共同生息的场所。既然万事万物都有着共同的生存背景,那么我们的四肢百体早晚将成为一堆垃圾,由于生和死、终和始也将和昼夜交替一样地循环不已,谁也无法打乱这一循环性的自然秩序,我们也就不必要对它太介意。如果连生死都能不介意,又何况人生那一点得和失、祸和福之间的斤斤计较呢!所有隶属于自己的身外之物都和得失祸福连在一起,所以对于它们,完全可以像抛弃泥土一样弃之不顾,因为我们懂得我们的身体比那些隶属于此身的东西要更加珍贵些。如果懂得了我自身存在的珍

外 篇

贵，也就不会为一些小的变故而患得患失了。而且世界的千变万化是无穷无尽的，又何必心神不安呢？已经明白了大道的人是可以对这个问题释然于心的。"

孔子说："先生对天地万物已经有了如此高明的理解，还借助最准确的言说来提高自己的修养和心理素质。古来的君子，谁又能超过您呢？"

老聃说："不能这样说。水的清明澄澈，是在无所作为的情况下才会自然如此的；最高境界的人的德行，并不是修养出来的，因为万事万物不可能离开道。就像天自然就高，地自然就厚，日月自然就明亮一样，哪里需要像我这样来修养啊！"

孔子出来，把这些告诉了颜回，他说："我对于道的认识，就如同醋坛中的飞虫一样，太渺小了！如果没有先生启发我，揭开我蒙蔽在心头的糊涂念头，我就不会知道天地大全的道理！"

原文

庄子见鲁哀公，哀公曰："鲁多儒士，少为先生方者。"

庄子曰："鲁少儒。"

哀公曰："举鲁国而儒服，何谓少乎？"

庄子曰："周闻之，儒者冠圜冠❶者，知天时；履句屦者，知地形；缓❷佩玦者，事至而断。君子有其道者，未必为其服也；为其服者，未必知其道也。公固以为不然，何不号于国中曰：'无此道而为此服者，其罪死！'"

于是哀公号之五日，而鲁国无敢儒服者，独有一丈夫儒服而立乎公门。公即召而问以国事，千转万变而不穷。庄子曰："以鲁国而儒者一人耳，可谓多乎？"

百里奚爵禄不入于心，故饭牛❸而牛肥，使秦穆公忘其贱，与之政

249

庄 子

也。有虞氏死生不入于心，故足以动人。宋元君将画图，众史皆至，受揖而立，舐笔和墨，在外者半。有一史后至者，儃儃然❹不趋，受揖不立，因之舍。公使人视之，则解衣槃礴臝❺。君曰："可矣，是真画者也。"

注释

❶ 冠圜冠：前"冠"字为动词，意为戴。即戴圆帽。
❷ 缓：通"绥"，即用五彩丝编成的带子，用以系佩玦。
❸ 饭牛：养牛。
❹ 儃（tǎn）儃然：舒缓闲适的样子。
❺ 槃礴臝：槃礴，盘腿而坐。臝，裸，赤着上身。

解读

庄子拜见鲁哀公，哀公说："鲁国多儒学之士，很少有从事先生道术的人。"

庄子说："鲁国的儒士其实很少。"

哀公说："整个鲁国人都穿儒者服装，怎么说少呢？"

庄子说："我听说儒者中戴圆帽的通晓天时，穿方头鞋的懂得地理，佩戴玉玦的，遇事有能力做出决断。君子真有某种道术，未必穿戴那样的服饰；穿戴某种服饰的人，未必真有某种道术。您一定以为我说的不符合事实，何不在国内发出一个号令：'不懂那种道术而穿戴那种服饰的，要处以死罪！'"

于是哀公发布命令，五天以后鲁国没有敢穿儒服的人。唯独有一位男子，身穿儒服立在哀公门外。哀公即刻召见他，以国事相问，千变万化地提问题也难不住他。庄子说："以鲁国之大只有一个儒者，可以说多吗？"

百里奚不把官爵俸禄放在心上，所以养牛而牛肥，使秦穆公忘记了他出身低贱，而委之以国事。虞舜不把生死放在心上，所以能感动他人。

宋元君要画画，众位画师都来了，接待礼之后都站在那儿，又是润笔又是调墨地准备着，门外面还有一大半。有一位后到的画师，舒缓闲适不慌不忙地走着，接待礼之后他站也不站，让人领着往馆舍走去。元公派人去看他，见他脱掉上衣赤着上身盘腿而坐。元公说："可以了，这位就是真正的画师。"

原文

文王观于臧，见一丈人钓，而其钓莫钓；非持其钓，有钓者也，常钓也。文王欲举而授之政，而恐大臣父兄之弗安也；欲终而释之，而不忍百姓之无天也。于是旦而属之大夫曰："昔者寡人梦见良人，黑色而髯，乘驳马而偏朱蹄，号曰：'寓而政于臧丈人，庶几乎民有瘳❶乎！'"诸大夫蹴然曰："先君王也。"文王曰："然则卜之。"诸大夫曰："先君之命，王其无它，又何卜焉！"遂迎臧丈人而授之政。典

庄 子

法无更，偏令无出②。

三年，文王观于国，则列士坏植散群，长官者不成德，斔斛③不敢入于四竟。列士坏植散群，则尚同也；长官者不成德，则同务也；斔斛不敢入于四竟，则诸侯无二心也。

文王于是焉以为大师，北面而问曰："政可以及天下乎？"臧丈人昧然而不应，泛然而辞，朝令而夜遁，终身无闻。颜渊问于仲尼曰："文王其犹未邪？又何以梦为乎？"仲尼曰："默，汝无言，夫文王尽之也，而又何论刺焉！彼直以循斯须也。"

注释

① 瘳（chōu）：病愈。
② 偏令无出：偏，通"篇"。行无为而治，一篇政令也未发出。
③ 斔（yú）斛（hú）：斔，又作"庾"，量器单位，六斛四斗为庾。斛，十斗为一斛。

解读

周文王去臧地巡视，看见一位渔者，身在钓鱼，心却不在钓鱼上。他并非以持竿钓鱼为事，而是别有所钓，他经常就是这种以不钓为钓的钓法。文王想举用他，把国事交给他治理，又担心大臣和父兄辈族人不服气；想最后舍弃此人不用，又不忍心让百姓们得不到善人的庇荫。于是清晨集合大夫们说："昨天夜里我梦见一个好人，面色黝黑，两颊长满胡须，骑着杂色的马，马有一只蹄子是红色的，他命令我说：'把你的国事托付给那个臧地的老者，民众痛苦就可以解除了！'"诸位大夫惊讶地说："这是先君王季啊！"文王说："让我们占卜一下吧。"诸位大夫说："这是先君的命令，大王无可怀疑，何必占卜。"于是迎接臧地老者，把国事授给他。这个人执政以后，以往的典章法令没有更改，一篇新政令也不曾发出。

三年之后，文王巡视国内，见各种文臣武士结成的私党都解散了，官长们也不再为自己树碑立传，歌功颂德了；标准不一的量器也不敢进入国境之内。文臣武士们的私党解散，就上同于君主；官长不建立个人的功德，就能同以国事为务；标准不一的量器不入境，诸侯们也就没有二心了。

于是文王把臧丈人当作老师，北面而立请教说："这样的政事可以推行于天下吗？"臧丈人默不回答，告辞而去，早晨接受文王指令，晚上就逃走了，终身没有消息。颜渊问孔子："文王还不足以取信于人吗？何必要假托于梦呢？"孔子说："别作声！你不要说了，文王已经做得很完美了，你又何必议论讥刺他呢？他只是想在短时间内让众人很快顺应罢了。"

原文

列御寇为伯昏无人射，引之盈贯❶，措杯水其肘上，发之，适矢复沓❷，方矢复寓。当是时，犹象人也。

伯昏无人曰："是射之射❸，非不射之射也。尝与汝登高山，履危石，临百仞之渊，若能射乎？"于是无人遂登高山，履危石，临百仞之渊，背逡巡❹，足二分垂在外，揖御寇而进之。御寇伏地，汗流至踵。

伯昏无人曰："夫至人者，上窥青天，下潜黄泉，挥斥八极，神气不变。今汝怵然有恂目之志，尔于中也殆矣夫！"

注释

❶ 引之盈贯：引，拉。盈贯，弓拉满的状态。
❷ 适矢复沓：箭射出后，紧接着将第二支箭搭在了弦上。
❸ 射之射：有心于射的射法。
❹ 背逡巡：逡巡，却退。背对深渊往后退。

庄 子

解读

列御寇为伯昏无人表演射箭,把弓拉得满满的,把一杯水放在左肘上,射出一箭,又有一支扣在弦上,刚刚射出又一支搭在弦上,连续不停。那时,他就像木偶一般纹丝不动。

伯昏无人说:"这是有心于射的射法,不是无心于射的射法。试与你登上高山,踏着险石,对着百仞深渊,你能射吗?"于是伯昏无人登上高山,脚踏险石,背对着百仞深渊向后退,直到脚下有二分悬空在外,他站在那里请列御寇过来做射箭表演。列御寇吓得伏在地上,冷汗流到脚跟。

伯昏无人说:"作为道德高尚的人,上可探测青天,下可潜察黄泉,纵放自如于八极之外,而神情上仍然可以不动声色。现在你心中发慌,头晕目眩,精神上就已经垮了呀!"

原文

肩吾问于孙叔敖曰:"子三为令尹❶而不荣华,三去之而无忧色。吾始也疑子,今视子之鼻间栩栩然,子之用心独奈何?"

孙叔敖曰:"吾何以过人哉!吾以其来不可却也,其去不可止也。吾以为得失之非我也,而无忧色而已矣。我何以过人哉!且不知其在彼乎?其在我乎?其在彼邪?亡乎我;在我邪?亡乎彼。方将踌躇,方将四顾,何暇至乎人贵人贱哉?"

仲尼闻之曰:"古之真人,知者不得说,美人不得滥❷,盗人不得劫,伏戏黄帝不得友。死生亦大矣,而无变乎己,况爵禄乎!若然者,其神经乎大山而无介❸,入乎渊泉而不濡,处卑细而不惫,充满天地,既以与人己愈有。"

楚王与凡君坐,少焉,楚王左右曰"凡亡"者三。凡君曰:"凡之亡也,不足以丧吾存。夫凡之亡不足以丧吾存,则楚之存不足以存存。由是观之，则凡未始亡而楚未始存也。"

注释

❶ 令尹：楚国最高的军事行政长官。
❷ 不得滥：不能使之淫乱。
❸ 介：通"界"，界限，障碍。

解读

肩吾问孙叔敖说："您三次当令尹而无显达自得之意，三次被免职也没有忧戚不快之色。我开始时对此怀疑，现在见您呼吸匀畅，和颜悦色，您心里到底是怎么想的呢？"

孙叔敖说："我哪有什么过人之处啊！让我当令尹我无法推辞，不让我当我也挡不住。我认识到官位的得失并不是由我做主，这才不再忧戚不快。我哪有什么过人之处啊！而且我一直弄不清令尹是别人当好呢，还是我当好？如果是别人当令尹，那免职就是把不属于我的东西拿了去；如果该我当令尹，那么令尹的职位又能跑到哪里去？一旦当了令尹，我正在驻足沉思，只顾考虑各种各样的政事，哪有工夫顾及富贵贫贱呢？"

孔子听后说："古时的真人，智者不能说服他，美色不能淫乱他，强盗不能强制他，伏羲、黄帝这样的帝王也不能笼络亲近他。死生算得上是大事了，也不能使他有所改变，何况是官爵俸禄的得失呢！这样的人，他的精神状况即使大山也不能阻挡他，进入深渊也无法沾湿他，身处贫贱也不会感到疲困，他的精神充满大地之间，尽数地给予别人，自己反而会更加富有。"

楚王和凡国之君坐在一起说话，不一会儿，楚王左右的仆人多次来讲"凡国已经灭亡了"。凡国之君说："凡国灭亡，不足以使道丧失。既然凡国灭亡不足以使道丧失，而楚国的存在也就不足以让道存在。由道的高度来看，可以说是凡国并不曾灭亡而楚国也不曾存在的。"

庄 子

知北游

原文

知北游于玄水之上,登隐弅之丘,而适遭无为谓❶焉。知谓无为谓曰:"予欲有问乎若,何思何虑则知道?何处何服则安道?何从何道则得道?"三问而无为谓不答也。非不答,不知答❷也。

知不得问,反于白水之南,登狐阕之上,而睹狂屈焉。知以之言也问乎狂屈,狂屈曰:"唉!予知之,将语若。"中欲言而忘其所欲言。

知不得问,反于帝宫,见黄帝而问焉。黄帝曰:"无思无虑始知道,无处无服始安道,无从无道始得道。"

知问黄帝曰:"我与若知之,彼与彼不知也,其孰是邪?"

黄帝曰:"彼无为谓真是也,狂屈似之,我与汝终不近也。夫知者不言,言者不知,故圣人行不言之教。道不可致,德不可至。仁可为也,义可亏也,礼相伪也。故曰:'失道而后德,失德而后仁,失仁而后义,失义而后礼。'礼者,道之华而乱之首也。故曰:'为道者日损,损之又损之,以至于无为,无为而无不为也。'今已为物也,欲复归根,不亦难乎!其易也,其唯大人乎!生也死之徒,死也生之始,孰知其纪!人之生,气之聚也;聚则为生,散则为死。若死生为徒,吾又何患!故万物一也。是其所美者为神奇,其所恶者为臭腐。臭腐复化为神奇,神奇复化为臭腐。故曰:'通天下一气耳。'圣人故贵一。"

知谓黄帝曰:"吾问无为谓,无为谓不应我,非不我应,不知应我也；吾问狂屈，狂屈中欲告我而不我告，非不我告，中欲告而忘之也；今予问乎若，若知之，奚故不近？"

黄帝曰："彼其真是也，以其不知也；此其似之也，以其忘之也；予与若终不近也，以其知之也。"

狂屈闻之，以黄帝为知言。

天地有大美而不言，四时有明法而不议，万物有成理而不说。圣人者，原天地之美而达万物之理。是故至人无为，大圣不作，观于天地之谓也。

注释

① 无为谓：虚拟之得道者，与自然合一无为不言之人。
② 非不答，不知答：对所问不知回答，而并不是不回答。

解读

知向北到玄水边游玩，登上隐弅山丘，恰巧碰到了无为谓。知对无为谓说："我有个问题想问问你，怎样思索就能认识大道？如何行事就能持守大道？由何种途径用何种方法能获得大道？"问了三次，无为谓不回答。不是不回答，而是不知道要回答。

知的问题没有得到解答，就返回到白水的南面，登上狐阕山丘，在那里他看见了狂屈。知又拿那三个问题来问狂屈，狂屈说："噢！我知道，这就告诉你。"正要说却忘了要说的话。

知没有得到回答，又返回帝宫，见到黄帝又问及那三个问题。黄帝说："无思无虑才能认识大道，无定处不行事才能持守大道，不要任何途径和方法就能获得大道。"

知问黄帝："我和你都知道这些，无为谓和狂屈却不知道，我们双方谁对呢？"

黄帝说："那个无为谓完全对，狂屈接近于正确，我和你终究和道不相近。知道的人不谈论道，谈论道的人并不懂得道，所以，圣人推行放弃言说的教化。道是不能获取的，德是不能达到的。仁可以去做，义可以损弃，礼是相互欺骗的。所以说：'失去道而后才有德，失去德而后才有仁，失去仁而后才有义，失去义而后才有礼。'礼只是道华丽的外表，也正是祸乱的开端，所以说：'追求大道的人天天减损贪忘之念，减损了再减损，一直达到无为的境界，之后才能够做什么都合乎自然。'我们面对着一个有形的世界，要想在精神上返回虚无的本质，难道不是太难了吗？如果说还有谁容易做到，那就只有得道的道德高尚的人！从道的观点来看，生和死是同一类事物，从气一元论出发，死作为生的开始也就是从气开始，谁能够懂得这里面的大道理啊！人的生命只不过是气的一种聚合方式。气聚到一起就得到了生命，气一散开人就死了。如果生死是同类事物的不同表现形式，我们还有什么值得担心的呢！所以说，万物实际上是一体的。人们把自己认为美好的东西称为神奇，而把自己厌恶的东西称为臭腐。臭腐可以转化为神奇，神奇也可以转化为臭腐，世间的万事万物都处于不断的转化过程中啊。所以说：'贯通天下的只是一气罢了。'因而圣人重视这个'一'。"

知对黄帝说："我问无为谓，无为谓不回答我，不是不回答，而是不知道要回答；我问狂屈，狂屈曾经想告诉我却终究没有告诉我，其实他不是不想告诉我，而是话到嘴边又把要说的忘了；现在我问您，您知道这么多，为什么又说我们所说的都和大道不相近呢？"

黄帝说："无为谓是真正懂得大道的人，因为他的无知；狂屈接近于懂得大道，因为他忘记了自己所知的内容；我和你终究和道不相干，因为我们都认为知道那不可知的大道。"

狂屈听后，认为黄帝只能算是知言，还不能算是懂得大道。

天地有最大的美德，然而它却不说话；一年四季有明显而确定的规律性，然而它却从不议论；万物有它固定的道理，然而它却不加解释。圣人正是通过推究天地的美德而通达了万物生成的道理。所以，思想境界最高的人，只是模仿天象的自然无为，大圣人也从不要创造什么，之所以这样，是说他通过观察天地大道并且明白了这一切。

原文

合彼神明至精，与彼百化。物已死生方圆，莫知其根也；扁然❶而万物自古以固存。六合为巨，未离其内；秋毫为小，待之成体。

天下莫不沉浮，终身不故；阴阳四时运行，各得其序；惽然❷若亡而存，油然不形而神，万物畜而不知。此之谓本根，可以观于天矣。

注释

❶ 扁然：犹遍然，普遍，所有的。
❷ 惽然：黯然暗昧之状。

解读

综合起来看，那神明般的大道是极其精微神妙的，它参与了天地万物的无穷变化；有形的事物总是不断产生和消亡，不管它在形态上怎样变化，我们还是没有办法知道它的根本性质和最终原因；因为天地万物似乎是自古以来原本就如此普遍存在着。四方上下的六合三维空间虽然如此巨大，还是没有超出大道之外；秋毫虽小，仍然要靠道的作用才能形成自己的形体。

天下万事万物无不在升降往来地变化着，不会因固定不变而衰变；暑往寒来，四时运行，它们都有自己确定的自然秩序；大道虽然无形无象，看起来好像不存在，实际上却是根本性的存在，只不过它是通过时间性的自然有序的变化来表现自己的存在，它没有形状，因而显得神妙莫测，万事万物都因为它的畜养而存在，但却一概地不自知。我们把大道的这种存在性称为根本性的存在，人们可以通过观察天地万物运动变化来证明它的

庄 子

这种存在。

原文

啮缺问道乎被衣,被衣曰:"若正汝形,一汝视,天和将至;摄❶汝知,一汝度,神将来舍;德将为汝美,道将为汝居。汝瞳焉如新生之犊,而无求其故。"

言未卒,啮缺睡寐。被衣大说,行歌而去之,曰:"形若槁骸,心若死灰,真其实知,不以故自持。媒媒晦晦❷,无心而不可与谋,彼何人哉!"

注释

❶ 摄:收敛。
❷ 媒媒晦晦:媒,作"昧"。懵懂无知的样子。

解读

啮缺向被衣请教大道,被衣说:"你要端正你的形体,集中你的精神,这样,你很快就可以达到一种自然而然的和谐状态;收敛你的智能,整合你的信念,神明就会进入你的心灵;'德'将会自然表现你的美好,'道'也将居留在你的身上。你单纯无知而直瞪着眼睛的样子要像初生的小牛犊,这样坚持下去,不要去追问天地和万事万物的原因。"

被衣的话还没说完,啮缺就睡着了。被衣高兴得不得了,边走边唱离开了他,还说:"这小子已经修炼得形体如同枯骨,心灵如同死灰,确实获得了纯实的知识,不固守某种偏见且自以为了不起,稀里糊涂,没有思想,已经无法和他谋划什么了,他是个什么样的人啊!"

外 篇

> 原文

舜问乎丞曰:"道可得而有乎?"

曰:"汝身非汝有也,汝何得有夫道!"

舜曰:"吾身非吾有也,孰有之哉?"

曰:"是天地之委形❶也;生非汝有,是天地之委和也;性命非汝有,是天地之委顺❷也,子孙非汝有,是天地之委蜕也。故行不知所往,处不知所持,食不知所味。天地之强阳气也,又胡可得而有邪!"

> 注释

❶ 委形:委,寄托。寄托给你一个形体。
❷ 委顺:寄托给你顺任自然之性,于是乃有性命。

> 解读

舜问丞:"道可以获得并拥有吗?"

丞说:"你的身体都不属于你,你怎么能拥有道呢!"

舜说:"我的身体不属于我,那它属于谁呢?"

丞说:"你的身体是天地托付给你一个有形之物;你的生也并不是你所能做主的,而是天地寄托在你形体上的一团谐和之气;你的本性非你所有,是天地赋予你的自然属性;你的子孙也并不属于你,那是天地让你蜕变出来的又一个形体罢了。所以出发时不知道目的地,生活时也不知执持、倚仗什么,吃东西不管味道如何。这一切都受阴阳二气的强健运动所支配,你又怎么能获得和拥有大道呢!"

> 原文

孔子问于老聃曰:"今日晏闲,敢问至道。"

庄 子

老聃曰："汝齐戒，疏瀹①而心，澡雪而精神，掊击而知。夫道，窅然②难言哉！将为汝言其崖略③。夫昭昭生于冥冥，有伦生于无形，精神生于道，形本生于精，而万物以形相生。故九窍者胎生，八窍者卵生。其来无迹，其往无崖，无门无房，四达之皇皇也。邀于此者，四枝强，思虑恂达④耳目聪明；其用心不劳，其应物无方。天不得不高，地不得不广，日月不得不行，万物不得不昌，此其道与！且夫博之不必知，辩之不必慧，圣人以断之矣！若夫益之而不加益，损之而不加损者，圣人之所保也。渊渊乎其若海，魏魏乎其终则复始也，运量万物而不匮。则君子之道，彼其外与？万物皆往资焉而不匮，此其道与！中国有人焉，非阴非阳，处于天地之间，直且为人，将反于宗。自本观之，生者，喑醷物也。虽有寿夭，相去几何？须臾之说也，奚足以为尧桀之是非？果蓏⑤有理，人伦虽难，所以相齿。圣人遭之而不违，过之而不守。调而应之，德也；偶而应之，道也。帝之所兴，王之所起也。"人生天地之间，若白驹之过隙，忽然而已。注然勃然，莫不出焉；油然漻然，莫不入焉。已化而生，又化而死，生物哀之，人类悲之。解其天弢⑥，堕其天袠⑦，纷乎宛乎，魂魄将往，乃身从之，乃大归乎！不形之形，形之不形，是人之所同知也；非将至之所务也，此众人之所同论也。彼至则不论，论则不至。明见无值⑧，辩不若默；道不可闻，闻不若塞，此之谓大得。"

注释

① 疏瀹（yuè）：疏通，疏导。
② 窅（yǎo）然：深远莫测。
③ 崖略：概要，大致轮廓。
④ 恂（xún）达：通达。

⑤ 果蓏（luǒ）：瓜果之总称。
⑥ 弢：弓袋，引申为枷锁。
⑦ 袠：剑袋，引申为桎梏。
⑧ 值：相遇。

解读

孔子问老聃："今天悠闲无事，请问至道是什么？"

老聃说："你要先进行斋戒，疏通你的心灵，洗净你的精神，打破你的成见。道是深远莫测难以言说的呀！我为你说个大概吧。凡有形之物都产生在幽冥混沌之中，有界限的物体产生在无形的事物中，精气从道生出，形体从精气生出，万物各自按类以形相生。所以，九窍的动物都是胎生的，八窍的鸟类都是卵生的。大道来无形去无影，没有固定的信道和居处，却广大无际而四通八达。谁顺应了大道，就四肢强健，思虑通达，耳聪目明；这种人费心不疲劳，做事也不执滞成法而会与时变通。天得不到大道不会高，地得不到大道不会广，日月得不到大道就不能运行，万物得不到大道就不能昌盛，这就是你所问的大道呀！况且，博学的人不一定能认识到大道，善辩的人也不一定算得上有智能，所以圣人断弃博学和好辩。因为只有那不增不减的大道才是圣人所乐于信守的。大道深奥啊，它就像大海；大道巍峨啊，周而复始地不息运行，运用它计量万物不会感到不够用。所以，君子们所遵行的道，怎么能自外于这样的大道呢？万物都往大道那里索取，大道也不会匮乏，这就是道啊！中原之国有这样的人，既不偏于阴，也不偏于阳，他居住在天地之间，只能姑且把他称作人，但他早晚要返回他的本根去。从本始观察，所谓生，不过是气之聚集而已。虽有长寿和夭折，相差又有多少呢！只是片刻之间的一种说法，怎么能够以它来判断尧桀的是非呢？瓜果之类的都各有自己存在的根据，人间伦理关系虽然复杂，但只要按年龄排成伦序，还是可以形成社会生活秩序的。圣人碰到此类的事情并不逃避，可过去了也不留恋。能够调和顺应的事，便是德的

庄 子

范畴；偶然撞上的而又不得不应付的一切，都属于道的范畴。帝王兴起的道理也都在这里了。人生活在天地之间，如同白驹过隙一样短暂，忽然之间而已。生长啊兴起，无不由道而生发出来；变化啊消逝，也无不消亡于道体之中。已经变化生出的，又变化而死去，生命为其同类之死而悲哀，人类为其亲人之死而伤悲。解开自然的枷锁吧，毁坏天然的桎梏，纷纭婉转，魂魄将往，身体也随之消亡；死亡就是最大的复归呀！从没有形体到有形体，又从有形体变为没有形体，这是人所共知的常识；常识并不是求道之人所努力追求的，那是人人明白并共同议论的话题。那些达于道境的人并不爱议论，爱议论的人也就并没有达至于道境。用聪明智能去追求大道恰巧遇不上大道，要想体悟大道，善辩不如沉默。道是不能闻知的，所以闻听不如不听，懂得这些就叫'大得'。"

原文

东郭子问于庄子曰："所谓道，恶乎在？"

庄子曰："无所不在。"

东郭子曰："期而后可❶。"

庄子曰："在蝼蚁。"

曰："何其下邪？"

曰："在稊稗。"

曰："何其愈下邪？"

曰："在瓦甓❷。"

曰："何其愈甚邪？"

曰："在屎溺。"

东郭子不应。

庄子曰："夫子之问也，固不及质。正❸获之问于监市履狶也，每下愈况❹。汝唯莫必，无乎逃物。至道若是，大言亦然。周遍咸三者，异名同实，其指一也。尝相与游乎无何有之宫，同合而论，无所终穷乎！尝相与无为乎！澹而静乎！漠而清乎！调而闲乎！寥已吾志，无往焉而不知其所至。去而来而不知其所止，吾已往来焉而不知其所终。彷徨乎冯闳，大知入焉而不知其所穷。物物者与物无际，而物有际者，所谓物际者也。不际之际，际之不际者也。谓盈虚衰杀，彼为盈虚非盈虚，彼为衰杀非衰杀，彼为本末非本末，彼为积散非积散也。"

注释

❶ 期而后可：期，必。必指出具体所在方可。
❷ 甓（pì）：砖头。
❸ 正：管理市场的官。
❹ 每下愈况：愈是往猪腿下面踩，愈能比况出猪的肥瘦。

解读

东郭子问庄子："所谓道，在哪里呢？"

庄子说："无所不在。"

东郭子说："一定要指出具体的地方才行。"

庄子说："在蝼蛄蚂蚁之中。"

东郭子问说："为什么在这样卑下的地方？"

庄子回答说："在稊稗里面。"

东郭子问说："怎么更卑下了呢？"

庄子回答说："在砖头瓦片中。"

东郭子问说："怎么越说越不着边际了？"

庄子回答说："在屎尿中。"

东郭子再也不出声了。

庄子说："先生提问题的方法，本来就没有触及问题的实质。就好像

庄 子

那个名叫获的市场官正问他的助手'如何通过踩猪腿来检验猪的肥瘦'一样,我只能告诉你,越往下踩越能看得清楚。你不能要求我来证实道在哪个事物上,因为所有的物都在道中,都逃不出去。最高的道是这样,所有抽象的概念都是这样的。就好像'周''遍''咸'这三个词一样,名不同而实相同,它们所指称的事实都是一样的。我们可以想象着一起去游历一个什么都没有的地方,道是综合起来讲的,所以它没有穷尽!再想象着我们一起顺应自然而什么也不做,淡漠而宁静,寂寞而清虚!道可以调和你的心情而使你在心灵上得到安宁和闲适,我的心就常常处于虚无寂寥之中,本来就没有要去的目的地,所以总是无心而动,顺应自然,到了哪里算哪里。我们来来往往地忙着,并不知道哪里是止境,我们往而又来却并不能理解人生的归宿。我逍遥自在地生活在广漠空虚的道境中,即使是有大智能的人来到这里也弄不明白它的边际。道作为创生万物者,它和物之间是没有分界的,而物与物之间是有分界的,这就是物与物之间的界限。我用没有分界的道来看待有分界的物,就像你用对于有形之物的认识来要求我回答一个没有边界的道一样。人们常说的盈虚衰杀之类,都是就有形之物而言的,这种盈虚并不是道的盈虚,这种衰杀也不是道的衰杀,人们所说的本末也不是道的本末,人们所说的积散也并不是道的积散。"

原文

妸荷甘与神农同学于老龙吉。神农隐几阖户昼瞑,妸荷甘日中𡘜户❶而入,曰:"老龙死矣!"神农拥杖而起,嚗然❷放杖而笑,曰:"天知予僻陋慢訑,故弃予而死。已矣,夫子无所发予之狂言而死矣夫!"弇堈吊闻之,曰:"夫体道者,天下之君子所系焉。今于道,秋毫之端万分未得处一焉,而犹知藏其狂言而死,又况夫体道者乎!视之无形,听之无声,于人之论者,谓之冥冥。所以,论道而非道也。"

于是泰清问乎无穷曰:"子知道乎?"无穷曰:"吾不知。"又

外 篇

问乎无为，无为曰："吾知道。"曰："子之知道，亦有数乎？"曰："有。"曰："其数若何？"无为曰："吾知道之可以贵，可以贱，可以约，可以散，此吾所以知道之数也。"

泰清以之言也问乎无始曰："若是，则无穷之弗知与无为之知，孰是而孰非乎？"无始曰："不知深矣，知之浅矣，弗知内矣，知之外矣。"于是泰清中而叹曰："弗知乃知乎？知乃不知乎？孰知不知之知？"

无始曰："道不可闻，闻而非也；道不可见，见而非也；道不可言，言而非也。知形形之不形乎，道不当名。"无始曰："有问道而应之者，不知道也；虽问道者，亦未闻道。道无问，问无应。无问问之，是问穷③也；无应应之，是无内也。以无内待问穷，若是者，外不观乎宇宙，内不知乎大初。是以不过乎昆仑，不游乎太虚。"

注释

① 挈（zhā）户：推开门。
② 嚗（bó）然：突然放声大笑的样子。
③ 问穷：穷，空。问穷即空问，无问之问。

解读

妸荷甘与神农一起就学于老龙吉。神农大白天关上门靠着小几睡觉，中午时分，妸荷甘推门而入说："老龙死了！"神农抱着手杖站起来，突然间放下手杖大笑着说："先生知道我孤陋寡闻怠慢荒唐，所以扔下我就这么死了。完了，先生没有留下启发我的至言，就这么死去了！"

弇堈吊听后说："那些体悟大道的人，天下的君子都会去归附他。现在他老龙吉对于大道来说，连秋毫末端的万分之一都还没有得到，竟然懂得抱藏着自己的狂话而死，又何况那些真正体悟了大道的人呢！大道看起来无形，听起来无声，人们对它的种种议论，叫作暗昧不明。所以，能论述的道并不是真正的道啊。"

于是泰清问无穷："您懂得大道吗？"无穷说："我不懂。"又去问无为，无为说："我懂得大道。"泰清又问："您所懂的道，也有什么理由规律吗？"无为回答说："有啊。"泰清又问："它的理由规律是什么呢？"无为说："我懂得大道可以让人富贵，可以让人贫贱，可以让物收敛，可以让物播散，这就是我所认识的道的理由规律。"泰清把这话来问无始："如果这样的话，那么无穷说他不懂得大道和无为说他懂得大道，究竟谁是谁非呢？"无始说："说不懂的人是对道认识得深刻的人，说自己懂的人恰恰是对大道所知甚浅的人；说不懂得道的人是从内心深处来体悟大道，说自己懂得道的人只是了解了道的一点皮毛而已。"于是泰清仰天而叹："难道说不知的就是知吗？知的就是无知吗？谁能明白无知之知到底是什么意思呢？"

无始说："道是不可闻知的，能够闻知的都不是道；道是不可见的，能够看到的也都不是道；道是不可言说的，被言说出来的也都不是道。你应该明白，创生有形万物的东西不能是有形的呀，它一定是无形的！既然它是无形的，'道'这个名称本身就是不妥当的说法，因为人们无法为它起一个恰当的名字。"

无始接着说："凡是有人请教关于'道'的问题而被问者给出答案的，他就是不懂得道的人。不仅如此，即便那个问道的人，也是一个没有见识的人。因为道是不能问的，有人问也没人能拿出答案。提出不能回答的问题，本身就是一个假问题；本来不能回答的问题，任何回答都没有意义。以没有意义的答案去回答一个假问题，如果真的有这种情况发生了，提问和回答的双方，都是对外不能观察无限的宇宙，对内不能了解道的本体和开端的糊涂人。因此，这些人都是不能超越有形世界，不能逍遥于广漠虚无之境的人。"

原文

光曜问乎无有曰："夫子有乎？其无有乎？"无有弗应也。光曜

外 篇

不得问，而孰视其状貌，窅然①空然，终日视之而不见，听之而不闻，搏之而不得也。光曜曰："至矣，其孰能至此乎！予能有无矣，而未能无无也。及为无有矣，何从至此哉？"

大马②之捶钩者，年八十矣，而不失豪芒。大马曰："子巧与？有道与？"曰："臣有守也。臣之年二十而好捶钩，于物无视也，非钩无察也。是用之者，假不用者也，以长得其用。而况乎无不用者乎？物孰不资焉！"

注释

① 窅（yǎo）然：隐晦不明之状，亦为空寂之意。
② 大马：楚国官名，即大司马。

解读

光曜问无有："先生，你到底是有呢，还是没有呢？"无有没有回答。光曜没有得到回答，就仔细观察无有的状貌，他一副隐晦空寂的样子，整天看他也看不见，听他也听不到，想摸一摸他，却怎么也摸不着。光曜于是感叹："他真是达到极致了，谁能达到这样高的境界啊！像我，只说能达到了不能听也不能摸，却未能达到一无所有的境界啊。如果能超越了有和无的境界，怎么会是我现在这个样子呢？"

楚国有一位为大司马铸剑的人，已经八十岁了，造出的剑仍然锋利无比，光芒四射。大司马说："你是技艺高呢？还是有什么别的道行呢？"铸剑人回答："我是个有所持守的人。我二十岁就喜爱上铸剑了，从此对别的事物视而不见，不是和剑有关的事情看都不看一眼。我这种铸剑的技艺之所以有所用，完全得力于专注，因此能长期受到重用。我因用心于铸剑而不用心在别的地方就能如此有用，何况那些对所有的事物都无所用心的求道者呢？达于至道境界的人，好像是一无所用，实际上是万事万物都要借助于他呀！"

庄 子

原文

冉求问于仲尼曰:"未有天地可知邪?"

仲尼曰:"可。古犹今也。"

冉求失问[1]而退。明日复见,曰:"昔者吾问:'未有天地可知乎?'夫子曰:'可。古犹今也。'昔日吾昭然,今日吾昧然[2],敢问何谓也?"

仲尼曰:"昔之昭然也,神者先受之;今之昧然也,且又为不神者求邪!无古无今,无始无终。未有子孙而有子孙,可乎?"

冉求未对。仲尼曰:"已矣,未应矣!不以生生死,不以死死生。死生有待邪?皆有所一体。有先天地生者物邪?物物者非物,物出不得先物也,犹其有物也。犹其有物也,无已。圣人之爱人也,终无已者,亦乃取于是者也。"

注释

[1] 失问:失去问意,即心有所悟,不想再问。
[2] 昧然:糊涂。

解读

冉求问孔子:"没有天地以前的情形可以知道吗?"

孔子说:"可以。古代和现在是一样的。"

冉求觉得回答得文不对题,就不想再问而退了下去。第二天,冉求又来找孔子,说:"昨天我问的问题是:'没有天地以前的情形可以知道吗?'先生却回答说:'可以。古代和今天是一样的。'昨天我还明白,今天我又糊涂了。请问,这是为什么呢?"

孔子说:"昨天你明白,是用心神接受和领会了它;今天又糊涂,那是你又想通过外界的有形事物来寻求验证!没有古也没有今,没有开始也没有终结。如果说以前从来没有子孙，今天突然就有了子孙，这样通吗？"

冉求没有回答。孔子说："不再胡思乱想就对了，也不要再乱问了！不是因为有了新生者才产生了死亡，也不是因为有了死亡就会让死者死而复生。难道死亡和新生是相互依赖的吗？难道可能有什么先于天地就生成的事物吗？生成物的一定不是物自身，被创生的事物不可能先于生成它的事物，天地是最大之物，你还要在它之上找一个生成物，这就是你所提问题的所在。如果你不断地在生物者前面寻找新的生物者，那是永无止境的。圣人热爱人类，也是没有止境的，那也是从这个自然之理中受到的启发。只是爱就是了，不要问为什么。"

原文

颜渊问乎仲尼曰："回尝闻诸夫子曰：'无有所将❶，无有所迎。'回敢问其游。"

仲尼曰："古之人，外化而内不化，今之人，内化而外不化。与物化者，一不化❷者也。安化安不化，安与之相靡，必与之莫多。狶韦氏之囿，黄帝之圃，有虞氏之宫，汤武之室。君子之人，若儒墨者师，故以是非相赍❸也，而况今之人乎！圣人处物不伤物。不伤物者，物亦不能伤也。唯无所伤者，为能与人相将迎。山林与，皋壤与，使我欣欣然而乐与！乐未毕也，哀又继之。哀乐之来，吾不能御，其去弗能止。悲夫，世人直为物逆旅耳！夫知遇而不知所不遇，能能而不能所不能。无知无能者，固人之所不免也。夫务免乎人之所不免者，岂不亦悲哉？至言去言，至为去为。齐知之所知，则浅矣。"

注释

❶ 将：送。

庄 子

❷ 一不化：恒常保持淡漠无心。
❸ 相齑（jī）：相互攻击。

解读

颜渊问孔子："我曾经听老师说'不送不迎'。请问如何能使精神出入自如？"

孔子说："古人随物变化而内心安然不动，今人内心游移不定却又沉溺于身外之物而不能顺物应化。能随物应化的，一定是内心有信守而不见风使舵的人。这样的人，不管环境是否变化，都能安时而处顺，顺物应化而顺其自然，不加增益。狶韦氏的园林，黄帝的园囿，虞舜的宫殿，汤武的宫室，游玩居住的地方越来越狭小而道德也越来越低下。即使被称为君子的人，一旦他们以儒墨为师而陷入是非之中，也不得不相互攻击，何况现在的一般人呢！圣人与物相处而不伤害物。不伤害物的人，物也不能伤害他。只有无所伤害的人，才能与人相交往。山林啊，平原啊，都能使我欣然快乐！快乐还没有完，悲哀就又接着来了，悲哀与快乐的到来，我不能抗拒，它们要离我而去，我也不能阻止。多么可悲呀，世人只不过是为外物所带来的悲哀与欢乐所提供的旅馆罢了！他们只知自己所遭遇到的，却不知道从来不曾遭遇到的；人只能做到力所能及的事，却不能做力所不及的事。有所不知有所不能，本来就是人所不能避免的。有些人非要强求人所不能避免的不足，岂不可悲吗？大道之言不用言说，最好的作为是有所不为。想要让人们的认识都一致起来，那实在是浅陋无知的想法。"

杂　篇

　　杂篇，相对于全书来说是子民之意，描述了现实生活和各种观点看法。它包含了十一个篇目，内容大多数讨论如何为人处世及顺应现实，拒绝矫揉造作以及刻意营造。

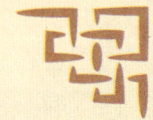

庄子

庚桑楚

原文

　　老聃之役有庚桑楚者，偏得老聃之道，以北居畏垒之山，其臣之画然❶知者去之，其妾之挈然仁者❷远之；拥肿之与居，鞅掌之为使。居三年，畏垒大壤❸。畏垒之民相与言曰："庚桑子之始来，吾洒然异之。今吾日计之而不足，岁计之而有余。庶几其圣人乎！子胡不相与尸而祝之，社而稷之乎？"

　　庚桑子闻之，南面而不释然。弟子异之，庚桑子曰："弟子何异于予？夫春气发而百草生，正得秋而万宝成。夫春与秋，岂无得而然哉？天道已行矣。吾闻至人，尸居环堵之室，而百姓猖狂不知所如往。今以畏垒之细民而窃窃焉欲俎豆❹予于贤人之间，我其杓❺之人邪？吾是以不释于老聃之言。"

　　弟子曰："不然。夫寻常❻之沟，巨鱼无所还其体，而鲵鳅为之制；步仞❼之丘陵，巨兽无所隐其躯，而孽狐为之祥。且夫尊贤授能，先善与利，自古尧、舜以然，而况畏垒之民乎！夫子亦听矣！"

　　庚桑子曰："小子来！夫函车之兽，介而离山，则不免于罔罟之患；吞舟之鱼，砀而失水，则蚁能苦之。故鸟兽不厌高，鱼鳖不厌深。夫全其形生之人，藏其身也，不厌深眇而已矣。且夫二子者，又何足以称扬哉！是其于辩也，将妄凿垣墙而殖蓬蒿也，简发而栉，数米而炊，窃窃乎又何足以济世哉！举贤则民相轧，任知则民相盗。之数物者，不足以厚民。民之于利甚勤，子有杀父，臣有杀君，正昼为盗，日中穴阫[8]。吾语女，大乱之本，必生于尧、舜之间，其末存乎千世之后。千世之后，其必有人与人相食者也。"

> 注释

① 画然：明察的样子。
② 挈（qiè）然仁者：自信做到仁的。
③ 壤：通"穰"，丰收。
④ 俎豆：奉祀。
⑤ 杓（dí）：榜样。
⑥ 寻常：八尺为寻，二寻为常。
⑦ 步仞：六尺为步，七尺或八尺为仞。
⑧ 穴阫（péi）：把墙挖穿。阫：墙。

> 解读

老子的门徒中有个名叫庚桑楚的，他部分地学到了老子的道，住在北边的畏垒山上。他的奴仆中凡精干聪明的被辞去不用，侍女中凡自信有仁义的被疏远；糊涂无知的被留用，鲁莽随便的供他役使。住了三年，畏垒一带大获丰收。畏垒的人民互相说："庚桑子刚来的时候，我们对他感到惊异。现在我们觉得他虽无近功，而有远利。他大概是圣人吧！我们何不祭祀崇拜他，为他建立社稷呢？"

庚桑子听说要奉他为君，心里很不高兴。弟子们感到很奇怪。庚桑子说："你们为什么对我感到奇怪？春气勃发而百草丛生，恰逢秋季而各种果实成熟。春和秋，难道无缘无故就能这样吗？这是天道运行的结果。我听说，道德修养高的人安居于陋室，而百姓忘乎所以不知该怎么办。现在畏垒的小人们斤斤计较要把我放进贤人之列来进行崇拜，我难道是榜样之人吗？我之所以不高兴，是因为想起了老子的教诲。"

庄　子

弟子说："不对。在小河沟里,大鱼无法转动身体,小鱼却能游来游去;在低矮的丘陵地带,形体巨大的野兽无处藏身,而狐狸却能自如出没。况且,尊贤授能,赏善施利,自古尧、舜就是如此,何况畏垒的百姓呢!先生就顺从他们吧!"

庚桑子说："小子过来!口能含车的巨兽,独自离开山林,就难逃网罗之祸;吞舟的巨鱼,因波流动荡而离开了水,就连蚂蚁也能整治它。所以鸟兽不厌高,鱼鳖不厌深。全形养生的人,隐形藏身,也是不厌深远罢了!尧、舜有什么值得颂扬的!他们对于善恶的分辨,犹如妄自凿破好垣墙种植蓬蒿以作为屏障一样。选择头发来梳,数米粒来煮,如此烦琐的行为又怎么能够救世呢!选举贤能人民就会相互倾轧,任用智者人民就会相互争盗。这几种措施,对人民是没有好处的。人民致力于谋利,就会出现子杀父,臣杀君,白日抢劫,正午挖墙等现象。我告诉你,大乱的根源就产生在尧、舜时代。其流弊遗存于千代之后。千代之后,必定会有人吃人的现象。"

原文

南荣趎蹴然正坐曰："若趎之年者已长矣,将恶乎托业以及此言邪?"庚桑子曰："全汝形,抱汝生,无使汝思虑营营。若此三年,则可以及此言矣。"

南荣趎曰："目之与形,吾不知其异也,而盲者不能自见;耳之与形,吾不知其异也,而聋者不能自闻;心之与形,吾不知其异也,而狂者不能自得。形之与形亦辟[1]矣,而物或间之邪,欲相求而不能相得?今谓趎曰:'全汝形,抱汝生,无使汝思虑营营。'趎勉闻道达耳矣。"

庚桑子曰："辞尽矣。奔蜂不能化藿蠋,越鸡不能伏鹄卵,鲁鸡固能矣。鸡之与鸡,其德非不同也,有能与能不者,其才固有巨小也。今吾小才,不足以化子。子胡不南见老子?"南荣趎赢粮,七日七夜至

杂 篇

老子之所。

老子曰："子自楚之所来乎？"南荣趎曰："唯。"老子曰："子何与人偕来之众也？"南荣趎惧然顾其后。老子曰："子不知吾所谓乎？"南荣趎俯而惭，仰而叹曰："今者吾忘吾答，因失吾问。"老子曰："何谓也？"

南荣趎曰："不知乎人谓我朱愚，知乎，反愁我躯；不仁则害人，仁则反愁我身；不义则伤彼，义则反愁我己。我安逃此而可？此三言者，趎之所患也，愿因楚而问之。"

老子曰："向吾见若眉睫之间，吾因以得汝矣，今汝又言而信之。若规规然❷若丧父母，揭竿而求诸海也。女亡人哉，惘惘乎！汝欲反汝情性而无由人，可怜哉！"南荣趎请入就舍，召其所好，去其所恶，十日自愁，复见老子。

老子曰："汝自洒濯，熟哉郁郁乎！然而其中津津乎犹有恶也。夫外韄❸者不可繁而捉，将内揵；内韄者不可缪而捉，将外揵。外内韄者，道德不能持，而况放❹道而行者乎！"

南荣趎曰："里人有病，里人问之，病者能言其病，病者犹未病也。若趎之闻大道，譬犹饮药以加病也。趎愿闻卫生之经而已矣"

老子曰："卫生之经，能抱一乎？能勿失乎？能无卜筮而知吉凶乎？能止乎？能已乎？能舍诸人而求诸己乎？能翛然❺乎？能侗然❻乎？能儿子乎？儿子终日嗥而嗌不嗄，和之至也；终日握而手不掜，共其德也；终日视而目不瞚❼，偏不在外也。行不知所之，居不知所为，与物委蛇而同其波。是卫生之经已。"

南荣趎曰："然则是至人之德已乎？"曰："非也。是乃所谓冰解冻释者，能乎？夫至人者，相与交食乎地而交乐乎天，不以人物利害

庄 子

相撄，不相与为怪，不相与为谋，不相与为事，翛然而往，侗然而来。是谓卫生之经已。"

曰："然则是至乎？"曰："未也。吾固告汝曰：'能儿子乎？'儿子动不知所为，行不知所之，身若槁木之枝而心若死灰矣。若是者，祸亦不至，福亦不来。祸福无有，恶有人灾也！"

注释

① 辟：通"譬"，比类，相似。
② 规规然：茫然自失的样子。
③ 鞲（hù）：束缚。
④ 放：通"仿"，仿效，学习。
⑤ 翛（xiāo）然：无所牵挂的样子。
⑥ 侗（dòng）然：胸怀开朗的样子。
⑦ 瞚（shùn）：通"瞬"，眼睛转动。

解读

南荣趎恭敬地端坐着说："像我这样大的年纪，怎样学习才能达到您所说的那种境界呢？"庚桑子说："保养好身体，保住天性，不要思虑重重。这样经过三年，就可以达到我所说的境界了。"

南荣趎说："眼睛的外形，我看不出有什么不同，但盲人却无法自视；耳朵的外形，我看不出有什么不同，但聋子却无法自闻；心的形态，我不知道有什么不同，但狂人却不能自得。从外表来看，形体之间并无区别，或许是由于什么东西阻塞，使人无法达到所追求的目标！现在您对我说：'保养好身体，保住天性，不要思虑重重。'我听道勉强只达到耳朵，未能心领神会。"

庚桑子说："话已经说尽了。小蜂不能孵化大青虫，越鸡不能孵化天鹅蛋，鲁鸡就可以。鸡和鸡之间的德行并无不同，但有能与不能的区别，才能有大有小。现在我的才能小，不足以开导你。你为什么不南行去拜见老子！"南荣趎背负干粮，走了七天七夜赶到老子住的地方。

老子说："你是从庚桑楚那里来的吗？"南荣趎说："是的。"老子说："你为什么和这么多人一起来呢？"南荣趎惊异地回顾身后。老子说："你不懂我的意思吗？"南荣趎惭愧地低下了头，又仰面而叹："现在我忘了我的回答，因而也忘了我所问的。"老子说："怎么说呢？"南荣趎说："无智吧人们说我愚钝，有智吧反而令我自身愁苦；不行仁则伤害别人，行仁则反而伤害自身；不行义则伤害他人，行义则反而伤害自身。我怎样才能逃避这些？上述三种情况就是我所忧虑的，希望通过庚桑子的介绍来向先生求教。"

老子说："刚才我看你眉目间的神情，便知道了你的心事，现在听你一说又证实了我的判断。你茫然自失的样子就像丧失了父母，拿着竹竿去探测大海。你是失道之人啊，迷迷惘惘！你想恢复你的天性却无从做起，可怜啊！"南荣趎请求留在馆舍受业，吸取所好，抛弃所恶，十天后仍然自感愁苦，于是又去拜见老子。

老子说："你自我洗涤，有什么郁郁不乐的！被外物牵累时，不应因为繁杂而紧张，而要心神内守；被心事所缠缚时，不应因为纠缠不清而急躁，而要排除外来干扰。外界和内心都有牵累的话，那就连有道德的人也不能自持，何况是学道的人呢？"

南荣趎说："一个人有病，邻里的人去问候他，病人能说出自己的病状，那就还未达到不可救药的程度。像我这样听闻大道，犹如吃药而加重了病情，我只想听听养生的方法。"

老子说："养生之道，能保持纯真吗？能不丧失天性吗？能不占卜便知吉凶吗？能心性宁静吗？能心平气和吗？能不求人而求己吗？能无所牵挂吗？能胸怀开朗吗？能像小孩一样天真吗？小孩整天号哭而喉咙不哑，这是因为和气纯厚；整天握拳而手不曲，这是因为合乎自然德行；整天注视而目不转睛，这是因为不偏注于所看的外物。行动时毫无目的，安居时

庄 子

无所作为，与物变化而随波逐流。这就是养生之道。"

南荣趎说："那么这就是道德高尚的人的境界了吗？"老子说："不是。这就是所说的解开心性的执滞，你能做到吗？要是道德高尚的人，求食于地而与天同乐，不为人物利害所扰动，不相互责怪，不相互为谋，不为世俗之事所累，无牵无挂而去，轻轻松松而来。这就是养生之道。"

南荣趎说："那么这就是最高的境界吗？"老子说："还未达到。我曾经告诉你说：'能像小孩一样天真吗？'小孩动作盲目无意，行动漫无目的，身体像枯木而心灵如死灰。像这个样子，灾祸不至，幸福不来。连祸福都没有，怎么会有人为的灾难呢！"

原文

宇泰定者❶，发乎天光❷。发乎天光者，人见其人，物见其物。人有修者，乃今有恒；有恒者，人舍之，天助之。人之所舍，谓之天民；天之所助，谓之天子。

注释

❶ 宇泰定：心境安泰。
❷ 天光：自然的光芒。

解读

心境安泰的人，便能发出自然的光芒。发出自然光芒的，人和物都各自显露出本来的面目。人有修炼，就能培养常德；有常德的人，人们归附于他，天也保佑他。人们归附的，称为天民；天保佑的，称为天子。

原文

学者，学其所不能学也；行者，行其所不能行也；辩者，辩其所

杂 篇

不能辩也。知止乎其所不能知，至矣；若有不即是者❶，天钧❷败之。

【注释】

❶ 不即是：不这样。
❷ 天钧：自然之性。

【解读】

学习的人，是学他所不能学的；实行的人，是实行他所不能实行的；辩论的人，是辩他所不能辩的。认识停止在不能认识的范围，便是至极；如果不是这样，自然的天性就要受挫了。

【原文】

备物以将❶形，藏不虞❷以生心，敬中以达彼，若是而万恶至者，皆天也，而非人也，不足以滑成，不可内于灵台。灵台者有持，而不知其所持，而不可持者也。

不见其诚己而发，每发而不当；业入❸而不舍，每更为失。为不善乎显明之中者，人得而诛之；为不善乎幽间之中者，鬼得而诛之。明乎人，明乎鬼者，然后能独行。

券内者，行乎无名，券外者，志乎期费。行乎无名者，唯庸有光；志乎期费者，唯贾人也。人见其跂，犹之魁然。与物穷者，物入焉；与物且者，其身之不能容，焉能容人！不能容人者无亲，无亲者尽人。兵莫憯于志，镆铘为下；寇莫大于阴阳，无所逃于天地之间。非阴阳贼之，心则使之也。

【注释】

❶ 将：养。

庄 子

② 不虞：无所思虑。
③ 业入：已纳入心里。

解读

备物来滋养形体，用无思无虑来培养心神，以真诚之心与外物相通，如果这样各种灾难还是降临，那都是天命，而不是自己所作所为的过错，不值得为此而扰乱自然形成的心性，不可放在心里。心灵有所持守，而不知所持守，而不可持守。

自己心中都还未做到真诚就表示出来，那么与外界就往往合不来；不肯抛弃已扰入内心的外物，就往往会错上加错。明目张胆地干坏事，就会受到众人的讨伐；在阴暗的地方干坏事，就会受到鬼的惩罚。公开与暗中都光明正大，就能独往独来。

只求与自己心性相契合的，就会不务虚名；追求与外界相契合的，总想为人所重用。不务虚名的，必然能永放光芒；志在为人所重用的只不过如商人一般。人们看他抬起脚后跟站着，他自己还感觉很高大。以空虚的胸怀对待万物，就能容纳万物；心胸不畅与万物格格不入，连自身都不能相容，怎么能容人！不能容人的无亲，无亲弃绝于人。心志是伤害人的利器，它比最锋利的剑还要厉害；敌人中最厉害的是阴阳，因为阴阳二气充满于天地之间，人们无法逃避，并不是阴阳伤害你，而是由于你的心志未能顺乎自然，阴阳不能调和而造成的。

原文

道通，其分也，其成也毁也。所恶乎分者，其分也以备；所以恶乎备者，其有以备。故出而不反，见其鬼；出而得，是谓得死。灭而有实，鬼之一也。以有形者象无形者而定矣。

出无本，入无窍①。有实而无乎处，有长而无乎本剽②。有所出而无窍者有实。有实而无乎处者，宇也；有长而无本剽者，宙也。有乎生，有乎死，有乎出，有乎入，入出而无见其形，是谓天门。天门者，无有也，万物出乎无有。有不能以有为有，必出乎无有，而无有一无有。圣人藏乎是。

注释

① 窍：门。
② 本剽：本末，始终。

解读

道无所不通，事物的本分，事情的成败，都与道相通。厌恶本分的，是因为不守本分而求全；厌恶全的，是因为本分不足而求全。所以，心神外驰而不返，死期就临近了；心神外驰而有所得，得到的就是死亡。心神死亡而空有躯体，就和鬼没有什么区别了。以有形的躯体去效法无形的道，心神和躯体就充实而安定了。

出无根源，入无门径。有实际存在而没有处所，有成长而没有始终，有所出而没门径的有实。有实际存在而没有处所的，就是宇；有成长而没有始终的，就是宙。有生有死，有出有入，出入而不显露其形，称为天门。天门就是无有，万物产生于无有。有不能以有为有，必定产生于无有，而无有一无所有。圣人就隐身于这种境界。

原文

古之人，其知有所至矣，恶乎至？有以为未始有物者，至矣，尽矣，弗可以加矣。其次以为有物矣，将以生为丧也，以死为反也，是以分已。

其次曰始无有，既而有生，生俄而死；以无有为首，以生为体，以死为尻；孰知有无死生之一守者①，吾与之为友。是三者虽异，公族

庄 子

也，昭景也，著戴❷也，甲氏也，著封也，非一也。

注释

❶ 一守：一体。
❷ 著戴：以显赫的职位而著称。

解读

古人的认识达到了极高的境界，是什么样的境界呢？他们认为在宇宙初开时是不曾有物的，这种认识无与伦比。其次一等的认识，认为宇宙间有事物存在，生就是有所失，死是从有还原到无，这就有了区别。

再次一等的认识，认为宇宙原来无有，后来有了生，生忽然又死了；以无有为头，以生为躯体，以死为尾部；谁知道有无死生为一体，我就和他做朋友。这三者虽有差异却同出一源，昭氏和景氏以显赫的职位而著称，甲氏以封地而著称，虽然同为公族，却有所区别。

原文

有生黭也❶，披然曰移是❷。尝言移是，非所言也。虽然，不可知者也。腊者之有膍胲❸，可散而不可散也；观室者周于寝庙，又适其偃焉，为是举移是，请尝言移是。

是以生为本，以知为师，因以乘是非；果有名实，因以己为质；使人以己为节，因以死偿节。若然者，以用为知，以不用为愚；以彻为名，以穷为辱。移是，今之人也，是蜩与学鸠同于同也。

注释

❶ 黭（àn）：疵，黑痣。
❷ 移是：争论是非。

❸ 脬（pí）：牛胃。胲（gāi）：牛蹄。

解读

脸上生了黑痣，人们纷纷争论它的是非。试谈谈是非之争的问题，但并非能够说得很清楚。尽管这样，却不能为一般人所理解。腊祭的祭品中有牛的内脏和四肢，这些东西本可以分开来放，但祭祀时却必须放在一起；参观宫室的人遍览庙堂寝室，无须去游观厕所，但厕所终究又不能不去。以上两个例子就是说明是非的问题。请让我说说是非之争的问题。

它是以个人的心性为本，以个人的认识为标准，凭着个人的认识驾驭是非；果真是名实的区别，便以自我为主；使别人以自己为节操的准则，而以死殉节。像这样，便以炫耀为智，以隐晦为愚。争论是非的，是现在的人，他们的见识如同蝉与小鸠一般。

原文

踩市人之足，则辞以放骜❶，兄则以妪❷，大亲则已矣。故曰，至礼有不人❸，至义不物，至知不谋，至仁无亲，至信辟金。

彻志之勃，解心之缪，去德之累，达道之塞。贵富显严名利六者，勃志也；容动色理气意六者，谬心也；恶欲喜怒哀乐六者，累德也；去就取与知能六者，塞道也。此四六者不荡胸中则正，正则静，静则明，明则虚，虚则无为而无不为也。

道者，德之钦也；生者，德之光也；性者，生之质也。性之动，谓之为；为之伪，谓之失。知者，接也；知者，谟也；知者之所不知，犹睨也。动以不得已之谓德，动无非我之谓治，名相反而实相顺也。

注释

❶ 放骜（ào）：放纵妄动。

庄 子

❷ 妪：抚慰。
❸ 不人：没有内外之别。

解读

踩踏了市场上人的脚，就道歉说自己放肆，踩了兄弟就抚慰一下，踩了父母则无须说什么。所以说，至礼没有内外之别，至义没有物我之分，至智无须谋虑，至仁不分亲疏，至信不用金钱为质。

消解意志的错乱，解除心灵的束缚，去掉德行的拖累，贯通道的障碍。高贵、富有、显达、威严、名誉、利禄六者，错乱意志；容貌、举动、颜色、情理、气息、情意六者，束缚心灵；厌恶、欲望、欣喜、愤怒、悲哀、欢乐六者，拖累德行；舍弃、依从、索取、给予、智慧、技能六者，是道的障碍。

上述四种六者不扰动心胸就能平正，平正就宁静，宁静就明澈，明澈就空虚，空虚就能无为而无不为；道是德的主宰，生是德的光辉，天性是生的本质。天性的活动，叫作为；为的虚伪，称为失。智是与外界相接触，智是内心的谋虑；智所不能知，就像斜视一样所见有限。不得已而动称为德，所作所为不是由于我叫作治，名义上相反而实际上是相顺的。

原文

羿工乎中微而拙于使人无己誉；圣人工乎天而拙乎人❶。夫工乎天而俍❷乎人者，唯全人能之。唯虫能虫，唯虫能天。全人恶天？恶人之天？而况吾天乎人乎！

一雀适羿，羿必得之，威也；以天下为之笼，则雀无所逃。是故汤以胞❸人笼伊尹，秦穆公以五羊之皮笼百里奚。是故非以其所好笼之而可得者，无有也。

介者拸画，外非誉也；胥靡登高而不惧，遗死生也。夫复謵不馈❹而忘人，忘人，因以为天人矣。故敬之而不喜，侮之而不怒者，唯同乎天和者为然。出怒不怒，则怒出于不怒矣；出为无为，则为出于无为矣。欲静则平气，欲神则顺心。有为也欲当，则缘于不得已。不得已之类，圣人之道。

注释

❶ 工乎天：善于顺应天然。拙乎人：不善于处理人事。
❷ 俍（liáng）：善。
❸ 胞：通"庖"，厨师。
❹ 复謵（xí）不馈：对别人对自己的馈赠不知回报。

解读

羿善于射中微小的目标，而拙于使人不赞誉自己；圣人善于顺应天然，而不善于处理人事。善于顺应天然而又善于处理人事，只有全人才能做到。只有鸟兽才能安于为鸟兽，只有鸟兽才能顺乎天然。全人哪里知道天然？哪里知道人为的天然？何况是自己将天和人区分开来的！

一只鸟飞向羿，羿必定射中它，这是依靠他的威猛；如果把天下作为笼子，鸟就无处可逃了。所以，汤以厨师笼住了伊尹，秦穆公用五张羊皮笼住了百里奚。所以说不投其所好能笼络住的，是没有的。残疾人放弃打扮，因为他已经把人们对他容貌的毁誉不放在心上了。罪犯登高而不惧怕，因为他已经把生死置之度外了。不知报答别人而忘己忘人，便达到了天人合一的境界。

所以尊敬他而不欣喜，侮辱他也不愤怒，他已经完全和自然合为一体了。发怒而不怒，则怒出自不怒；有为而无为，则为出自无为。要心静就要平气，要安神就要顺心。有所为而要得当，就要顺乎于不得已。不得已的行为，就是圣人之道。

庄　子

徐无鬼

原文

徐无鬼因女商见魏武侯，武侯劳之曰："先生病矣！苦于山林之劳，故乃肯见于寡人。"

徐无鬼曰："我则劳于君，君有何劳于我！君将盈耆欲，长好恶，则性命之情病矣；君将黜耆欲，掔❶好恶，则耳目病矣。我将劳君，君有何劳于我！"武侯超然不对。

少焉，徐无鬼曰："尝语君，吾相狗也。下之质，执饱而止，是狸德也；中之质，若视日；上之质，若亡其一。吾相狗，又不若吾相马也。吾相马，直者中绳，曲者中钩，方者中矩，圆者中规。是国马也，而未若天下马也。天下马有成材，若卹❷若失，若丧其一，若是者，超轶绝尘，不知其所。"武侯大悦而笑。

徐无鬼出，女商曰："先生独可以说吾君乎？吾所以说吾君者，横说之则以《诗》《书》《礼》《乐》，从说之则以《金板》《六弢》，奉事而大有功者不可为数，而吾君未尝启齿。今先生何以说吾君，使吾君说若此乎？"徐无鬼曰："吾直告之吾相狗马耳。"女商曰："若是乎？"

曰："子不闻夫越之流人乎？去国数日，见其所知而喜；去国旬月，见其所尝见于国中者喜；及期年也，见似人者而喜矣。不亦去人滋久，思人滋深乎？夫逃虚空者，藜藋柱乎鼪鼬之径，踉位其空，闻人足音跫然③而喜矣，又况乎昆弟亲戚之謦欬其侧者乎！久矣夫，莫以真人之言謦欬④吾君之侧乎！"

> 注释

① 挈（qiān）：通"牵"，引申为排除。
② 卹：亡。
③ 跫（qióng）然：脚步声。
④ 謦欬（qǐng kài）：咳嗽，引申为言谈。

> 解读

徐无鬼由女商推荐去见魏武侯，武侯慰问他："先生辛苦啊！山林的生活困苦不堪，所以你才肯来见我。"

徐无鬼说："我应该慰问你，你怎么却慰问我！你要追求嗜欲的满足，增加好恶之情，心性就受伤害；如果你要抑制嗜欲，弃除好恶，耳目就会无法忍受。我正要慰问你，你怎么却慰问我！"武侯若有所失而无法回答。

过了一会儿，徐无鬼说："我给你说说我的相狗术。下等狗，吃饱了就心满意足，这是狐狸的习性；中等狗，看得高远；上等狗，好像忘了自身的存在。我的相狗术不如我的相马术。我相中的马，齿直如绳，项曲如钩，头方如矩，目圆如规。这是一国之好马，可是比不上全天下之好马。天下之好马天生优质。若亡若失，好像忘了自身存在。像这样的马，跑起来飞快，顷刻就无影无踪。"武侯听了非常高兴，哈哈大笑。

徐无鬼出来，女商说："先生是怎么让君王高兴的？我取悦于君王的方法是，横讲《诗》《书》《礼》《乐》，纵讲《金板》《六弢》，所干成功的大事不计其数，而君王从未开口笑过。现在先生是怎样使君王高兴成这个样子？"徐无鬼说："我只是给他讲了我的相狗术和相马术。"女商说："是这样吗？"

庄　子

　　徐无鬼说："你没有听说过越国那些被流放的人吗？离开国都几天，见了自己所认识的人就高兴；离开国都几十天，见了曾经在国都见过的人就高兴；离开一年，见了似乎认识的人就高兴。不就是与人离别越久，思念之情越深吗？那些逃到荒凉之地的人，周围野草丛生，连老鼠出没的路径都堵塞了，长久住在旷野，听到人的脚步声就很高兴，何况是兄弟亲戚在旁边谈笑呢！已经很久没有人用真人之言在君王身旁谈话了啊！"

原文

　　徐无鬼见武侯，武侯曰："先生居山林，食芧栗，厌葱韭，以宾❶寡人，久矣夫！今老邪？其欲干酒肉之味❷邪？其寡人亦有社稷之福邪？"

　　徐无鬼曰："无鬼生于贫贱，未尝敢饮食君之酒肉，将来劳君也。"君曰："何哉！奚劳寡人？"曰："劳君之神与形。"武侯曰："何谓邪？"徐无鬼曰："天地之养也一，登高不可以为长，居下不可以为短。君独为万乘之主，以苦一国之民，以养耳目鼻口，夫神者不自许也。夫神者，好和而恶奸；夫奸，病也，故劳之。唯君所病之，何也？"武侯曰："欲见先生久矣！吾欲爱民而为义偃兵，可乎？"

　　徐无鬼曰："不可。爱民，害民之始也；为义偃兵，造兵之本也。君自此为之，则殆不成。凡成美，恶器也。君虽为仁义，几且伪哉！形固造形，成固有伐，变固外战。君亦必无盛鹤列于丽谯❸之间，无徒骥❹于锱坛之宫，无藏逆于得，无以巧胜人，无以谋胜人，无以战胜人。夫杀人之士民，兼人之土地，以养吾私与吾神者，其战不知孰善？胜之恶乎在？君若勿已矣，修胸中之诚，以应天地之情而勿撄。夫民死已脱矣，君将恶乎用夫偃兵哉！"

杂 篇

注释

① 宾：通"摈"，弃。
② 干：求。酒肉之味：指官禄。
③ 丽谯（qiáo）：城楼。
④ 徒：步兵。骥：骑兵。

解读

徐无鬼去见魏武侯，武侯说："先生住在山林里，食野果，吃野菜，躲避寡人已经很久了！现在老了吧？是想求官禄吗？果真这样那就是寡人和国家的福气了！"

徐无鬼说："我出身贫贱，从未敢想谋求官禄，我是来慰问你的。"武侯说："为什么！如何慰问我？"徐无鬼说："慰问你的心神和形体。"武侯说："从何说起呢？"徐无鬼说："天地对万物的养育是一视同仁的，身居高位的不可自以为尊贵，处于下层的也不必自以为低贱。你独为万乘之主，

291

庄　子

劳苦一国的人民，以供养你享受，心神却自感不舒服。心神喜欢平和而厌恶奸邪；奸邪导致生病，所以来慰问。你得病的原因是什么呢？"武侯说："我想见到先生已经很久了！我想爱民而为仁义停止战争，可以吗？"

徐无鬼说："不可以。爱民是害民的开始；为仁义而停止战争，是产生战争的根源。你从这里入手，恐怕不会成功。凡是建立美名的都是凶器。你虽然实行仁义，但却近乎虚伪。一种情势必然会导致另一种情势，两种对立的情势形成后必然会各自夸耀，情势的进一步变化必然会引起战争。你也决不要陈重兵在城下，不要集结兵骑在宫前，不要藏有贪心，不要用智巧、谋略、战争去胜人。屠杀别国的人民，兼并他人的土地，用来奉养自己的私欲和心神，这种战争有什么好处？胜利究竟表现在哪里？你如不愿无为而想做些什么，那就修养内心的真诚，顺应自然而不兴事扰民。人民已经免除了死亡之灾，你哪里还需要有意去停止战争！"

原文

黄帝将见大隗乎具茨之山，方明为御，昌寓骖乘❶，张若、𧫦朋前马❷，昆阍、滑稽后车。至于襄城之野，七圣皆迷，无所问涂。

适遇牧马童子，问涂焉，曰："若知具茨之山乎？"曰："然。""若知大隗之所存乎？"曰："然。"

黄帝曰："异哉小童！非徒知具茨之山，又知大隗之所存。请问为天下。"

小童曰："夫为天下者，亦若此而已矣，又奚事焉？予少而自游于六合之内，予适有瞀❸病，有长者教予曰：'若乘日之车而游于襄城之野。'今予病少痊，予又且复游于六合之外。夫为天下亦若此而已。予又奚事焉！"

黄帝曰："夫为天下者，则诚非吾子之事。虽然，请问为天

杂　篇

下。"小童辞。黄帝又问。小童曰："夫为天下者，亦奚以异乎牧马者哉！亦去其害马者而已矣！"黄帝再拜稽首，称天师而退。

注释

① 骖乘：随车侍卫。
② 前马：向导。
③ 瞀（mào）：眼花。

解读

黄帝要去具茨山上拜见大隗，方明驾车，昌寓为侍卫，张若、謵朋为前导，昆阍、滑稽殿后。行至襄城野外，这七个圣人都迷失了方向，无从问路。

正好遇到一位牧马童子，于是向他问路："你知道具茨山吗？童子"回答说："知道。"又问："你知道大隗在什么地方吗？"童子回答说："知道。"

黄帝说："小童真是奇异！不仅知道具茨山，还知道大隗的所在。请问如何治理天下？"

小童说："治理天下也像这样就行了，又何必生事呢！我小时候自己遨游于天地四方，我当时有目眩症，有位长者教我说：'你乘着太阳遨游于襄城的原野。'现在我的病稍有好转，我又遨游于天地四方之外。治理天下也像这样就行了。我又何必生事呢！"

黄帝说："治理天下的确不是你的事。尽管如此，还是请你谈谈如何治理天下。"小童不答话。黄帝又问。小童说："治理天下和牧马没有什么两样！除掉害群之马就行了！"黄帝叩头拜谢，称他为天师而告退。

原文

知士无思虑之变则不乐，辩士无谈说之序则不乐，察士无凌谇❶

庄 子

之事则不乐,皆囿于物者也。招世之士兴朝,中民^②之士荣官,筋力之士矜难^③,勇敢之士奋患,兵革之士乐战,枯槁之士宿名,法律之士广治,礼教之士敬容,仁义之士贵际。农夫无草莱之事则不比,商贾无市井之事则不比。庶人有旦暮之业则劝,百工有器械之巧则壮。

钱财不积则贪者忧,权势不尤则夸者悲。势物之徒乐变,遭时有所用,不能无为也。此皆顺比于岁,不物于易者也。驰其形性,潜之万物,终身不反,悲夫!

注释

① 凌谇(suì):言辞尖锐。
② 中民:理民,统治人民。
③ 矜难:以能解救危难而自豪。

解读

智谋之士喜欢思虑多变,善辩之士喜欢言谈的逻辑有序,明察之士喜欢言辞尖锐,他们都被外在事物束缚。呼民救世之士使朝政振兴,为官者以官爵为显荣,壮士以能解危而自豪,勇敢之士奋发除患,战士热衷于征战,山林隐士注意保持自己的名节,以法治国的人热衷于扩大权力,礼教之士注重仪容,仁义之士重视交际。农夫没有耕作之事就心神不安,商人没有买卖之事就不舒坦。

普通人有日常工作就勤奋努力,工匠手艺高超就感到自豪。贪财的人不能积聚钱财就会忧虑,自吹自擂的人权小位卑时就自感悲哀。追求权力的人喜欢世事多变,遇到机会就有用武之地,不甘于默默无为。这些人都是投合一时,被外物所牵累。他们逐时俯仰,沉溺于外物,终生执迷不悟,可悲啊!

杂 篇

原文

庄子曰："射者非前期①而中，谓之善射，天下皆羿也，可乎？"惠子曰："可。"庄子曰："天下非有公是②也，而各是其所是，天下皆尧也，可乎？"惠子曰："可。"

庄子曰："然则儒墨杨秉四，与夫子为五，果孰是邪？或者若鲁遽者邪？其弟子曰：'我得夫子之道矣！吾能冬爨鼎而夏造冰矣。'鲁遽曰：'是直以阳召阳，以阴召阴，非吾所谓道也。吾示子乎吾道。'于是为之调瑟，废一于堂，废一于室，鼓宫宫动，鼓角角动，音律同矣。夫或改调一弦，于五音无当也，鼓之，二十五弦皆动，未始异于声而音之君已。且若是者邪？"惠子曰："今夫儒墨杨秉，且方与我以辩，相拂以辞，相镇以声，而未始吾非也，则奚若矣？"庄子曰："齐人蹢③子于宋者，其命阍④也不以完，其求钤钟也以束缚，其求唐⑤子也而未始出域，有遗类矣！夫楚人寄而蹢阍者，夜半于无人之时而与舟人斗，未始离于岑而足以造于怨也。"

注释

① 前期：预定目标。
② 公是：公认的是非标准，公理。
③ 蹢（zhí）：投。
④ 阍：守门人。
⑤ 唐：失。

解读

庄子说："射箭的人没有预定目标，随便射中哪里都算是中，如果这样称得上是善射的话，那么天下的人都可以称为羿，可以这么说吗？"惠

庄 子

子说:"可以。"庄子说:"天下没有公认的是非标准,各自以主观标准为标准,那么每个人都可以称为尧,可以这么说吗?"惠子说:"可以。"

庄子说:"那么,儒、墨、杨朱、公孙龙四家,加上先生共五家,究竟谁对呢?或者像鲁遽那样吗?鲁遽的弟子说:'我得到先生的道了!我能冬天烧鼎夏天造冰了。'鲁遽说:'这只是以阳气召阳气,以阴气召阴气,而不是我所说的道。我给你演示一下我的道。'于是调整瑟弦,放一张在堂上,另放一张在室内,弹这把瑟的宫音另一把瑟的宫音应和,弹这把瑟的角音另一把瑟的角音应和,音律相同。如果调整一弦的调,与五音不合,再弹奏,二十五根弦全都起共鸣,音调并没有不同,可以称得上是众音的君主。你也像这样吗?"惠子说:"现在儒、墨、杨朱、公孙龙四家,正在和我辩论,用言语相反驳,用名声相压制,而我并没有错,这该怎么说呢?"庄子说:"齐人把儿子放在宋国,让他像残废一样做守门人,他有一个小钟包扎起来,唯恐破损,有人寻找丢失的儿子却不出门,这些都是违反常理的!楚人寄居在别人家里却顶撞看门人,半夜里在无人之际又和船夫打斗,船还没有离岸却已经造成了仇怨。"

原文

庄子送葬,过惠子之墓,顾谓从者曰:"郢人垩[1]慢其鼻端若蝇翼,使匠石斫之。匠石运斤成风,听而斫之,尽垩而鼻不伤,郢人立不失容。宋元君闻之,召匠石曰:'尝试为寡人为之。'匠石曰:'臣则尝能斫之。虽然,臣之质[2]死久矣。'自夫子之死也,吾无以为质矣,吾无与言之矣。"

注释

[1] 垩(è):石灰。
[2] 质:对手。

杂 篇

解读

庄子送葬，经过惠子的坟墓，回过头来对跟随他的人说："郢人在鼻尖上涂了如蝇翼一般薄薄一层石灰，让匠石替他削掉。匠石飞快地挥动斧子，漫不经心地劈削下去，削净了石灰而鼻子完好无损，郢人站在那里面不改色。宋元君听说后，把匠石找来说：'给我试试看。'匠石说：'我过去能削。但是，我的对手早已死了。'自从先生死后，我没有对手了，我没有谈论的对象了。"

原文

管仲有病，桓公问之曰："仲父之病病矣，可不讳云？至于大病❶，则寡人恶乎属国而可？"

管仲曰："公谁欲与？"

公曰："鲍叔牙。"

曰："不可。其为人洁廉，善士也；其于不己若者不比之；又一闻人之过，终身不忘。使之治国，上且钩❷乎君，下且逆乎民。其得罪于君也，将弗久矣！"

公曰："然则孰可？"

对曰："勿已，则隰朋可。其为人也，上忘而下畔❸，愧不若黄帝而哀不己若者。以德分人谓之圣，以财分人谓之贤。以贤临人，未有得人者也；以贤下人，未有不得人者也。其于国有不闻也，其于家有不见也。勿已，则隰朋可。"

注释

❶ 大病：死。

庄 子

② 钩：曲，违背。
③ 上忘：在上不自高自大。下畔：对下亲善。

解读

管仲得了病，齐桓公问他："您的病已经很重了，还有什么不能说吗？您一旦去世，我把国政托付给谁好呢？"

管仲说："您打算托付给谁？"

桓公说："鲍叔牙。"管仲说："不可以。他为人廉洁，是一位善士；他对于不如他的人不亲近；他听到别人的过错，便终身不忘。让他治理国家，对上违背国君，对下违逆民意。他得罪国君不会长久的。"

桓公说："那么谁可以呢？"

管仲说："实在不行的话，隰朋可以。他在上不自高自大而对下亲善，他自愧不如黄帝而怜爱不如他的人。以德施人称为圣，以财施人称为贤。以贤能居高临下地待人，没有能得人心的；以贤能谦虚待人，没有不得人心的。他对于国事不横加干预，对于家事不细察苛求。实在不行的话，隰朋可以。"

原文

吴王浮于江，登乎狙之山。众狙见之，恂然弃而走，逃于深蓁❶，有一狙焉，委蛇攫搔❷，见巧乎王。王射之，敏给搏捷矢。王命相者趋射之，狙执死。王顾谓其友颜不疑曰："之狙也，伐其巧，恃其便以敖予，以至此殛也！戒之哉！嗟乎，无以汝色骄人哉！"颜不疑归而师董梧，以锄其色，去乐辞显，三年而国人称之。

注释

❶ 深蓁（zhēn）：荆棘丛。

② 攫（jué）：搏。搔（zǎo）：抓。

解读

吴王渡过长江，登上猕猴山。群猴看到人，惊慌失措地奔跑，逃入荆棘丛中。有一只猕猴，跳来跳去，向吴王显示它的灵巧。吴王射它，它敏捷地接住箭。吴王命随从急射，猕猴遂被射死。吴王回过头对他的朋友颜不疑说："这只猕猴，炫耀它灵巧，它依仗敏捷傲视我，落了丧命的下场！要引以为戒啊！唉，不要以骄横的态度待人啊！"颜不疑回去便拜董梧为师，改掉骄傲的毛病，抛弃奢侈而辞谢荣华，三年之后国人更称颂他。

原文

南伯子綦隐几而坐，仰天而嘘。颜成子入见曰："夫子，物之尤也①。形固可使若槁骸，心固可使若死灰乎？"

曰："吾尝居山穴之中矣。当是时也，田禾一睹我而齐国之众三贺之。我必先之，彼故知之；我必卖之，彼故鬻②之。若我而不有之，彼恶得而知之？若我而不卖之，彼恶得而鬻之？嗟乎！我悲人之自丧者，吾又悲夫悲人者，吾又悲夫悲人之悲者，其后而日远矣。"

注释

① 尤：出类拔萃。
② 鬻（yù）：贩卖。

解读

南伯子綦靠着几案而坐，仰起头来嘘气。颜成子走进来说："先生是出类拔萃者。形体可以变成枯骨，心灵可以变成死灰吗？"

庄 子

南伯子綦说:"我曾经隐居山洞。那时,田禾一来看我,齐国的民众便再三地祝贺他。我必定先有名声,他才知道;我必定名声外扬,他才来找我。如果我没有名声,他怎么会知道呢?如果我名声不外扬,他怎么会来找我呢?唉!我悲怜那些丧失自己天性的人,我悲怜那些悲伤别人的人,我又悲怜人的自我迷失,我又悲怜那悲伤人的悲伤。随后远离那些可悲者,终于达到了寂寞无为的境界。

原文

仲尼之楚,楚王觞之❶,孙叔敖执爵而立,市南宜僚受酒而祭,曰:"古之人乎!于此言已。"

曰:"丘也闻不言之言矣,未之尝言,于此乎言之。市南宜僚弄丸而两家之难解,孙叔敖甘寝❷秉羽而郢人投兵。丘愿有喙三尺。"彼之谓不道之道,此之谓不言之辩,故德总乎道之所一。而言休乎知之所不知,至矣。道之所一者,德不能同也;知之所不能知者,辩不能举也;名若儒墨而凶矣。故海不辞东流,大之至也;圣人并包天地,泽及天下,而不知其谁氏。

是故生无爵,死无谥,实不聚,名不立,此之谓大人。狗不以善吠为良,人不以善言为贤,而况为大乎!夫为大不足以为大,而况为德乎!夫人备矣,莫若天地;然奚求焉,而大备矣。知大备者,无求,无失,无弃,不以物易己也。反己而不穷,循古而不摩,大人之诚。

注释

❶ 觞(shāng):本为牛角杯,此借为酒,用酒招待。
❷ 甘寝:安寝。

杂 篇

解读

孔子到楚国,楚王设酒宴请他,孙叔敖手持酒器站立着,市南宜僚接过酒祝祭说:"古时的人啊!在这种场合发表议论。"

孔子说:"我听过无言的言论,还没有说过,就在这里讲一讲。市南宜僚因玩球而免除了灾难,孙叔敖高枕逍遥而使楚国偃兵息武。我没有那么多话可说。"市南宜僚和孙叔敖可称之为无为之道,孔子可称之为不言之辩,所以德是统属于道的。智力无法掌握的就不去说它,就是最好的。道所同一的,德无法与之相等;智力所不能掌握的,就不能辩举;像儒墨那样以名声相标榜是危险的。所以,大海不拒绝东流入海的水流,广大至极;圣人包容天地,恩泽广被天下,而名声不为人知。

因此生前没有爵位,死后没有谥号,不聚敛钱财,不树立名声,这就是大人。狗不因为会叫就是良狗,人不因为能说就是贤才,何况成就大业呢!成就大业不足以伟大,何况修养道德呢!最能体现大的莫过于天地;天地体现了大,所以无须追求什么。最具有智慧的,无所追求,无所丧失,无所舍弃,不因外物而改变天性。无止境地反求于自己,遵循古之大道而永不停息,这就是大人纯正的品行。

原文

子綦有八子,陈诸前,召九方歅曰:"为我相吾子,孰为祥?"九方歅曰:"梱也为祥。"子綦瞿然❶喜曰:"奚若?"曰:"梱也,将与国君同食以终其身。"子綦索然出涕曰:"吾子何为以至于是极也!"

九方歅曰:"夫与国君同食,泽及三族,而况父母乎!今夫子闻之而泣,是御福也。子则祥矣,父则不祥。"

子綦曰:"歅,汝何足以识之,而梱祥邪?尽于酒肉,入于鼻口

庄 子

矣，而何足以知其所自来？吾未尝为牧而牂生于奥❷，未尝好田而鹑生于宎❸，若勿怪，何邪？吾所与吾子游者，游于天地。吾与之邀乐于天，吾与之邀食于地；吾不与之为事，不与之为谋，不与之为怪。吾与之乘天地之诚而不以物与之相撄，吾与之一委蛇而不与之为事所宜。今也然有世俗之偿焉！凡有怪征者，必有怪行，殆乎！非我与吾子之罪，几天与之也！吾是以泣也。"无几何而使梱之于燕，盗得之于道，全而鬻之则难，不若刖之则易，于是乎刖而鬻之于齐，适当渠公之街，然身食肉而终。

注释

❶ 瞿然：惊喜的样子。
❷ 牂（zāng）：母羊。奥：房子里的西南角。
❸ 宎（yāo）：房子里的东北角。

解读

子綦有八个儿子，列队站在面前，叫来九方歅说："为我儿子看看相，看谁有福？"九方歅说："梱有福。"子綦惊喜地说："会怎么样呢？"九方歅说："梱将会与国君享受同样的饮食及至终身。"綦黯然落泪说："我的儿子为什么会到这般境地？"

九方歅说："与国君同食，恩泽被及三族，何况父母呢！现在先生听到却哭，这是拒绝福气。儿子有福，父亲却没有福。"

子綦说："歅，你怎么知道梱有福呢？你只知道酒肉入于鼻口，而不知道它的来历！我没有放牧而屋里却生出羊来，没有打猎而屋里却生出鹌鹑来，你对此不感到奇怪，为什么呢？我与我的儿子遨游于天地。我与他同乐于天，我与他求食于地。我与他不求事业，不图谋虑，不立怪异。我与他顺天地之自然而不使他受外物困扰，我与他遵循自然而不使他被外事所牵制。现在却有了世俗的报答！凡有怪异的征兆，必有怪异的行为表现，危险啊！这不是我和儿子的罪过，大概是天的惩罚！我因此而哭泣。"不久梱被派去出使燕国，途中被强盗掳获，强盗觉得身体健全不好卖掉，不如砍掉脚容易卖，于是将他的脚砍掉卖到齐国，正好替渠公看管街道，而终身食肉。

原文

啮缺遇许由，曰："子将奚之？"曰："将逃尧。"曰："奚谓邪？"曰："夫尧，畜畜然❶仁，吾恐其为天下笑。后世其人与人相食与！夫民，不难聚也，爱之则亲，利之则至，誉之则劝，致其所恶则散。爱利出乎仁义，捐仁义者寡，利仁义者众。夫仁义之行，唯且无诚，且假乎禽贪者器。是以一人之断制❷利天下，譬之犹一覕❸也。夫尧知贤人之利天下也，而不知其贼天下也，夫唯外乎贤者知之矣。"

注释

❶ 畜畜然：不断追求的样子。

❷ 断制：独裁。

❸ 一覕（piē）：一刀切。

解读

啮缺遇见许由，问："你要去哪里？"许由说："逃避尧。"啮缺问："为什么呢？"

许由说："尧不断追求仁义，我担心他被天下人嘲笑。后世岂不要人与人相残食了吗！民众不难笼络，爱他们就亲近，施利就来，称赞他们就努力，给他们所厌恶的就离散。爱和利出于仁义，抛弃仁义的少，利用仁义的多。仁义的行为不但虚伪，而且还会成为贪求者的工具。这是用一个

庄 子

人的独裁取利于天下,如同用一刀切。尧只知道贤人有利于天下,而不知道他们对天下的危害,只有无心做贤人的人才知道。"

原文

有暖姝❶者,有濡需❷者,有卷娄者。所谓暖姝者,学一先生之言,则暖暖姝姝而私自说也,自以为足矣,而未知未始有物也。是以谓暖姝者也。

濡需者,豕虱是也,择疏鬣长毛自以为广宫大囿,奎蹄曲隈,乳间股脚,自以为安室利处,不知屠者之一旦鼓臂布草操烟火,而己与豕俱焦也。此以域进,此以域退,此其所谓濡需者也。

卷娄者,舜也。羊肉不慕蚁,蚁慕羊肉,羊肉膻也。舜有膻行,百姓悦之,故三徙成都,至邓之虚而十有万家。尧闻舜之贤,举之童土❸之地,曰冀得其来之泽。舜举乎童土之地,年齿长矣,聪明衰矣,而不得休归,所谓卷娄者也。

是以神人恶众至,众至则不比,不比则不利也。故无所甚亲,无所甚疏,抱德炀和❹,以顺天下,此谓真人。于蚁弃知,于鱼得计,于羊弃意。以目视目,以耳听耳,以心复心。若然者,其平也绳,其变也循。古之真人,以天待人,不以人入天。古之真人,得之也生,失之也死;得之也死,失之也生。

注释

❶ 暖姝(shū):沾沾自喜的样子。
❷ 濡(rú)需:偷安一时的样子。
❸ 童土:不长草木之地。

❹ 炀（yáng）和：温和，不冷不热。

> **解读**

有沾沾自喜的，有偷安一时的，有劳形自苦的。所谓沾沾自喜的，只学一家之言，就扬扬得意，自以为饱学，实则一无所获。这就叫沾沾自喜。

偷安一时的，就像猪身上的虱子，选择猪毛疏长之处，自以为是宽广的宫殿苑囿，寄身于蹄边胯下和乳腹股脚之间，自以为是安居的好地方，没想到屠夫一旦举臂放草拿火把，自己与猪一同被烧焦。将进退都局限在狭隘范围内，这就是所谓的偷安一时。

劳形自苦的，就像舜一样。羊肉不爱蚂蚁，但蚂蚁爱羊肉，这是因为羊肉有膻味。舜的行为有膻味，百姓喜欢他，所以三次迁移形成了都邑，到邓地时追随他的百姓已有十几万家。尧听说舜贤能，就把他提拔起来，希望得到他带来的恩泽。后舜年龄大了，智力衰退，却不能退居家中休息，这就是所谓的劳形自苦。

因此，神人讨厌来归附的人多，人多就不可能都亲近，不亲近就会生祸害而有所不利。所以不过分亲近，不过分疏远，坚守天德而温和，以顺应天下，这就叫真人。对蚂蚁来说应该抛弃爱羊肉的心智，对鱼来说要得水适意，对羊来说要剔除吸引他物的意念。用眼睛看所能看见的，用耳朵听所能听见的，用心灵领会所能领会的。如果这样，就会平直如绳，变化顺应自然。古时的真人以天道对待人事，不用人事去干预自然的天道。古时的真人得失听其自然，以得为生，以失为死；以得为死，以失为生。

> **原文**

药也，其实堇也，桔梗也，鸡雍也，豕零也，是时为帝❶者也，何可胜言！句践也以甲楯三千栖于会稽，唯种❷也能知亡之所以存，唯种

庄 子

也不知其身之所以愁。故曰，鸱目有所适，鹤胫有所节，解之也悲。

故曰，风之过，河也有损焉；日之过，河也有损焉。请只风与日相与守河，而河以为未始其撄也，恃源而往者也。故水之守土也审，影之守人也审，物之守物也审。

故目之于明也殆，耳之于聪也殆，心之于殉也殆。凡能其于府也殆，殆之成也不给改。祸之长也兹萃，其反也缘功，其果也待久。而人以为己宝，不亦悲乎！故有亡国戮民无已，不知问是也。

故足之于地也践，虽践，恃其所不蹍而后善博也；人之于知也少，虽少，恃其所不知而后知天之所谓也。知大一，知大阴，知大目，知大均，知大方，知大信，知大定，至矣！大一通之，大阴解之，大目视之，大钧缘之，大方体之，大信稽之，大定持之。

尽有天，循有照，冥有枢，始有彼，则其解之也似不解之者，其知之也似不知之也，不知而后知之。其问之也，不可以有崖，而不可以无崖。颉滑有实，古今不代，而不可以亏，则可不谓有大扬攉③乎，阖不亦问是已，奚惑然为！以不惑解惑，复于不惑，是尚大不惑。

注释

① 帝：主要，贵重。
② 种：即文种，为越王勾践的谋臣。
③ 扬攉（què）：粗略法度，大体轮廓。

解读

譬如药材，像紫堇、桔梗、鸡头草、猪苓，急需的时候就贵重，贵贱无定，怎么能说得清呢！勾践仅剩下三千兵卒困守在会稽山上，只有文种能知道在败亡中图生存，也只有文种不知道自身的祸患。所以说，猫头鹰

杂 篇

的眼睛有所适用，鹤的腿是有一定分寸的，如果截短就可悲。

所以说，风吹过，河水就有损；太阳晒过，河水也有损。若是风和太阳同时对着河水吹晒，河水却未曾受损，这是靠着水源不断流入的缘故。所以，水守住了土就平静，影子守住了人就安宁，物守住了他物就融合不离。

所以，眼睛过于明察，耳朵过于灵敏，心神过分逐物，都是危险的。凡是才能都要费心神，这对于心脏来说是危险的，造成了危害就来不及挽救了。祸害迅速滋长而又多端，要回头就得下苦功，有成效就需要旷日持久。而人们却把目明、耳聪、才能之类视为宝贝。岂不是太可悲了吗？所以，灭国杀人的事件层出不穷，却不知道从这里寻找原因。

脚所踩的地方不大，虽然不大，但要凭靠周围没有踩的地方才能走得远；人所知很少，虽然少，但要凭靠所不知的才会知道天所表现的自然之道。知绝对的同一，知极端的宁静，知大道的观点，知绝对的平均，知大道的度量，知真实之理，知绝对安定，就达到了最高的境界。绝对的同一来贯通，极端的宁静来化解，大道的观点来明察，绝对的平均来随顺。大道的度量来体现，真实之理来稽核，绝对的安定来持守。

万物之中有自然，循任之际有光明，幽冥之中有枢机，初始之际有彼端。在这种境地中，解悟了好像没有解悟一样，知道了好像不知道一样，不知道然后才能知道。追问它。不可以有边际，也不可以没有边际。错综复杂中有核心，古今不变，而不可以亏损，难道不可以说它有大体轮廓吗？为什么不探求它，而又疑惑呢！以不惑解惑，返归于不惑，这就是崇高的大不惑。

庄 子

则 阳

原文

则阳游于楚,夷节言之于王,王未之见,夷节归。彭阳见王果曰:"夫子何不谭①我于王?王果曰:"我不若公阅休。"彭阳曰:"公阅休奚为者邪?"

曰:"冬则擉②鳖于江,夏则休乎山樊。有过而问者,曰:'此予宅也。'夫夷节已不能,而况我乎!吾又不若夷节。夫夷节之为人也,无德而有知,不自许,以之神其交,固颠冥乎富贵之地,非相助以德,相助消也。夫冻者假衣于春,暍者③反冬乎冷风。夫楚王之为人也,形尊而严;其于罪也,无赦如虎;非夫佞人正德,其孰能挠焉!

"故圣人,其穷也使家人忘其贫,其达也使王公忘爵禄而化卑。其于物也,与之为娱矣;其于人也,乐物之通而保己焉。故或不言而饮人以和,与人并立而使人化。父子之宜,彼其乎归居,而一闲其所施。其于人心者,若是其远也。故曰待公阅休。"

注释

① 谭:通"谈",推荐。
② 擉(chuō):刺。
③ 暍(yē)者:中暑的人。

杂 篇

解读

则阳到楚国游历,夷节告诉了楚王,楚王并没有接见则阳,夷节只好回家。彭阳拜见王果时说:"先生为什么不在楚王面前推荐我呢?"王果说:"我不如公阅休。"彭阳说:"公阅休是何人?"

王果说:"冬天在江中捉鳖,夏天在樊圃里休息,有过往的人问他,他说:'这是我的住宅。'夷节也不能做到这点,何况是我呢!我又不如夷节。夷节没有德行却很有智巧,不自甘淡泊,以智巧神化与自己结交的人。早已沉溺于富贵场中,无助于德行,反而会损伤德行。他推荐你见楚王,就像受冻的人盼望着春天暖和当作衣服,中暑的人反求冬天的冷风散热一样,是无济于事的。楚王形貌尊贵而威严,对于罪过不宽恕犹如凶狠的老虎。要不是小人和真正有德行的人,谁能说服他呢?

"因此,当圣人穷困的时候,他能使家人忘掉自己的贫困,当他通达的时候,也能使王公大人忘掉高官厚禄而与卑贱同化。他对于外物,共处为快;他对于人事,快乐相处而保存自己的天性。所以,有时不言语而能以中和之道对待人,与人相处用不了多久就能使人同化。父子相处,各得其所,各自相宜,以淡泊清静的态度待人。他的心态和一般人的心态相距甚远。所以说还得等待公阅休。"

原文

圣人达绸缪❶,周尽一体矣,而不知其然,性也。复命摇作,而以天为师,人则从而命之也。忧乎知,而所行恒无几时;其有止也,若之何!

生而美者,人与之鉴,不告则不知其美于人也。若知之,若不知之,若闻之,若不闻之,其可喜也终无已,人之好之亦无已,性也。圣人之爱人也,人与之名,不告则不知其爱人也。若知之,若不知之,若

庄 子

闻之，若不闻之，其爱人也终无已，人之安之亦无已，性也。

旧国旧都，望之畅然，虽使丘陵草木之缗[2]，入之者十九，犹之畅然，况见见闻闻者也，以十仞之台县[3]众间者也。

冉相氏得其环中以随成，与物无终无始，无几无时。日与物化者，一不化者也，阖尝舍之！夫师天而不得师天，与物皆殉，其以为事也若之何？夫圣人未始有天，未始有人，未始有始，未始有物，与世偕行而不替，所行之备而不洫[4]，其合之也若之何？汤得其司御门尹登恒，为之傅之，从师而不囿，得其随成。为之司其名，之名赢法，得其两见，仲尼之尽虑，为之傅之。容成氏曰："除日无岁，无内无外。"

注释

① 达绸缪（móu）：贯通人际间的纠葛。
② 缗（mín）：混朦不清。
③ 县：挺立。
④ 洫：借作"恤"，忧。

解读

圣人能够贯通人际间的纠葛，周遍万物为一体，但他不知道为什么，这是由他的本性决定的。不管是复归于静还是摇动而作，只要宗法自然，人们就称他为圣人。因自己的智虑不周而忧虑，他的行为就会反复无常而不恒久；如果停止了对知识的追逐而处于无智无虑之中，那又怎么样呢！

生来就美的人，别人给他镜子他才会知道自己的美，如果没人告诉他，他也就不知道自己比别人美了。好像知道又好像不知道，好像听说过又好像没听说过，人们对他的喜爱并不会因此而终止，这是自然本性啊。这就像圣人爱人，别人称他为圣人，他就会以爱人自居，如果没人告诉他，他就只是爱人不已。好像知道自己的爱人，又好像不知道自己的爱人,好像听人夸过,又好像没人夸过,他的爱人也就会一如既往地爱下去,人们也就会对他的爱人泰然处之,这也是自然本性。

祖国和故乡,看到了心情就舒畅。即使由于丘陵草木的遮掩而有十分之九昏昏蒙蒙看不清,心里还是很舒畅。何况是亲眼所见亲耳所闻呢!就像十仞之台赫然挺立于众人之间一样。

冉相氏站在各种是非循环的中间,任外物成长,所以能和万物处于无终无始、无时无刻的永恒和谐之中。他虽然天天和外物一起变化,但是内在的心灵境界却是永恒不变的。何曾尝试过离开大道呢!效法天而不追求效果,和天地万物一起殉身于道,用这样的态度对待事情,还有什么可担忧的呢?圣人不知道有天,不知道有人,不知道有开始,不知道有外物,与世同行而不偏废,所行完备而不忧虑,他和自然之道的冥合已经达到了如此程度,谁又能把他怎么样呢?商汤得到司御门尹登恒,拜为老师,随师学习而又不受师法的局限,这就得到了他随顺成物的本性。容成氏说:"除掉了一年之中的每一天,也就没有年了,这就像离开了内也就没有了外一样。"

原文

魏莹与田侯牟约,田侯牟背之。魏莹怒,将使人刺之。

犀首公孙衍闻而耻之,曰:"君为万乘之君也,而以匹夫从仇。衍请受甲二十万,为君攻之,虏其人民,系其牛马,使其君内热发于背,然后拔其国。忌也出走,然后抶❶其背,折其脊。"

季子闻而耻之,曰:"筑十仞之城,城者既十仞矣,则又坏之,此胥靡❷之所苦也。今兵不起七年矣,此王之基也。衍,乱人也,不可听也。"

华子闻而丑之,曰:"善言伐齐者,乱人也;善言勿伐者,亦乱

庄 子

人也；谓'伐之与不伐乱人也'者，又乱人也。"

君曰："然则若何？"

曰："君求其道而已矣。"

惠子闻之，而见戴晋人。戴晋人曰："有所谓蜗者，君知之乎？"

曰："然。"

"有国于蜗之左角者，曰触氏；有国于蜗之右角者，曰蛮氏。时相与争地而战，伏尸数万，逐北旬有五日而后反。"

君曰："噫！其虚言与！"

曰："臣请为君实之。君以意在四方上下有穷乎？"

君曰："无穷。"

曰："知游心于无穷，而反在通达之国，若存若亡乎？"

君曰："然。"

曰："通达之中有魏，于魏中有梁，于梁中有王。王与蛮氏有辩乎？"

君曰："无辩。"

客出而君惝然若有亡也。

客出，惠子见。君曰："客，大人也，圣人不足以当之。"

惠子曰："夫吹管也，犹有嗃❸也；吹剑首❹者，吷❺而已矣。尧、舜，人之所誉也。道尧、舜于戴晋人之前，譬犹一吷也。"

注释

❶ 挟（chì）：鞭笞，打击。

❷ 胥靡：用绳索牵连着强迫劳动的奴隶。

❸ 嗃（xiāo）：吹竹管的声音，声音大而长。

④ 剑首：剑环上的小孔。
⑤ 映（xuè）：细小的声音。

解读

魏莹与田侯牟订下盟约，后田侯牟违背了盟约。魏莹大怒，要派人去刺杀他。

公孙衍将军听了，羞愧地说："你是大国的君主，却用匹夫的手段去报仇。我请求您授予我二十万甲兵，为您攻打齐国，掳掠齐国的人民，抢夺齐国的牛马，让齐国君主内心发火而发病于背，然后我们魏国就可以一点点吞并齐国的国土。等齐国将军田忌一出走，你就可以亲手鞭打田牟的脊背，折断他的脊梁骨了。"

季子听了，耻笑公孙衍说："建筑十仞高的城墙，既然城墙已经有十仞之高了，则又毁坏它，这是筑城的奴隶都以为苦的傻事。现在不打仗已经七年了，这是统治的基础。公孙衍是个喜爱战乱的人，不要听他的。"

华子听到季子的主张后，也感到羞耻，他说："善于计划伐齐的人是

喜爱战乱的人，善于讨论不伐齐的人也是好乱的人；说'主张伐齐和主张不伐齐都是喜爱战乱的人'的人，又是一个喜爱战乱的人。"

魏君说："那么怎么办呢？"

华子说："你追求大道就行了。"

惠施听了，向魏君引见了戴晋人。戴晋人说："有一个蜗牛的故事，君主知道吗？"

魏惠王说："知道。"

戴晋人说："有个国家在蜗牛的左触角叫触氏国，有个国家在蜗牛的右触角叫蛮氏国，两国时常为争夺地盘而发生战争，横尸数万之后，还要追逐对方的败兵十五天之后才收兵。"

魏惠王说："噫！这是编出来的空话吧！"

戴晋人说："请允许我证实它。君主你想，四方上下的空间是有穷尽的吗？"

魏君说："没有。"

戴晋人说："懂得了游心于无穷的境域，再返回到您四通八达的国土，国土不就变得若有若无了吗？"

魏君说："是这样的。"

戴晋人说："有一个魏国，魏国有一个梁都，梁都有一个君王，君王与蛮氏有区别吗？"

魏君说："没有。"

戴晋人走后，魏君一脸怅然若失的样子。送走戴晋人之后，惠施进前觐见国君。魏君说："这位客人是位伟大的人物呀，我看圣人也比不上他。"

惠施说："吹奏管乐的音乐还在回响，这时候在剑环上吹一下，只能发出一点细小的声音。尧舜是人们所称誉的人。可如果在戴晋人面前称道尧舜，就好比在管乐声中'嘘'的一声吹了一下剑环罢了。"

杂 篇

原文

孔子之楚,舍于蚁丘之浆❶。其邻有夫妻臣妾登极❷者,子路曰:"是稯稯❸何为者邪?"

仲尼曰:"是圣人仆也。是自埋于民,自藏于畔。其声销,其志无穷;其口虽言,其心未尝言,方且与世违而心不屑与之俱。是陆沉者也,是其市南宜僚邪!"

子路请往召之。孔子曰:"已矣!彼知丘之著于己也,知丘之适楚也,以丘为必使楚王之召己也,彼且以丘为佞人也。夫若然者,其于佞人也羞闻其言,而况亲见其身乎!而何以为存?"子路往视之,其室虚矣。

注释

❶ 蚁丘之浆:蚁丘山下的一家卖浆的店铺。
❷ 登极:爬上屋顶。
❸ 稯(zǒng)稯:有秩序地聚集在一起。

解读

孔子到楚国去,旅居在蚁丘山脚下的卖浆铺里。卖浆铺有一家邻居,他们夫妻仆妾一起爬上屋顶观望,子路说:"那一群人有秩序地聚在一起干什么呢?"

孔子说:"那些人是圣人的仆役,他们家有一位圣人是甘愿隐居于民间田园的人。他们的声名虽然已经消失,但他们的志向却无比远大;这样的人虽然说着话,却从不曾在乎什么。他们的行为和世俗相反,内心深处是不屑于和世俗的人为伍的。这样的人都是伟大的隐者,他们就像是市南宜僚那样的人呀!"

庄 子

子路请求去把他召来见个面。孔子说:"算了吧!他知道我十分了解他,也知道我要到楚国去,以为我必定会请楚王来召见他。可他已经把我当成媚于世俗的人了。如果这样,他对于媚世之人的话都是不屑的,何况亲自见面呢!你去叫他们来又能交流些什么呢?"子路去看的时候,那人家里已经空无一人了。

原文

长梧封人问子牢曰:"君为政焉勿卤莽❶,治民焉勿灭裂❷。昔予为禾,耕而卤莽之,则其实亦卤莽而报予;芸而灭裂之,其实亦灭裂而报予。予来年变齐❸,深其耕而熟耰之,其禾繁以滋,予终年厌飧❹。"

庄子闻之曰:"今人之治其形,理其心,多有似封人之所谓,遁其天,离其性,灭其情,亡其神,以众为。故卤莽其性者,欲恶之孽为性,萑苇蒹葭始萌,以扶吾形,寻擢吾性。并溃漏发,不择所出,漂疽疥痈,内热溲膏是也。"

注释

❶ 卤莽:即鲁莽,草率。
❷ 灭裂:胡乱来。
❸ 变齐:改变耕作方法。齐,通"剂",方法。
❹ 厌飧:吃得饱。飧,通"餍"。

解读

长梧封人向子牢说:"你处理政务不要鲁莽,治理人民不要乱来。过去我种庄稼,耕作时鲁莽草率,它长出的籽实也就又少又秕,这也就是反过来报复了我。除草的时候随意乱来，它长出的籽实也就乱七八糟，这也就是反过来报复了我。我第二年改变方法，深耕细作，禾苗繁盛，子饱粒大，我也就一年到头能够吃得上饱饭了。"

庄子听说这件事后说："现在很多人对待身体，修养心神，就像长梧封人所言，丧失掉天性，离开本性，灭绝真情感，失去精气神，跟着俗众随意乱来。所以，对人的自然天性鲁莽草率，把好恶的孽害当作本性，就如同荻苇刚发芽还没有秀穗，他们用这种方法扶养自己的形体，或者对自己的本性拔苗助长。其结果无非是本性溃烂漏溢，胡作非为，弄得身心像脓疮疥疽一样，内热发作，尿都尿不出来了。"

原文

柏矩学于老聃，曰："请之天下游。"

老聃曰："已矣！天下犹是也。"

又请之，老聃曰："汝将何始？"

曰："始于齐。"

至齐，见辜人❶焉，推而强之❷，解朝服而幕之，号天而哭之曰："子乎！子乎！天下有大菑，子独先离❸之，曰'莫为盗！莫为杀人！'荣辱立，然后睹所病；货财聚，然后睹所争。今立人之所病，聚人之所争，穷困人之身使无休时，欲无至此，得乎！古之君人者，以得为在民，以失为在己；以正为在民，以枉为在己；故一形有失其形者，退而自责。今则不然。匿为物而愚不识，大为难而罪不敢，重为任而罚不胜。远其途而诛不至。民知力竭，则以伪继之，日出多伪，士民安取不伪！夫力不足则伪，知不足则欺，财不足则盗。盗窃之行，于谁责而可乎？"

庄子

> **注释**
>
> ① 辜人：把死刑犯的尸体放在街上示众。
> ② 推而强之：把尸体摆正。强，通"僵"。
> ③ 离：通"罹"，遭难。

> **解读**

柏矩跟老子学习，说："请你允许我到天下去游历。"

老子说："算了吧，天下就像我们这里，到处都是一样的。"

柏矩再次请求，老子说："你要先到哪里去？"

柏矩说："从齐国开始。"

柏矩到了齐国，看到一个死刑人的尸体放在街上示众，便摆正它，解下自己的礼服盖上，仰天号哭说："你呀你呀！天下有大灾大难，唯独让你先碰上了！人们天天说不要当盗贼，不要杀人！看来只有通过追求荣辱的事业，才会看出它的弊端；只有积聚起来财货，才能发现竞争的残酷。现在你追求有弊端的事业，聚积人们争夺的财货，却把身体弄到了这种地步，想不至于此还来得及吗？古代的君主，有所得就归功于人民，有所失就归罪于自己；正确了就归功于人民，搞错了就归罪于自己。所以，一个人受到了刑罚，就退而责备自己。现在不是这样了。隐匿事物的真相而愚弄无知的民众，夸张国事的困难却归罪人们不敢做，加重部下的责任以便处罚那些不能胜任的人，延长路途而诛杀走不到的人。民众智穷力竭，就以虚伪来糊弄他们，天天搞虚伪，士民怎能不虚伪呢！能力不够就作假，智慧不足就欺骗，钱财不足就偷抢。社会上的盗窃行为，到底该由谁来负责，该去责备谁才好呢？"

> **原文**

蘧伯玉行年六十而六十化，未尝不始于是①之而卒诎②之以非也。

未知今之所谓是之非五十九非也。万物有乎生而莫见其根，有乎出而莫见其门。人皆尊其知之所知，而莫知恃其知之所不知而后知，可不谓大疑❸乎？已乎已乎！且无所逃。此所谓然与，然乎？

注释

❶ 是：当下，现在。
❷ 卒诎：卒，最终，最后。诎，通"黜"。
❸ 大疑：很糊涂。

解读

蘧伯玉活了六十岁而始终不断地与时俱进，调整自己，他总是不从当下重新开始而是又一次否定了自己错误。他从来不认为自己现在肯定的就不是自己以前或刚刚否定过的。万物就这样生机勃勃地存在着，但我们却看不到根源，万物似乎都应该有自己的出处而我们却看不见门径。人们都很珍惜他们的认识能力所能达到的知识界限，却不懂得仰赖自己的认识能力所达不到的无限的无知之域来看待自己的知识，这难道不是很糊涂吗？算了吧！似乎不这样也没有什么可供选择的余地。这种说法也可能对吧，可是它真的就是对的吗？

原文

仲尼问于大史大弢、伯常骞、狶韦曰："夫卫灵公饮酒湛乐❶，不听国家之政；田猎毕弋❷，不应诸侯之际，其所以为灵公者何也？"大弢曰："是因是也。"

伯常骞曰："夫灵公有妻三人，同滥而浴。史鳅奉御而进所，搏币而扶翼。其慢若彼之甚也，见贤人若此其肃也，是其所以为灵公也。"

庄 子

狶韦曰："夫灵公也死，卜葬于故墓不吉，卜葬于沙丘而吉。掘之数仞，得石椁焉，洗而视之，有铭焉，曰：'不冯[3]其子，灵公夺而里之。'夫灵公之为灵公也久矣！之二人何足以识之。"

注释

① 湛乐：过分地享乐。湛，通"耽"。
② 田猎毕弋：用网和箭整天打猎玩乐。
③ 冯（píng）：通"凭"，依靠。

解读

孔子问太史大弢、伯常骞和狶韦："卫灵公饮酒无度，沉溺于淫乐，也不处理国家政务，经常捕捉兽鸟取乐，不应诸侯会盟之邀和别国交往，却得到个灵公的谥号，这是为什么？"大弢说："正是因为这样，所以才得到了这个谥号。"

伯常骞说："灵公有三个妻子，他和她们在一个大浴盆中洗澡。史鱼驾着载着妻子的车直接进入卫灵公的起居室，一边接受奖赏一边侍候着。灵公放纵、傲慢得那样严重，然而接见贤人却又能以肃然起敬的态度而使贤人和他亲密无间，这就是他之所以称为灵公的原因。"

狶韦说："灵公死后，卜葬在原来的墓穴不吉利，卜葬在沙丘吉利。掘墓穴深到数仞时，挖出一个石棺，洗去泥土一看，上面有铭文说：'不必依赖他的子孙们，灵公可以把这个石棺拿去使用而居住其中就是了。'灵公之所以被谥称为灵公，已经是很久以前的事了，大弢、伯常骞怎么能知道呢！"

原文

少知问于大公调曰："何谓丘里之言？"

杂 篇

大公调曰："丘里者，合十姓百名而以为风俗也，合异以为同，散同以为异。今指马之百体而不得马，而马系于前者，立其百体而谓之马也。是故丘山积卑而为高，江河合小而为大，大人合并而为公。是以自外入者，有主而不执；由中出者，有正而不距❶。四时殊气，天不赐，故岁成。五官殊职，君不私，故国治。文武殊能，大人不赐，故德备；万物殊理，道不私，故无名，无名故无为，无为而无不为。时有终始，世有变化。祸福淳淳，至有所拂者而有所宜；自殉殊面，有所正者有所差。比于大泽，百材皆度；观于大山，木石同坛，此之谓丘里之言。"

少知曰："然则谓之道，足乎？"大公调曰："不然。今计物之数，不止于万，而期曰万物者，以数之多者号而读之也。是故天地者，形之大者也；阴阳者，气之大者也；道者为之公。因其大以号而读之则可也，已有之矣，乃将得比哉？则若以斯辩，譬犹狗马，其不及远矣。"

少知曰："四方之内，六合之里，万物之所生恶起？"

大公调曰："阴阳相照，相盖相治，四时相代，相生相杀，欲恶去就，于是桥起；雌雄片合❷，于是庸有。安危相易，祸福相生，缓急相摩，聚散以成。此名实之可纪，精微之可志也。随序之相理，桥运之相使，穷则反，终则始。此物之所有，言之所尽，知之所至，极物而已。睹道之人，不随其所废，不原其所起，此议之所止。"

少知曰："季真之莫为，接子之或使，二家之议，孰正于其情，孰偏于其理？"

大公调曰："鸡鸣狗吠，是人之所知；虽有大知，不能以言读其所自化，又不能以意其所将为。斯而析之，精至于无伦，大至于不可

庄 子

围。或之使，莫之为，未免于物，而终以为过。或使则实，莫为则虚。有名有实，是物之居；无名无实，在物之虚。可言可意，言而愈疏，未生不可忌，已死不可徂❸。死生非远也，理不可睹。或之使，莫之为，疑之所假。吾观之本，其往无穷；吾求之末，其来无止。无穷无止，言之无也，与物同理？或使莫为，言之本也，与物终始。道不可有，有不可无。道之为名，所假而行。或使莫为，在物一曲，夫胡为于大方？言而足，则终日言而尽道；言而不足，则终日言而尽物。道物之极，言默不足以载；非言非默，议有所极。"

注释

❶ 距：同"拒"，拒绝。
❷ 雌雄片合：片，通"半"，异性交配。
❸ 徂：通"阻"，止。

解读

少知问大公调："什么叫丘里之言？"

大公调说："所谓丘里之言，就是集合众人的生活习惯而形成的风俗，聚合不同生活形式形成约定俗成的一致性，一致性一落实到实际生活中就会有所不同。现在，我们指着马的任何部位都不能将其称为马，而马就拴系在我们面前，我们的理性统摄了马的各个部分就形成了'马'的概念并指我们面前的对象为马。所以，丘山是积累了卑小的部分才成就了它的高大，江河是汇聚了许多的支流才成就了大川江河，得道的人是统摄了天地万物才提炼出它的共性并概括着所有的物。所以，如果我们在吸纳别人意见时，要既有自己的主见而又不能固执己见；如果是自己感悟到的观念，即使正确也不能拒绝别人的意见。一年四季，气候不同，并不意味着天有偏私，岁月也就因此而得到了成就；五官感觉有不同的职责，心灵作为主宰却并不偏私某一官能。所以，国家要得到治理，就要求文臣武将有不同的才能，得道的人并不偏废任何一方，这才是德行完备的表现。万物有不同的存在根据，天道却并不偏私任何一种根据，所以，大道作为最高的抽象就是它没有一般名词所具有的确定性称谓。没有确定性的称谓也就意味着它是无所作为的，它虽然无所作为却又无所不为。时间有终始，世事有变化，祸福的转化自然流变，达到对世界自相的认识却又觉得它们各有所宜；它们各自殉身在大道之中却又有不同的表现形式，所有确定性的存在都是有所差别的。用大湖做比喻，就是它能容纳各种具体有用的事物于自身之中；再看大山，树木和石头各有不同却共处于一个统一的大空间。所谓丘里之言，就是这一类的情况。"

少知说："那么我们就把它称为道，可以吗？"

大公调说："不仅如此。如果我们现在计算物的数量，并不止于一万，而我们习惯上说万物的时候，只是用一个大的数目权且这样说罢了。所以，天地是形体中最大的，阴阳是'气'中最大的；道包括了'形'和'气'，而将其统摄起来。因为它的大就这样权且约定俗成地称呼它也就可以了，已经有称呼了，还怎样去进一步地比拟它呢！如果非要进一步对道进行比拟性的描述，那就好像把狗和马相比较，反而会更加远离真意而不着边际了。"

少知说："在四方之内，六合之中，万物是怎样产生的呢？"

大公调说："阴阳相互映照、相互涵盖又相互界定边界，四时相互代谢、相互产生又相互消灭。好恶去来，于是有起有降不断地涨落；雌雄交配，于是就生出了许多常见的事物。安危相互变换，祸福相互转化，缓急有韵律地变化，聚散相互依存而成就万物。这就是名与实之间的纲纪，也是对精微的世界实体的一种标记方式。天地万物似乎按时间排成了一定序列，像桔槔一样起伏波动，相互作用，至极而返，终归重新开始。这是天地万物共有的时序性，人类的言说到了这里也就无话可说了，人类的知识到了这个界限也就成了最后的界限，语言知识也就只限于对物的指称而已。识得道体的人，并不停留在语言知识失效的地方，但也不追求物的起源，就让语言知识停止在这个界限上。"

少知说："季真主张的莫为，接子主张的或使，谁符合事物的实情，谁偏离了事物的真理呢？"

大公调说："鸡鸣狗吠是人所共知的。但你虽有大智慧，也不能用语言说出原因，也不能靠心灵推测动向。这样解析下去，最精微的就达到它的内部不再有关系，最大的空间范围也就是无物可以再进一步限定它。说或有所使，称莫有所为，都未免在物上立论，而还是有所不当。如果认为天地万物或由某某在创造和驱使着，就会得到某种实体性的观念，如果认为天地万物是自然而然从来如此的，就会让人感到茫然而空虚。有名有实，就是指出了物质实体的所在；无名无实，就是回归到世界的虚无状态。可以用语言指称和意会的事物，我们并不能禁止它的产生，对于已经消亡的事物，我们也不能阻止。死生对我们来说并不陌生，但它的道理我们却不可认识。对天地万物要么或有所使，要么莫之所为，似乎都是一种逻辑上的假说或预设。我看它的本源，它的过往是无限的；我求它的末端，它在未来没有终止。无限而又不停止的事物，语言是无从表达的，它难道和具体的事物具有相同的规律吗？'或使'和'莫为'是语言的出发点，却又和万物相终始。道不可以用有形之物来形容，既存的有形之物却又不可能是任何意义上的'无'。'道'作为一个名词，只是一种假设或预设性的逻辑起点从而使人们的推理过程能够展开罢了。'或使'和'莫为'的主张，是对这个世界的两种极限性描述，它们到底哪一个更符合于大道呢？如果语言能够表达大道，那么我们一天到晚所说的话就都是道；如果语言不足以表达大道，那么我们一天到晚所说的话就都是具体的事物。道是物的极限，不管是言说还是沉默都不足以承载大道；也可能既不言说也不沉默的观念才是对终极问题的最后感悟吧。"

杂 篇

外 物

原文

外物不可必❶，故龙逢诛，比干戮，箕子狂，恶来死，桀、纣亡。人主莫不欲其臣之忠，而忠未必信，故伍员流于江，苌弘死于蜀，藏其血，三年而化为碧。

人亲莫不欲其子之孝，而孝未必爱，故孝己忧而曾参悲。木与木相摩则然❷，金与火相守则流。阴阳错行，则天地大絯❸，于是乎有雷有霆，水中有火，乃焚大槐。

有甚忧两陷而无所逃，螴蜳❹不得成，心若县于天地之间，慰暋❺沈屯，利害相摩，生火甚多，众人焚和，月固不胜火，于是乎有僓然❻而道尽。

注释

❶ 必：强求。
❷ 然：通"燃"。
❸ 絯（gāi）：通"骇"，动乱。
❹ 螴蜳（chén dūn）：心神不定的样子。
❺ 慰暋（mǐn）沈屯：苦闷沉郁。
❻ 僓（tuí）然：败坏的样子。

庄 子

解读

外物不可强求，所以龙逢被杀，比干被害，箕子装疯，恶来丧命，桀纣灭亡。君主都希望臣子忠心，但忠心未必被信任，所以伍员浮尸于江，苌弘身死于蜀，他的血藏了三年后化为碧玉。

父母都希望儿子孝顺，但孝顺未必为父母所爱，所以孝己忧闷而死，曾参常常悲泣。木与木相摩擦则燃烧，金与火放在一起就熔化。阴阳错乱，则天地大震荡，于是就会有雷霆，下雨闪电，焚毁大树。

忧虑过甚导致内心错乱而无法解脱，心神不定而一无所成，心就像悬吊在天地之间，苦闷沉郁，权衡利害，心火上升，众人过于计较利害致使心火升腾而失去调和，内心的清静平明之气不能克制火气，于是就会精神崩溃而使道德丧失干净。

原文

庄周家贫，故往贷粟于监河侯。监河侯曰："诺。我将得邑金❶，将贷子三百金，可乎？"

庄周忿然作色曰："周昨来，有中道而呼者。周顾视车辙中，有鲋鱼❷焉。周问之曰：'鲋鱼来！子何为者耶？'对曰：'我，东海之波臣也。君岂有斗升之水而活我哉？'周曰：'诺。我且南游吴越之王，激西江之水而迎子，可乎？'鲋鱼忿然作色曰：'吾失我常与，我无所处。吾得斗升之水然活耳，君乃言此，曾不如早索我于枯鱼之肆！'"

注释

❶ 邑金：封邑的租赋收入。

杂 篇

❷ 鲋（fù）鱼：鲫鱼。

解读

庄子家境贫穷，去向监河侯借粮。监河侯说："好吧。我就要得到封邑的租赋，到时借给你三百金，可以吗？"

庄子生气地说："我昨天来的时候，半路上听到有呼唤我的声音，回头一看，车辙中有一条鲫鱼。我问它：'鲫鱼！你在干什么？'它回答：'我是东海的水官，你有斗升的水救我活命吗？'我说：'好吧。我将到南方去游说吴越之王，引西江的水来迎接你，可以吗？'鲫鱼气愤地说：'我失去了赖以生存的水，无处栖身。我只需要斗升的水就能够活命，而你却说出这样的话，那还不如趁早到卖鱼干的市场上去找我！'"

原文

任公子为大钩巨缁，五十犗❶以为饵，蹲乎会稽，投竿东海，旦

庄 子

旦而钓，期年不得鱼。已而大鱼食之，牵巨钩，錎没而下骛②，扬而奋鬐，白波若山，海水震荡，声侔鬼神，惮赫千里。

任公子得若鱼，离而腊之，自制河③以东，苍梧已北，莫不厌若鱼者。已而后世辁才④讽说之徒，皆惊而相告也。夫揭竿累，趣灌渎，守鲵鲋，其于得大鱼难矣。饰小说以干县令，其于大达亦远矣。是以未尝闻任氏之风俗，其不可与经于世亦远矣。

注释

① 犗（jiè）：阉割过的牛。
② 錎（xiàn）：通"陷"。下骛（wù）：在水底乱跑。
③ 制河：即浙江。
④ 辁（quán）才：粗浅的才能，小才。

解读

任公子用大钩和粗长的黑绳做了一套钓具，用五十头牛做鱼饵，蹲在会稽山上，投竿于东海，天天守钓，一年都没有钓到鱼。一年后大鱼忽然吞食钓饵，牵动大钩，沉入水下四处游荡，扬头摆尾，激起白浪如山，海水震荡，声如鬼神，震惊千里。

任公子得到这条鱼，剖开晾晒成鱼干，从浙江以东，苍梧以北，没有人不饱餐这条鱼的。后世才学疏浅的道听途说之徒，都惊奇地奔走相告。举着小竿细绳，驻足于小水沟旁，守候小鱼小虾，就不可能钓到大鱼。巧饰碎言细语以求高名，就不可能通达于道。因为他们不懂任公子不求急功近利的风尚，所以也就不可能经理世事。

原文

儒以《诗》《礼》发冢①。大儒胪传②曰："东方作矣，事之

杂 篇

何若？"

小儒曰："未解裙襦，口中有珠。《诗》固有之曰：'青青之麦，生于陵陂。生不布施，死何含珠为？'"

"接其鬓，压其顪❸，而以金椎控其颐，徐别其颊，无伤口中珠！"

注释

❶ 发冢（zhǒng）：盗墓。
❷ 胪（lú）传：传话。
❸ 顪（huì）：下巴的胡须，这里指下巴。

解读

儒生用《诗》《礼》盗掘坟墓。大儒传话说："天亮了，事情怎么样了？"

小儒说："衣服还没有脱掉，嘴里含有珠玉。《诗》中说：'青青的麦苗，长在坡地上。生前不施舍人，死后为何含珠？'"

大儒说："揪着尸体的鬓发，按着下巴，你用锤子敲开两腮，慢慢地分开两颊，不要伤了嘴里的珠玉！"

原文

老莱子之弟子出取薪，遇仲尼，反以告，曰："有人于彼，修上而趋下❶，末偻而后耳，视若营四海，不知其谁氏之子。"老莱子曰："是丘也，召而来。"仲尼至。曰："丘！去汝躬矜与汝容知，斯为君子矣。"

仲尼揖而退，蹙然❷改容而问曰："业可得进乎？"老莱子曰：

庄 子

"夫不忍一世之伤而骜③万世之患,抑固窭④邪?亡其略弗及邪?惠以欢为骜,终身之丑,中人之行易进焉耳,相引以名,相结以隐。与其誉尧而非桀,不如两忘而闭其所誉。反无非伤也,动无非邪也。圣人踌躇以兴事,以每成功。奈何哉其载焉终矜尔!"

注释

① 修上而趋下:上身长而下身短。
② 蹙(cù)然:局促不安的样子。
③ 骜:通"傲"。轻视。
④ 窭(jù):本指贫穷。这里指智力贫乏。

解读

老莱子的弟子出去打柴,遇见孔子,回来告诉老莱子:"有个人在那里,上身长而下身短,伸头曲背耳朵向后,神情好像是在经营天下,不知道他是谁。"老莱子说:"那是孔丘,召他来。"孔子走进来。老莱子说:"孔丘!抛弃你行为的矜持和容貌的机智,就可以成为君主。"

孔子作揖而后退,局促不安地问:"我的德业能够提高吗?"老莱子说:"不忍心一代人的悲伤而轻视万世的祸患,是固陋无知呢,还是智略不及呢?以施恩惠取悦于世为骄傲,这是终身的羞耻,是中等人的所作所为,以名声互相引进,以私利互相勾结。与其称赞尧而非议桀,不如将两者都忘记而抛弃那些称赞和非议。违反自然必有损害,坐立不安必生邪念。圣人从容随物以兴事,而常常成功。你为什么总是背着矜持自傲的包袱呢!"

原文

宋元君夜半而梦人被发窥阿门①,曰:"予自宰路之渊,予为清江

杂　篇

使河伯之所,渔者余且得予。"

元君觉,使人占之,曰:"此神龟也。"

君曰:"渔者有余且乎?"

左右曰:"有。"

君曰:"令余且会朝。"

明日,余且朝。君曰:"渔何得?"

对曰:"且之网得白龟焉,其圆五尺。"

君曰:"献若之龟。"

龟至,君再欲杀之,再欲活之,心疑,卜之,曰:"杀龟以卜吉。"乃刳龟,七十二钻而无遗筴。

仲尼曰:"神龟能见梦❷于元君,而不能避余且之网;知能七十二钻而无遗筴,不能避刳肠之患。如是,则知有所困,神有所不及也。虽有至知,万人谋之。鱼不畏网而畏鹈鹕❸。去小知而大知明,去善而自善矣。婴儿生,无硕师❹而能言,与能言者处也。"

注释

❶ 阿门:侧门。

❷ 见(xiàn)梦:托梦。

❸ 鹈鹕(tí hú):水鸟名。

❹ 硕师:大师。

解读

宋元君半夜梦见有人披头散发在侧门窥视,说:"我从宰路深渊来,作为清江的使者到河伯那里去,渔夫余且捕获了我。"

宋元君醒来后,让人占卜,回报说:"这是一只神龟。"

庄 子

宋元君问:"渔夫中有名叫余且的吗?"

身边的侍臣说:"有。"

宋元君说:"令余且前来朝见。"

第二天,余且来朝见。宋元君问:"你捕获到了什么?"

余且回答:"我捕获了一只白龟,直径有五尺。"

宋元君说:"把你的龟献上来。"龟送到后,宋元君又想杀掉,又想放生,犹豫不决,就进行占卜,答案是:"杀龟占卜吉利。"于是杀了龟,用来占卜,占了七十二次,无不应验。

孔子说:"神龟能托梦给宋元君,却不能逃脱余且的渔网;智慧能多次占卜而无不应验,却不能避免开膛破肚的祸患。由此看来,智慧有所局限,神灵也有所不及。虽然有最高的智慧,也要采用万众的谋略。鱼不知畏惧网而害怕鹈鹕。弃除小智则大智才明,去掉小善则大善自显。婴儿生来没有大师教就会说话,这是与会说话的人相处的缘故。"

原文

惠子谓庄子曰:"子言无用。"

庄子曰:"知无用而始可与言用矣。天地非不广且大也,人之所用容足耳。然则厕❶足而垫❷之致黄泉,人尚有用乎!"

惠子曰:"无用。"

庄子曰:"然则无用之为用也亦明矣。"

注释

❶ 厕:通"侧",旁边,之外。

❷ 垫:挖掘。

杂 篇

解读

惠子对庄子说:"你的言论无用。"

庄子说:"知道了无用才可以和你谈论有用的问题。天地并非不广大,而人所用的只是容足之地罢了。然而如果把立足之外的地方都向下挖掘到黄泉,人所立足的这块小地方还有用吗?"

惠子说:"无用。"

庄子说:"那么,无用就是有用的道理也就很明白了。"

原文

庄子曰:"人有能游,且得不游乎!人而不能游,且得游乎!夫流遁之志,决绝之行,噫,其非至知厚德之任与!覆坠❶而不反,火驰而不顾,虽相与为君臣,时也,易世而无以相贱。故曰,至人不留行焉。

"夫尊古而卑今,学者之流也。且以狶韦氏之流观今之世,夫孰能不波!唯至人乃能游于世而不僻,顺人而不失己。彼教不学,承意不彼。

"目彻为明,耳彻为聪,鼻彻为颤❷,口彻为甘,心彻为知,知彻为德。凡道不欲壅,壅则哽,哽而不止则跈,跈❸则众害生。物之有知者恃息,其不殷,非天之罪。天之穿之,日夜无降,人则顾塞其窦。胞有重阆,心有天游。室无空虚,则妇姑勃豀❹;心无天游,则六凿相攘。大林丘山之善于人也,亦神者不胜。"德溢乎名,名溢乎暴,谋稽乎諗❺,知出乎争,柴生乎守,官事果乎众宜。春雨日时,草木怒生,铫鎒❻于是乎始修,草木之到植者过半而不知其然。静默可以补病,眦㮇❼可以沐老,宁可以止遽。虽然若是,劳者之务也,非佚者之所未尝

庄 子

过而问焉。圣人之所以骇⁸天下，神人未尝过而问焉；贤人所以骇世，圣人未尝过而问焉；君子所以骇国，贤人未尝过而问焉；小人所以合时，君子未尝过而问焉。

"演门有亲死者，以善毁爵为官师，其党人毁而死者半。尧与许由天下，许由逃之；汤与务光天下，务光怒之；纪他闻之，帅弟子而踆于窾水，诸侯吊之，三年，申徒狄因以踣河。筌者所以在鱼，得鱼而忘筌⁹；蹄者所以在兔，得兔而忘蹄；言者所以在意，得意而忘言。吾安得夫忘言之人而与之言哉！"

注释

① 覆坠：指遇到极大的挫折。
② 颤（shān）：通"膻"，善于辨别气味。
③ 跈（zhěn）：通"抮"，乖戾。
④ 勃谿（xī）：争吵。
⑤ 諔（xián）：急迫，紧急。
⑥ 铫鎒（yáo nòu）：除草的农具。
⑦ 眦搣（zì miè）：按摩。
⑧ 骇（hài）：通"骇"，惊动。
⑨ 筌（quán）：通"筌"，鱼笱，一种捕鱼的竹笼。

解读

庄子说："人若能游，怎么会不游呢！人若不能游，怎么会游呢！流荡逐物的心志，固执己见的行为，唉，这都不是至知厚德者的所为！遭到重挫而不反悔，急速奔驰而不回头，社会上虽然有君臣关系，但这是时势所造成的，时势一变君臣的关系也就变了。所以说，道德高尚的人不固执于自己的所作所为。尊古而卑今，这是学者的风气。如果用豨韦氏时代的风气来观察衡量当今之世，谁能不感到震动！只有道德高尚的人才能遨游于世而不偏僻，随顺人情而不丧失本性。别人虽然教导我但我无心去学他，我表面上接受，但我绝不会学成他那个样子。

"眼睛灵通是明，耳朵灵通是聪，鼻子灵通是膻，口舌灵通是甘，内心灵通是智，智慧灵通是德。凡是道就不能堵塞，堵塞就梗阻，梗阻不止就乖戾，乖戾就会产生种种危害。有生命的物类依靠呼吸，如果不畅盛，那不是天的罪过。天使人长了七窍，日夜一样的畅通，人们却自己堵塞了孔窍。胞胎都有空隙的地方，心灵也有自然活动的地方。住房如果不够宽畅，那么婆媳之间就会争吵；心灵如果没有自然活动的地方，六窍就会互相排斥。森林高山之所以使人心旷神怡，也是广阔无比的缘故。道德的败坏在于追求名声，名声的败坏在于过分显露自己，计谋产生于急近，智慧产生于争夺，滞塞产生于固执，行政事务的成功在于适应民众。春雨及时降下，草木怒生，于是修好了农具除草整地，然而草木大半却又再生，但不知道其中的原因。安静可以养病，按摩可以防老，宁静可以平息急躁。虽然如此，这还是劳碌的人所做的事，闲逸的人是不过问的。圣人惊扰天下，神人不去过问；贤人惊扰世间，圣人不去过问；君子惊扰国家，贤人不去过问；小人迎合时宜，君子不去过问。

"演门有个死了双亲的人，因为善于悲哀毁容而被封为官师，他邻里的人却因为效法他悲哀毁容而死了大半。尧要把天下让给许由，许由逃避；汤要让位给务光，务光大怒；纪他听到后，带领众弟子蹲在窾水边准备跳河，诸侯都去慰问他，三年后，申徒狄因此跳河而死。筌是用来捕鱼的，捕到鱼就忘了筌；蹄是用来捕兔的，捕到兔就忘了蹄；言论是用来表达意思的，掌握了意思就忘了言论。我怎么能够遇到忘记言论的人而和他谈论呢！"

| 庄 子

寓 言

原文

寓言十九，重言十七，卮言①日出，和以天倪②。

寓言十九，藉③外论之。亲父不为其子媒。亲父誉之，不若非其父者也；非吾罪也，人之罪也。与己同则应，不与己同则反；同于己为是之，异于己为非之。

重言十七，所以已言也，是为耆艾④，年先矣，而无经纬本末以期年耆⑤者，是非先也。人而无以先人，无人道也；人而无人道，是之谓陈人。

卮言日出，和以天倪，因以曼衍，所以穷年。不言则齐，齐与言不齐，言与齐不齐也，故曰"言无言"。言无言，终身言，未尝言；终身不言，未尝不言！有自也而可，有自也而不可；有自也而然，有自也而不然。恶乎然？然于然。恶乎不然？不然于不然。恶乎可？可于可。恶乎不可？不可于不可。物固有所然，物固有所可；无物不然，无物不可。非卮言日出，和以天倪，孰得其久！万物皆种也，以不同形相禅，始卒若环，莫得其伦，是谓天均。天均者，天倪也。

注释

① 卮：有两解，一曰酒器，二曰漏斗。
② 和以天倪：和，合。天倪，自然的分际。

③ 藉：通"借"。

④ 耆艾：六十为耆，五十为艾，泛指年长者。

⑤ 以期年耆：徒称年长，倚老卖老。

解读

寓言十分之九，重言十分之七，卮言天天讲，没个完，却总合自然的分际。

寓言十分之九，是借别人的话来论说。就像父亲不能为自己的儿子做媒人一样，父亲称赞儿子，总不如让别人称赞更加令人信服；别人说得不准确，那就不再是自己的过错，而是别人的过错了。和自己的意见相同就随声应和，和自己的意见不同就反驳；和自己的意见一致就肯定，和自己的意见不同就否定。

重言十分之七，是为了不再争辩。这是长者的话，他那么一大把年纪了，说的话还会错吗？但是如果说不出个子丑寅卯，只是倚老卖老，那就是白活了那一大把年纪。一个人说的话如果没有超出别人的地方，那就是没有尽其为人之道；人如果不尽其为人之道，就可以说他是一个陈腐的人。

卮言天天讲，没个完，既合于自然的分际，又随着自然的变化而自然流变，这也是生命的存在方式之一。人们都不说话就不会有是非，均齐的自然和带有价值判断的言论总是有所不同，人们说话也总是难以合于自然，所以才会有"无言"的主张。如果你说话不带成见，即使不停地说，却等于什么也没说；即使你终身不说一句话，难道就能说明你没有自己的看法吗？有的出发点被人认可，有的不被人认可；有的出发点是对的，有的是不对的。怎样才算对？对的就是对。怎样就算不对？不对的就是不对。怎样去认可？该认可的就认可。为什么不认可？不想认可就不认可。万物本来都有它存在的理由，都有它自身的肯定性；没有什么事物天生就不对，或天生就是没有自身肯定性。如果不是卮言天天讲，合于自然不论

庄 子

是非,在是是非非的相互抵消中,哪里还能让你这样恒久地说下去呀!万物都有产生它的种子,而它本身又都是种子,只不过是以不同的形态不断地相互替代和嬗变罢了,事物的终和始就像是一个圆环,因为我们不了解其中的奥秘,于是就称为自然的陶轮。自然陶轮的循环性旋转就是自然的最大分际,是一个没标准的标准。

原文

庄子谓惠子曰:"孔子行年六十而六十化,始时所是,卒而非之,未知今之所谓是之非五十九非也。"

惠子曰:"孔子勤志服知❶也。"

庄子曰:"孔子谢之矣,而其未之尝言。孔子云:'夫受才乎大本,复灵以生。鸣而当律,言而当法。利义陈乎前,而好恶是非,直服人之口而已矣。使人乃以心服,而不敢蘁立❷,定天下之定。'已乎已乎!吾且不得及彼乎!"

注释

❶ 勤志服知:勤志,勤行励志。服知,役使心智。
❷ 蘁(wù)立:违逆。

解读

庄子对惠施说:"孔子活到六十岁时有多次改变自己的观点,开始时所肯定的观点,到后来又否定了它,所以,很难说今天认为是对的观点就不是五十九年来所认为是错误的观点。"

惠施说:"孔子励志勤行用智学道吗?"

庄子说:"孔子已经过于用智了,但他却未尝多说什么。孔子曾说：'人的才智是禀受于天的，恢复自己的灵性以获得生命的生机。发音要符合乐律，言论要合于法度，在利益和道义面前，一定要先分出喜爱和厌恶，正确和错误，只能是服人之口罢了。服人要让人心服而不敢有所违逆，这样才算确立了天下的定则。'算了吧，算了吧！我还赶不上他呢！"

原文

曾子再仕而心再化，曰："吾及亲仕，三釜❶而心乐；后仕，三千钟❷而不洎亲❸，吾心悲。"

弟子问于仲尼曰："若参者，可谓无所悬其罪乎？"

曰："既已悬矣。夫无所悬者，可以有哀乎？彼视三釜、三千钟，如观鸟雀蚊虻相过乎前也。"

庄 子

> **注释**

① 釜：六斗四升为一釜。
② 钟：六斛四斗为一钟。
③ 不洎（jì）亲：不能用来赡养双亲。洎，借为"及"。

> **解读**

曾子再次做官时心情又有了变化，他说："我父母双亲在世的时候做官，虽然只有三釜的俸禄而心情却很快乐；后来做官时，纵然得到三千钟的俸禄却不能奉养双亲，所以感到悲伤。"

弟子问孔子说："像曾参那样，可以算是没有因为让心灵受到俸禄的牵累而犯过错了吧？"

孔子说："还是心有牵累啊。如果真的是无所牵累，还会有悲哀吗？那种心灵不受利禄牵累的人，他们看到俸禄，不管是三釜还是三千钟，都像是看到鸟雀蚊虻飞过眼前一样，过眼云烟，根本不放在心上。"

> **原文**

颜成子游谓东郭子綦曰："自吾闻子之言，一年而野①，二年而从，三年而通，四年而物，五年而来②，六年而鬼入③，七年而天成，八年而不知死，不知生，九年而大妙。

"生有为，死也。劝公以其死也有自也，而生阳也无自也。而果然乎？恶乎其所适？恶乎其所不适？天有历数，地有人据，吾恶乎求之？莫知其所以终，若之何其无命也？莫知其所始，若之何其有命也？有以相应也，若之何其无鬼邪？无以相应也，若之何其有鬼邪？"

注释

① 野：质朴。

② 来：聚集，精神专一。

③ 鬼入：有鬼使神差，莫名其妙地使人快乐的意思。一解"鬼"当为"归"，"入"为"人"之误，"归人"即归根深藏。

解读

颜成子游对东郭子綦说："自从我听你讲道，一年而变得质朴，二年而变得顺应，三年而通达，四年而化物，五年而精神专一，六年而归根深藏，七年而合于自然，八年而不把生死放在心上，九年而达到了神妙的境界。

"人生所有的作为都不免于向死亡的逼近，视生死为一也就会感到死就来自生，而人生所有的作为都是阳气的运转，离开死它就没有来由。难道真是这样吗？怎样做才能感到舒适快意，怎样会不舒适快意，天为人规定了命运的节数，地上有人生所占据的空间位置，我还有什么可追求的呢？不知道事物为什么会有消亡的那一天，这样的话，怎能断定没有命运？不知道事物为什么会突然产生出来，这又怎能断定有命运呢？如果有某种神秘的外物和人的行为之间相互感应，怎能断定没有鬼神？如果没有什么神秘的外物和人的行为相互感应，那又怎能知道有鬼神呢？"

原文

众罔两问于景①曰："若向也俯，而今也仰；向也括撮，而今也被发②；向也坐，而今也起；向也行，而今也止。何也？"

景曰："搜搜也，奚稍③问也！予有而不知其所以。予，蜩甲也，蛇蜕也，似之而非也。火与日，吾屯也；阴与夜，吾代也。彼，吾所以

庄 子

有待邪！而况乎以无有待者乎！彼来则我与之来，彼往则我与之往，彼强阳则我与之强阳。强阳者，又何以有问乎！"

注释

① 景：通"影"，即影子。这里拟为人名。
② 被发：头发散乱。被，通"披"。
③ 稍：借作"屑"，不值得。

解读

罔两们问影子："你刚才低头，现在仰头；过去束发，现在披发；刚才坐着，现在站着；刚才行走，现在又停止。这是为什么呢？"

影子说："你也在那里嗖嗖地晃动，为什么却拿这样的问题来问我？我就是这个样子，可并不知道为什么是这个样子。我难道像蝉壳吗？像蛇皮吗？像是但又不是，是火光和阳光让我产生出来；阴天和黑夜又让我消失。形体是我所依赖的呀！何况像你这样，你是依赖于我这一无所有的东西呀！形体来我就随它来，形体去我就随它去，形体运动不止我就随它运动不止。运动不息的东西，又有什么好问的呢？"

原文

阳子居南之沛，老聃西游于秦，邀①于郊，至于梁而遇老子。老子中道仰天而叹曰："始以汝为可教，今不可也。"

阳子居不答。至舍，进盥②漱巾栉，脱屦户外，膝行而前曰："向者弟子欲请夫子，夫子行不闲，是以不敢。今闲矣，请问其过。"

老子曰："而睢睢盱盱，而谁与居？大白若辱，盛德若不足。"阳子居蹴然变容曰："敬闻命矣！"其往也，舍者迎将其家，公执席，妻执巾栉，舍者避席，炀者避灶。其反也，舍者与之争席矣。

注释

① 邀：通"要"，迎接。
② 盥：洗具，这里指洗脸洗手。

解读

阳子居南下到沛地去见老子，正巧老子西行去了秦国，要到郊外去迎接，在梁地遇见了老子。老子在半路上仰天而叹说："一开始我还以为你是可以教导的，现在看来不行了。"

阳子居没有答话。到了旅馆，阳子居送进洗漱用品，把鞋脱在门外，跪着爬向前去说："刚才弟子想请教先生，先生走在路上没闲空，所以没敢请教。现在有闲空了，请指出我的过错。"

老子说："你十分傲慢的神态，谁还会和你共处呢？清白的人像有污浊，德行高尚的人谦虚得很，总像有所不足的样子啊。"

阳子居蹙然变色说："敬听先生的教诲了！"

阳子居来的时候，旅舍的人都迎送他，男主人安排座席，女主人给他拿梳洗用具，店里先坐的人让出席位，烤火的人回避炉灶。但当他回去的时候，旅馆的人就和他互争席位而不分彼此、亲如一家了。

庄 子

让 王

> **原文**
>
> 尧以天下让许由，许由不受。又让于子州支父，子州支父曰："以我为天子，犹之可也。虽然，我适有幽忧之病，方且治之，未暇治天下也。"夫天下至重也，而不以害其生，又况他物乎！
>
> 唯无以天下为者，可以托天下也。舜让天下于子州支伯。子州支伯曰："予适有幽忧之病，方且治之，未暇治天下也。"故天下大器也，而不以易生，此有道者之所以异乎俗者也。
>
> 舜以天下让善卷，善卷曰："余立于宇宙之中，冬日衣皮毛，夏日衣葛絺①；春耕种，形足以劳动；秋收敛，身足以休食；日出而作，日入而息，逍遥于天地之间而心意自得。吾何以天下为哉！悲夫，子之不知余也！"遂不受。于是去而入深山，莫知其处。
>
> 舜以天下让其友石户之农，石户之农曰："捲捲②乎后之为人，葆③力之士也！"以舜之德为未至也，于是夫负妻戴，携子以入于海，终身不反也。

> **注释**
>
> ① 葛絺（chī）：细葛布。
> ② 捲（quán）捲：同"卷卷"，用力的样子。
> ③ 葆：通"宝"，珍视。

杂 篇

解读

尧要把天下让给许由，许由不接受。又让给子州支父，子州支父说："让我做天子，也还可以。不过，我正有隐忧之患，刚准备治病去，没空闲去治理天下。"天下的地位是最为重要的东西，而不以这种地位危害本性，何况其他事物呢！只有那些不把治理天下的权位当作一回事的人，才是可以委托天下给他的人。

舜要把天下让给子州支伯。子州支伯说："我正有隐忧之患，刚准备治病去，没空闲去治理天下。"治理天下的权位是重要的器物，而不以生命来换取它，这是有道的人和世俗之人的不同之处。

舜要把天下让给善卷，善卷说："我站在天地之间，冬天穿皮毛，夏天穿细布；春天耕田种地，身体足可以负担这种劳动；秋天收获了庄稼，足可以休养安食；太阳出来去劳动，太阳落山就休息，逍遥自在地立于天地之间而心情悠然自得。我何必去治理天下呢！实在是可悲啊，你不了解我啊！"便没有接受。于是离开舜而进入深山，没人知道他去了哪里。

舜要把天下让给他住在石户的农民朋友，石户的这位农民说："真费劲啊，我们的国君是个珍惜勤劳的人！"认为舜的道德还没达到最高境界，于是这位农民肩背妻子，头顶着家里的东西，携带子女隐居于海边，终身不再返回。

原文

大王亶父居邠，狄人攻之；事之以皮帛而不受，事之以犬马而不受，事之以珠玉而不受，狄人之所求者土地也。大王亶父曰："与人之兄居而杀其弟，与人之父居而杀其子，吾不忍也。子皆勉居❶矣！为吾臣与为狄人臣奚以异！且吾闻之：'不以所用养害所养。'"

因杖策❷而去之，民相连而从之，遂成国于岐山之下。夫大王亶

庄 子

父，可谓能尊生矣。能尊生者，虽贵富不以养伤身，虽贫贱不以利累形。今世之人居高官尊爵者，皆重失之，见利轻亡其身，岂不惑哉！

注释

① 子皆勉居：请你们都勉强留下。子，你们。
② 杖策：以鞭策马。策，马鞭。

解读

太王亶父居住在邠地，不断地遭受狄人的攻杀。他拿皮布送给狄人，狄人不接受，拿狗和马送给狄人，狄人也不接受，拿珍珠宝玉送给狄人，狄人还是不接受，因为狄人要的是土地。太王亶父说："和人家的哥哥住在一起，而人家的弟弟被杀了，和人家的父亲住在一起，而人家的儿子被杀了，我不忍心再这样下去了。你们都勉强留下吧！做我的臣民和做狄人的臣民有什么不同呢！况且我听说过：'不要因为养活人的土地而危害所养活的人民。'"

于是策马离开了邠地。人们接连不断地跟着他，于是便在岐山下成立了新的国家。太王亶父，可以称得上是懂得尊重生命的人了。能尊重生命的人，虽然在富贵之中也不用养生之物伤害身体，虽然在贫贱之中也不会让利禄牵累形体。现如今那些身居高官贵爵的人，都很重视太王亶父所放弃的东西，见到利禄就抢着争夺，结果丧失了生命，岂不是糊涂吗！

原文

越人三世弑其君，王子搜患之，逃乎丹穴。而越国无君，求王子搜不得，从之丹穴。王子搜不肯出，越人熏之以艾。乘以王舆①。王子搜援绥②登车，仰天而呼曰："君乎，君乎，独不可以舍我乎！"王子搜非恶为君也，恶为君之患也。若王子搜者，可谓不以国伤生矣！此固越人之所欲得为君也。

注释

① 王舆：国君坐的车子。
② 援绥：援，拉，攀缘。绥，上车时拉的绳子，拉手。

解读

越人三代杀掉自己的国君，到了王子搜为君的时候，他非常害怕，就逃到丹穴中。越国没有国君，寻找王子搜没有找到，就一直找到了丹穴。王子搜不肯出来，越人用艾蒿烟熏丹穴逼他出来，让他乘坐上国王的车子。王子搜拉着拉手绳上了车，仰天呼号说："王位呀！王位呀！难道真的不肯放过我吗？"王子搜并不是厌恶做国君，而是害怕做国君所带来的祸患。像王子搜这样的人，可以说是不想为了国君的地位而伤害生命了，可这也正是越人想要得到的国君。

原文

韩，魏相与争侵地。子华子见昭僖侯，昭僖侯有忧色。子华子曰："今使天下书铭①于君之前，书之言曰：'左手攫②之则右手废，右手攫之则左手废，然而攫之者必有天下。'君能攫之乎？"昭僖侯曰："寡人不攫也。"子华子曰："甚善！自是观之，两臂重于天下也，身又重于两臂。韩之轻于天下亦远矣，今之所争者，其轻于韩又远。君固愁身伤生，以忧戚不得也！"僖侯曰："善哉！教寡人者众矣，未尝得闻此言也。"子华子可谓知轻重矣。

注释

① 铭：誓约。

庄 子

❷ 攫（jué）：取，夺。

解读

韩国和魏国相互争夺、侵占对方的土地。子华子去见昭僖侯，看见昭僖侯面带忧色。子华子说："现在如果让天下人在你面前写个誓约：'左手夺到它就砍掉右手，右手夺到它就砍掉左手，然而得到它的人就可以得到天下。'你愿意去夺取它吗？"昭僖侯说："我不夺取！"子华子说："很好，由此看来，两臂比天下重要，身体又比两臂重要。韩国和天下相比，当然又远远轻于天下了。现在你们所争夺的那点土地，和韩国相比，又远远地轻于韩国。你何必苦苦地忧愁伤身，而只是为得不到土地而忧虑呢？"昭僖侯说："好啊！开导我的人多了，可从来没有听到过你这样的话。"子华子可以称得上是懂得轻重了。

原文

鲁君闻颜阖得道之人也，使人以币先焉。颜阖守陋闾❶，苴布之衣而自饭牛❷。鲁君之使者至，颜阖自对之。使者曰："此颜阖之家与？"颜阖对曰："此阖之家也。"使者至币。颜阖对曰："恐听谬而遗使者罪，不若审之。"使者还，反审之，复来求之，则不得已。故若颜阖者，真恶富贵也。

故曰：道之真以治身，其绪余以为国家，其土苴❸以治天下。由此观之，帝王之功，圣人之余事也，非所以完身养生也。今世俗之君子，多危身弃生以殉物，岂不悲哉！凡圣人之动作也，必察其所以之与其所以为。今且有人于此，以随侯之珠，弹千仞之雀，世必笑之。是何也？则其所用者重而所要者轻也。夫生者岂特随侯珠之重哉！

杂 篇

注释

① 陋闾：陋巷，穷巷。
② 饭牛：喂牛，养牛。
③ 土苴（zhā）：糟粕。

解读

鲁国国君听说颜阖是一位得道的人，就派人带着礼物去表达自己的敬意。颜阖住在简陋的巷子里，正穿着粗麻布的衣裳喂牛。鲁君的使者来了，颜阖自己来回话。使者说："这是颜阖的家吗？"颜阖说："这是颜阖的家。"使者表明来意送上礼物。颜阖于是说："恐怕搞错了而给你带来罪过，不如回去再复查一下鲁君的命令再说吧！"使者回去，反复核实，再来找颜阖，却再也找不到了。所以说像颜阖这样的人，才是真正厌恶富贵的人。

所以说，大道的精髓本来是用来修身的，大道的残余都可以用来治理国家，大道的糟粕仍可以用来平治天下。由此可见，帝王的功业对于圣人来说只是多余的事业，因为它并不能用来全身养生。现在世俗的君子们，大多是不惜危害身体抛弃生命以追求物质享受，结果可能一不小心就丢了性命，难道不可悲吗？大凡圣人要做什么事情，一定要先审察自己所追求的目的和原因。现在如果有这样一个人，用随侯的珍珠做弹子去射击千仞之高的小麻雀，世人一定会嘲笑他。为什么呢？因为他是使用贵重之物来换取轻贱的东西。生命怎么能不比随侯的珍珠更珍贵呢！

原文

子列子穷，容貌有饥色。客有言之于郑子阳者，曰："列御寇盖有道之士也，居君之国而穷，君无乃为不好士乎？"郑子阳即令官遗①之粟。子列子见使者，再拜而辞。

庄 子

使者去，子列子入。其妻望之而拊心^②曰："妾闻为有道者之妻子，皆得佚乐^③，今有饥色。君遇而遗先生食，先生不受，岂不命邪！"子列子笑谓之曰："君非自知我也。以人之言而遗我粟，至其罪我也，又且以人之言，此吾所以不受也。"其卒，民果作难而杀子阳。

注释

① 遗（wèi）：送，给予。
② 拊（fǔ）心：捶胸，表示愤怒和惋惜之意。
③ 佚乐：佚，通"逸"。安逸享乐。

解读

列子相当穷困，以至于常有饥色。有人报告给了郑相国子阳，他说："是位有道的人才，住在你的国家却让他穷困成这个样子，你难道要落下个不重视人才的名声吗？"郑相子阳立即下令让官员赠送粮食给列子。列子见到使者，再三拜谢而不接受。

使者走后，列子进了家门。他的妻子怒目而视，捶胸顿足地哭喊着说："我听人说过，嫁给有道的人，都能得到安逸和享乐。现在你面黄肌瘦而面带饥色，相国对你有所知遇才让人送你粮食吃，你却死活不接受，这难道真是我的命苦吗？"列子笑着对妻子说道："相国并不真正了解我，而只是听别人说了就给我送粮食吃；这样的人，一旦有人要加罪于我时，也会因轻信而加罪于我的。这正是我不能接受的原因。"列子死后，民众果然发难杀了子阳。

原文

楚昭王失国，屠羊说走而从于昭王。昭王反国^①，将赏从者，及屠羊说。屠羊说曰："大王失国，说失屠羊。大王反国，说亦反屠羊。臣

杂　篇

之爵禄已复矣，又何赏之有？"

王曰："强之！"

屠羊说曰："大王失国，非臣之罪，故不敢伏其诛；大王反国，非臣之功，故不敢当其赏。"

王曰："见之❷！"

屠羊说曰："楚国之法，必有重赏大功而后得见，今臣之知不足以存国而勇不足以死寇。吴军入郢，说畏难而避寇，非故随大王也。今大王欲废法毁约而见说，此非臣之所以闻于天下也。"

王谓司马子綦曰："屠羊说居处卑贱而陈义甚高，子綦为我延之以三旌之位。"

屠羊说曰："夫三旌之位，吾知其贵于屠羊之肆也；万钟之禄，吾知其富于屠羊之利也。然岂可以贪爵禄而使吾君有妄施❸之名乎！说不敢当，愿复反吾屠羊之肆。"遂不受也。

注释

❶ 反国：恢复了王位。反，通"返"。
❷ 见之：引见他，让他来见我。
❸ 妄施：行赏不当。

解读

楚昭王在吴国破郢后逃离国土，屠羊说也跟着昭王出走。楚昭王恢复了王位，要赏赐跟随他逃亡的人，赏到了屠羊说。屠羊说说："大王丧失国土，我丧失了宰羊的工作。大王返回国家，我也得以继续宰羊。我宰羊的爵禄已经恢复了，又有什么可赏赐的呢？"

昭王说："一定要赏他。"屠羊说说："大王逃离国土，不是我的罪过，所以不敢伏案就诛；大王返回国家，也不是我的功劳，所以也不敢无

庄 子

功受赏。"昭王说："我要见他。"

屠羊说见到楚昭王后说："楚国的法令规定，一定要是有大功得重赏的人才能受到国王的接见。现在，我的智慧不足以保卫国家，勇敢也不足以战死敌寇，吴国军队侵入郢都，我只是畏惧危难而逃，并不是有意追随大王。现在大王要接见我，我不认为这是一件值得流传天下的事。"

昭王对司马子綦说："屠羊说的出身地位卑贱而陈说义理却很高明，你帮我说服聘请他担任卿的职位。"

屠羊说说："卿的职位，我知道它比宰羊要尊贵；万钟的俸爵，我也知道它比屠羊的收入高。但是我怎么可以贪图爵位和俸禄而让我的君主落下个行赏不当的名声呢？我不敢接受，还是愿意回到我的屠宰场上继续干我的屠宰业。"终于没有接受奖赏。

原文

原宪居鲁，环堵❶之室，茨以生草；蓬户不完，桑以为枢而瓮牖；二室褐以为塞，上漏下湿，匡坐而弦歌。子贡乘大马，中绀❷而表素，轩车不容巷，往见原宪。原宪华冠縰履❸，杖藜而应门。子贡曰："嘻！先生何病？"

原宪应之曰："宪闻之，无财谓之贫，学而不能行谓之病。今宪贫也，非病也。"子贡逡巡而有愧色。原宪笑曰："夫希世而行，比周而友，学以为人，教以为己，仁义之慝❹，舆马之饰，宪不忍为也。"

注释

❶ 堵：一丈为堵。
❷ 中绀（gàn）：里边穿青红色衣服。
❸ 縰（shǐ）履：无后跟的鞋。

④ 慝（tè）：借作"忒"，失掉。

解读

原宪住在鲁国一丈大小的居室，青草盖顶；蓬蒿门户不完整，用桑条做门轴而窗户简陋；以破毡间隔两个居室，屋顶漏雨地上潮湿，他端坐而弹琴诵诗。子贡乘坐四头大马拉的车子，里穿青红色衣服而外穿白色衣服，大夫用的车子不能在小巷中出入，他走着去见原宪。原宪戴着桦皮帽，穿着无跟的草鞋，拄着藜草茎的手杖接应在门前。子贡说："唉！先生你有什么病吗？"

原宪回答："我听我们的老师说过，没有钱财叫作贫困，学而不能实践叫作病。现在我是贫困，并不是有病。"子贡进退两难而面有愧色。原宪笑着说："要是观望世俗好恶而行事，结党营私而交友，学习不务根本而只是为了显誉于人，教育不是为了善导别人而是为了自己，这样就失掉了仁义，即使用车马来装饰自己也无济于事，所以我不忍心这样去做。"

原文

曾子居卫，缊袍无表，颜色肿哙①，手足胼胝②。三日不举食，十年不制衣，正冠而缨绝③，捉衿而肘见，纳屦而踵决。曳縰④而歌《商颂》，声满天地，若出金石。天子不得臣，诸侯不得友。故养志者忘形，养形者忘利，致道者忘心矣。

注释

① 肿哙：浮肿，肿而有病色。
② 胼胝（pián zhī）：老茧。
③ 缨绝：缨，帽带子。绝，断。
④ 曳縰：趿拉着鞋。

庄 子

> **解读**

　　曾子住在卫国,穿着麻絮做的没有外罩的破棉袄,面色浮肿,手脚磨出了老茧。三天不生火做饭,十年没有添置新衣,一整理帽子,帽带子就会断,一提领子,衣服就会破,要穿麻鞋,一拔鞋后跟就裂开。他趿拉着鞋子而唱《商颂》,声音仍然洪亮满天,像出自金石般的清脆。天子不能使他为臣子,诸侯不能和他交朋友。所以,养志的人会忘了形体,养形的人会忘了利禄,求道的人就会忘了自己的思虑了。

> **原文**

　　孔子谓颜回曰:"回,来!家贫居卑,胡不仕乎?"颜回对曰:"不愿仕。回有郭外之田五十亩,足以给飦粥❶;郭内之田十亩,足以为丝麻;鼓琴足以自娱,所学夫子之道者足以自乐也。回不愿仕。"孔子愀然❷变容,曰:"善哉,回之意!丘闻之:'知足者,不以利自累也;审自得者,失之而不惧;行修于内者,无位而不怍。'丘诵之久矣,今于回而后见之,是丘之得也。"

> **注释**

❶ 飦(zhān)粥:黏粥,稠粥。
❷ 愀(qiǎo)然:一本作"欣然",形容高兴的样子。

> **解读**

　　孔子对颜回说:"颜回,你过来!你家境贫困,处境卑贱,为什么不去做官呢?"颜回回答:"我不愿意做官。我有城外的五十亩地,足够供我喝稠粥;城内的十亩土地,足够供我穿丝麻;弹着琴足以自娱,所学道理足以使自己感到快乐。我不愿意做官。"孔子欣然地改变面容说:"你的志向好啊！我听说：'知足的人不为利禄牵累；明审得失的人，损失了外物而不忧不惧；进行内心修养的人，并不为没有官位而惭愧。'我诵读这些话已经很久了，现在才在颜回身上看到了它，这使我的修养有了收获啊！"

原文

中山公子牟谓瞻子曰："身在江海之上，心居乎魏阙①之下，奈何？"瞻子曰："重生。重生则利轻。"中山公子牟曰："虽知之，未能自胜②也。"瞻子曰："不能自胜则从，神无恶乎？不能自胜而强不从者，此之谓重伤③。重伤之人，无寿类矣。"魏牟，万乘之公子也，其隐岩穴也，难为于布衣之士；虽未至乎道，可谓有其意矣！

注释

① 魏阙：宫殿高大的门庭，指朝廷。

庄 子

❷ 自胜：自我克制。
❸ 重伤：双重伤害。

解读

中山公子牟对瞻子说："身在江湖，而不忘朝廷，怎么办？"瞻子说："重视生命。重视生命就轻视利禄。"中山公子牟说："虽然知道，但是不能克制自己。"瞻子说："不能克制就任由意志的冲动去做，心理上难道就不焦虑了吗？不能克制而勉强克制，这叫受双重伤害。受双重伤害的人，就不能与长寿的人并列了。"魏牟是万乘大国的公子，他隐居岩穴，比平民更为困难；虽然没有得道，但可以说有得道的心意了。

原文

孔子穷于陈蔡之间，七日不火食，藜羹不糁❶，颜色甚惫，而弦歌于室。颜回择菜于外，子路、子贡相与言曰："夫子再逐于鲁，削迹于卫；伐树于宋，穷于商周，围于陈蔡。杀夫子者无罪，藉❷夫子者无禁。弦歌鼓琴，未尝绝音，君子之无耻也若此乎？"

颜回无以应，入告孔子。孔子推琴，喟然而叹曰："由与赐，细人也。召而来，吾语之。"子路、子贡入。子路曰："如此者，可谓穷矣！"孔子曰："是何言也！君子通于道之谓通，穷于道之谓穷。今丘抱仁义之道以遭乱世之患，其何穷之为，故内省而不穷于道，临难而不失其德。天寒既至，霜雪既降，吾是以知松柏之茂也。陈蔡之隘，于丘其幸乎！"

孔子削然反琴而弦歌，子路扢然❸执干而舞。子贡曰："吾不知天之高也，地之下也。"古之得道者，穷亦乐，通亦乐，所乐非穷通也，道德于此，则穷通为寒暑风雨之序矣。故许由娱于颍阳，而共伯得志乎丘首。

杂 篇

注释

1. 藜羹不糁（sǎn）：藜，灰野菜。糁，米粒。
2. 藉：欺凌，凌辱。
3. 扢（xì）然：喜悦的样子。

解读

孔子被围困在陈国和蔡国之间，七天没有烧火煮饭了，喝的灰菜汤也没有一粒米，饿得面色疲惫不堪。然而他还在室中弹琴唱歌。颜回在择菜，子路和子贡相互议论说："先生在鲁国一再被驱逐，卫国也不让我们居留，在宋国我们讲学于树下，可宋人却砍伐了那棵大树。几次弄得我们穷困于商、周之地，围困于陈、蔡之间。要杀先生的人没有罪过，凌辱先生的人不受禁止。他还在唱歌弹琴，乐声不断，君子没有羞耻之心，难道能达到如此严重的程度吗？"

颜回在旁边没有回答，进屋告诉了孔子。孔子推开琴，唉声叹气地说："子由和子贡都是见识短浅的人呀。叫他们进来，我来教训他们。"

子路、子贡进来了。子路说："像现在这样，可以说是穷困了吧！"孔子说："这是什么话！君子能通达道理的叫作通，不通达道理的才叫作穷。现在，我孔丘坚守仁义的道理，而遭到乱世的祸患，怎能说是穷困呢！所以，自我反省的结果，我关键的问题并不是穷困于道，而是面临灾难不失德行。寒天来到，霜雪降落，我才知道松柏树的茂盛。陈蔡被围困的危险，对我孔丘来说正是自己的幸运啊！"

说完，孔子又安然地继续弹琴唱歌，子路威武兴奋地手舞盾牌跳起了舞蹈。子贡说："我不知天高，也不知地深啊。"古时得道的人，穷困时快乐，通达时也快乐，所欢乐的原因并不是穷困通达。明白了这种道理，那么穷困通达就变为寒暑风雨的规律了。所以许由能自娱于颍水之上，而共伯可快乐自得于共丘山之下。

庄 子

原文

舜以天下让其友北人无择。北人无择曰:"异哉,后之为人也,居于畎亩①之中,而游尧之门。不若是而已,又欲以其辱行漫②我。吾羞见之。"因投清泠之渊。

汤将伐桀,因卞随而谋。卞随曰:"非吾事也。"汤曰:"孰可?"曰:"吾不知也。"汤又因务光而谋。务光曰:"非吾事也。"汤曰:"孰可?"曰:"吾不知也。"

汤曰:"伊尹何如?"曰:"强力③忍垢,吾不知其他也。"汤遂与伊尹谋伐桀,克之。以让卞随。卞随辞曰:"后之伐桀也谋乎我,必以我为贼也;胜桀而让我,必以我为贪也。吾生乎乱世,而无道之人再来漫我以其辱行,吾不忍数闻也!"乃自投椆水而死。

汤又让务光,曰:"知者谋之,武者遂之,仁者居之,古之道也。吾子胡不立乎?"务光辞曰:"废上,非义也;杀民,非仁也;人犯其难,我享其利,非廉也。吾闻之曰:'非其义者,不受其禄;无道之世,不践其土。'况尊我乎!吾不忍久见也。"乃负石而自沉于庐水。

注释

① 畎亩:指田间。
② 漫:污弄。
③ 强力:自我勉励而顽强。

解读

舜把天下让给他的朋友北人无择。北人无择说:"奇怪啊,国王的为人,处于田亩之中,而游历于尧帝之门。不仅如此而已,还要用他的耻辱行为来玷污我。我见到他感到羞耻。"因而投入清泠之渊而死。

杂　篇

　　商汤要讨伐夏桀，与卞随商量。卞随说："这不是我的事情。"商汤说："可以跟谁说？"卞随说："我不知道。"商汤同务光商量。务光说："这不是我的事情。"商汤说："可以跟谁说？"务光说："我不知道。"商汤说："伊尹怎样？"回答说："他能勉强努力而忍受耻辱，别的我就不知道了。"

　　商汤就和伊尹策谋讨伐夏桀，战胜了夏桀。商汤让位给卞随。卞随推辞说："君主伐桀时找我谋划，一定以为我是残忍的人；战胜了夏桀而让位给我，一定认为我是个贪婪的人。我生活在乱世，而无道的人一再用耻辱的行为来玷污我，我不能忍受屡次的搅扰！"于是自投椆水而死。

　　商汤又让位给务光，说："智慧的人策谋之，武勇的人完成之，仁义的人来就位，这是自古以来的道理。你为什么不即位呢？"务光推辞说："废黜君上，不是义；杀害人民，不是仁；别人犯难，我享其利，不是廉。我听说，'不合于义的，不接受它的利禄；无道的社会，不踏上它的土地。'何况是要把我尊奉到君位上呢？我不忍心长久地目睹这种情况。"于是背负石头沉于庐水。

原文

　　昔周之兴，有士二人处于孤竹，曰伯夷、叔齐。二人相谓曰："吾闻西方有人，似有道者，试往观焉。"至于岐阳。武王闻之，使叔旦往见之。与盟曰："加富二等，就官一列。"血牲而埋之。二人相视而笑，曰："嘻，异哉！此非吾所谓道也。昔者神农之有天下也，时祀尽敬而不祈喜；其于人也，忠信尽治而无求焉。乐与政为政，乐与治为治。不以人之坏自成也，不以人之卑自高也，不以遭时自利也。今周见殷之乱而遽[1]为政，上谋而下行货，阻兵而保威，割牲而盟以为信，扬行以说众，杀伐以要利。是推乱以易暴也。吾闻古之士，遭治世不避其

庄 子

任，遇乱世不为苟存。今天下暗，殷德衰，其并乎周以涂吾身也，不如避之，以絜②吾行。"二子北至于首阳之山，遂饿而死焉。若伯夷、叔齐者，其于富贵也，苟可得已，则必不赖，高节戾行，独乐其志，不事于世。此二士之节也。

注释

① 遽：急着。
② 絜：通"洁"。

解读

周朝兴起时，有两个贤士住在孤竹，叫伯夷、叔齐。二人商量："我听说西方有个人，好像是有道的人，咱们是不是去看一看。"于是到了岐阳。武王听说，派周公旦去接见他们。和他们立盟说："追加俸禄二级，授官一等行列。"用牺牲血涂盟约埋在盟坛地下。二人相视而笑，说："咦，奇怪啊！这不是我们所说的道。从前神农氏治理天下，四时祭祀竭尽诚敬而不求福；对于民众，以忠信尽心治理而没有祈求。乐于正义的人就和他一起正义，乐于治理的人就和他一起治理。不以别人的失败来显示自己的成功，不以别人卑下而抬高自己，不以逢好时运而图谋私利。现在周朝看到殷朝的混乱而急速夺取政权，崇尚计谋而用爵禄收买人心，专靠武力而保持威势，杀牺牲立盟作为信誓，宣扬自己的美行哗众取宠，屠杀攻伐来追求利益，这是推行乱政来代替暴政。我们听说古代的贤士，时逢治世不逃避责任，时遇乱世不苟且偷生。现在天下昏暗，殷德衰败，与其和周朝并存污辱我们，不如避开它，以洁净我们的德行。"二人向北到首阳山，便饿死在那里。像伯夷、叔齐这样的人，对于富贵，即使可以得到，也一定不去获取，表现出高尚的气节和不平凡的行为，独乐己志，不逐于事。这就是二位贤士的节操。

杂 篇

盗 跖

原文

孔子与柳下季为友,柳下季之弟名曰盗跖。盗跖从卒九千人,横行天下,侵暴诸侯。穴室枢❶户,驱人牛马,取人妇女。贪得忘亲,不顾父母兄弟,不祭先祖。所过之邑,大国守城,小国入保,万民苦之。

孔子谓柳下季曰:"夫为人父者,必能诏其子;为人兄者,必能教其弟。若父不能诏其子,兄不能教其弟,则无贵父子兄弟之亲矣。今先生,世之才士也,弟为盗跖,为天下害,而弗能教也,丘窃为先生羞之。丘请为先生往说之。"

柳下季曰:"先生言为人父者必能诏其子,为人兄者必能教其弟,若子不听父之诏,弟不受兄之教,虽今先生之辩,将奈之何哉!且跖之为人也,心如涌泉,意如飘风,强足以距敌,辩足以饰非,顺其心则喜,逆其心则怒,易辱人以言。先生必无往。"

孔子不听,颜回为驭,子贡为右,往见盗跖。

盗跖乃方休卒徒于大山之阳,脍人肝而铺之。孔子下车而前,见谒者曰:"鲁人孔丘,闻将军高义,敬再拜谒者。"

谒者入通,盗跖闻之大怒,目如明星,发上指冠,曰:"此夫鲁国之巧伪人孔丘非邪?为我告之:'尔作言造语,妄称文武,冠枝木之冠,带死牛之胁,多辞缪说,不耕而食,不织而衣,摇唇鼓舌,擅生是非,以迷天下之主,使天下学士不反其本,妄作孝弟,而侥幸于封侯富贵者也。子之罪大极重，疾走归！不然，我将以子肝益尽铺之膳！'"

孔子复通曰："丘得幸于季，愿望履幕下。"

谒者复通，盗跖曰："使来前！"

孔子趋而进，避席反走，再拜盗跖。盗跖大怒，两展其足，案剑瞋目，声如乳虎，曰："丘来前！若所言，顺吾意则生，逆吾心则死！"

孔子曰："丘闻之，凡天下有三德：生而长大，美好无双，少长贵贱见而皆说之，此上德也；知维天地，能辩诸物，此中德也；勇悍果敢，聚众率兵，此下德也。凡人有此一德者，足以南面称孤矣。今将军兼此三者，身长八尺二寸，面目有光，唇如激丹，齿如齐贝，音中黄钟，而名曰盗跖，丘窃为将军耻不取焉。将军有意听臣，臣请南使吴越，北使齐鲁，东使宋卫，西使晋楚，使为将军造大城数百里，立数十万户之邑，尊将军为诸侯，与天下更始，罢兵休卒，收养昆弟，共祭先祖。此圣人才士之行，而天下之愿也。"

盗跖大怒曰："丘来前！夫可规以利而可谏以言者，皆愚陋恒民之谓耳。今长大美好，人见而悦之者，此吾父母之遗德也。丘虽不吾誉，吾独不自知邪？

"且吾闻之，好面誉人者，亦好背而毁之。今丘告我以大城众民，是欲规我以利而恒民畜我也，安可久长也！城之大者，莫大乎天下矣。尧、舜有天下，子孙无置锥之地；汤、武立为天下，而后世绝灭。非以其利大故邪？

"且吾闻之，古者禽兽多而人少，于是民皆巢居以避之，昼拾橡栗，暮栖木上，故命之曰有巢氏之民。古者民不知衣服，夏多积薪，冬则炀之，故命之曰知生之民。

"神农之世，卧则居居，起则于于，民知其母，不知其父，与麋鹿共处，耕而食，织而衣，无有相害之心，此至德之隆也。然而黄帝不能致德，与蚩尤战于涿鹿之野，流血百里。尧、舜作，立群臣，汤放其主，武王杀纣。自是之后，以强凌弱，以众暴寡。汤、武以来，皆乱人之徒也。

"今子修文武之道，掌天下之辩，以教后世，缝衣浅带，矫言伪行，以迷惑天下之主，而欲求富贵焉，盗莫大于子。天下何故不谓子为盗丘，而乃谓我为盗跖？子以甘辞说子路而使从之，使子路去其危冠，解其长剑，而受教于子，天下皆曰孔丘能止暴禁非。其卒之也，子路欲杀卫君而事不成，身菹❷于卫东门之上，是子教之不至也。子自谓才士圣人邪？则再逐于鲁，削迹于卫，穷于齐，围于陈蔡，不容身于天下。子教子路菹此患，上无以为身，下无以为人，子之道岂足贵邪？

"世之所高，莫若黄帝。黄帝尚不能全德，而战涿鹿之野，流血百里。尧不慈，舜不孝，禹偏枯，汤放其主，武王伐纣，文王拘羑里❸。此六子者，世之所高也，孰论之，皆以利惑其真而强反其情性，其行乃甚可羞也。

"世之所谓贤士，伯夷、叔齐。伯夷、叔齐辞孤竹之君，而饿死于首阳之山，骨肉不葬。鲍焦饰行非世，抱木而死。申徒狄谏而不听，负石自投于河，为鱼鳖所食。介子推至忠也，自割其股以食文公，文公后背之，子推怒而去，抱木而焚死。尾生与女子期于梁下，女子不来，水至不去，抱梁柱而死。此六子者，无异于磔犬❹流豕，操瓢而乞者，皆离名轻死，不念本养寿命者也。

"世之所谓忠臣者，莫若王子比干、伍子胥。子胥沉江，比干剖心。此二子者，世谓忠臣也，然卒为天下笑。自上观之，至于子胥、比干，皆不足贵也。

庄 子

"丘之所以说我者,若告我以鬼事,则我不能知也;若告我以人事者,不过此矣,皆吾所闻知也。

"今吾告子以人之情:目欲视色,耳欲听声,口欲察味,志气欲盈。人上寿百岁,中寿八十,下寿六十,除病瘦死丧忧患,其中开口而笑者,一月之中不过四五日而已矣。天与地无穷,人死者有时,操有时之具,而托于无穷之间,忽然无异骐骥之驰过隙也。不能说其志意,养其寿命者,皆非通道者也。

"丘之所言,皆吾之所弃也,亟去走归,无复言之!子之道,狂狂汲汲,诈巧虚伪事也,非可以全真也,奚足论哉!"

孔子再拜趋走,出门上车,执辔三失,目芒然无见,色若死灰,据轼低头,不能出气。归到鲁东门外,适遇柳下季。柳下季曰:"今者阙然数日不见,车马有行色,得微往见跖邪?"

孔子仰天而叹曰:"然。"

柳下季曰:"跖得无逆汝意若前乎?"孔子曰:"然。丘所谓无病而自灸也,疾走料⑤虎头,编虎须,几不免虎口哉!"

注释

① 枢:应作"抠",探取。
② 菹(zū):剁成肉酱。
③ 羑(yǒu)里:殷代监狱名。
④ 磔(zhé)犬:被肢解抛弃的死狗。
⑤ 料:通"撩",挑弄。

解读

孔子和柳下季是朋友,柳下季的弟弟叫盗跖。盗跖有九千兵卒,横行天下，侵犯诸侯，穿室探户，夺人牛马，掠人妇女，贪利忘亲，不顾父母兄弟，不祭祀祖宗。所过之处，大国守城，小国避入堡中，万民为其所苦。

孔子对柳下季说："做父亲的，必定能管教他的儿子；当兄长的，必定能教导他的弟弟。如果父亲不能管教儿子，兄长不能教导弟弟，那就没有父子兄弟的亲情可言了。现在先生是当世的才士，弟弟为盗跖，为害于天下，却不能教导他，我为先生感到羞耻。我愿意替先生去说服他。"

柳下季说："先生说做父亲的必定能管教儿子，当兄长的必定能教导弟弟，如果儿子不听父亲的管教，弟弟不受兄长的教导，即使是先生这样善辩，又能把他怎么样！况且跖的为人，心如涌泉，意如飘风，强悍足以拒敌，辩才足以掩饰过错，依顺他的心意就高兴，违逆他的心意就愤怒，轻易侮辱人。先生千万不要去。"

孔子不听劝阻，让颜回驾车，子贡护卫，去见盗跖。

盗跖正和部卒在泰山之南休息，烹炒人肝而食。孔子下车走上前去，拜见传达说："鲁人孔丘，闻知将军高义，专程前来拜见。"传达进去通报，盗跖闻之大怒，目如明星，怒发冲冠，说："是鲁国那个狡猾虚伪的孔丘吗？替我告诉他：'你花言巧语，妄称文、武，头戴华丽的帽子，腰束死牛之皮，胡言乱语，不耕而食，不织而衣，摇唇鼓舌，拨弄是非，以迷惑天下的君主，使天下学士忘掉本性，妄作孝悌，以侥幸求得封侯富贵。你罪大恶极，赶快回去！不然我就要取你的心肝当午餐！'"

孔子再次请求说："我有幸和柳下季为友，希望能拜见足下。"传达又去通报，盗跖说："让他进来！"孔子快步进去，避席退步，再拜盗跖。盗跖大怒，叉伸两腿，按剑瞪眼，声如乳虎，说："孔丘过来！你所说的话，顺我的心就留你活命，逆我的心就死！"孔子说："我听说天下的人有三种美德：生得高大，英俊无双，众人喜欢，这是上德；知识广博，善于分析，这是中德；勇敢果断，聚众率兵，这是下德。凡具有其中一种美德的人，就足以面南称王。现在将军兼备三种美德，身高八尺二寸，面目有光，唇如鲜丹，齿如齐贝，声合音律，却名叫盗跖，我暗中为将军感到羞耻。将军若有意听我，我请求南使吴越，北使齐鲁，东使宋卫，西使晋楚，让他们为将军建造数百里之大城，立数十万户之都邑，尊将军为诸侯，一切重新开始，罢兵休卒，收养昆弟，供祭祖宗。这是圣人才士的作为，也是天下人的愿望。"

盗跖大怒说："孔丘过来！能够用利禄和言语引诱劝谏的，都属于愚陋的常人。我现在高大英俊，人见人爱，这是我父母的遗传。你即使不赞美我，我难道自己不知道吗？而且我听说，喜欢当面称赞人的人，也喜欢背后诋毁人。现在你告诉我有大城众民，是想用利禄引诱我而把我当成常人看待，怎么可以长久！城池再大，也没有大过天下的。尧、舜拥有天下，他们的子孙却没有置锥之地；汤、武立为天子，他们的后代却已灭绝。这难道不是利禄太多的缘故吗？

"而且我听说，古时候禽兽多而人少，于是人都筑巢而居以躲避禽兽，白天拾橡栗，晚上睡树上，所以称之为有巢氏之民。古人不知道穿衣，夏天多存柴草，冬天用来烤火取暖，所以称为知生之民。

"神农的时代，睡觉时安安稳稳，起来后舒适自得，民知其母，不知其父，与麋鹿共处，耕田而食，纺织而衣，没有相害之心，这是道德最高尚的时代。然而黄帝不能做到至德，和蚩尤大战于涿鹿之野，血流百里。尧、舜兴起，设立群臣，汤流放其君主，武王杀纣。从此以后，以强凌弱，以众侵少。汤、武以来，都是祸害人民之徒。

"现在你修习文武之道，掌握天下的舆论，来教化后世，宽衣博带，巧言伪行，以迷惑天下的君主，而企图谋求富贵，你是最大的盗贼。天下为什么不称你为盗丘，而称我为盗跖呢？你用甜言蜜语说服子路跟从你，让子路脱去高冠，解除长剑，而受教于你，天下都说孔丘能够止暴禁非。其结果是，子路想杀卫君而没有成功，在卫国东门之上被剁成肉酱，这是你教导得不成功。你不是自称为才士圣人吗？然而却两次被鲁国驱逐，被卫国禁止居留，受困于齐，被围于陈蔡，无法容身于天下。你使子路遭此祸患，上不能保身，下不能为人，你的说教还值得推崇吗？

"世上所推崇的，莫过于黄帝。黄帝尚不能德行完备，而战于涿鹿之野，血流百里。尧不仁慈，舜不孝顺，禹半身不遂，汤流放其君主，武王伐纣，文王被拘禁在羑里。这六个人是世人所推崇的，认真说来，他们都是被利禄迷惑了本性而因强力违背了性情，他们的行为是非常可耻的。

"世上所谓的贤士，莫过于伯夷和叔齐。伯夷和叔齐辞让孤竹国的君位，饿死在首阳山上，尸体不得安葬。鲍焦行为清高，不满现实社会，抱着树木枯死。申徒狄诤谏不被采纳，负石自投于河，为鱼鳖所食。介子推忠心耿耿，自己割下腿上的肉给晋文公吃，文公后来行赏时忘记了他，子推愤而离去，抱着树木而被烧死。尾生与一女子相约在桥下相会，女子没来，洪水冲来他也不肯离去，抱着桥柱被淹死。这六个人无异于被屠宰抛弃的猪狗和持瓢的乞丐，都是重名而轻死，不珍惜自己的生命。

"世上所谓的忠臣，莫过于王子比干和伍子胥。子胥沉尸于江，比干剖腹挖心。这两个被世人称为忠臣的人，终为天下所讥笑。从上述人物来

看，直到子胥、比干，都不足贵。

"你所劝说我的，如果告诉我有关鬼的事，那我就无法知晓；如果告诉我有关人的事，不过如此而已，都是我所知道的。

"现在我告诉你人的性情：眼睛想看颜色，耳朵想听声音，口舌想尝滋味，心理追求满足。人的上寿一百岁，中寿为八十岁，下寿为六十岁，除了疾病死丧忧患外，能开口笑的日子一月之中不过四五天而已。天地是无穷的，人的生命是有限的，将有限的生命寄托在无穷的天地之间，其疾速消逝无异于骏马奔驰一闪而过。不能欢畅其意志、保养其寿命的，都不是通达于道的人。

"你所说的，都是我所抛弃的，赶快回去，不要再说了！你的这套说教，投机钻营，诈巧虚伪，不能保全真性，有什么好说的！"

孔子拜了又拜快步急走，出门上车，三次拿马缰绳都拿不稳，眼睛茫茫然而无所见，面如死灰，扶靠着车轼垂头丧气，紧张得连气都喘不过来。孔子回到鲁国东门外，正巧遇到柳下季。柳下季问："近来数日不见，车马风尘仆仆，莫非是去见了跖？"孔子仰天而叹："是的。"柳下季问："跖是不是像我所说的那样伤害了你？"孔子说："是的。我是所谓没有病而自己用艾烧灼，急急忙忙地跑去摸虎头，捋虎须，差一点落入虎口啊！"

原文

子张问于满苟得曰："盍不为行？无行则不信，不信则不任，不任则不利。故观之名，计之利，而义真是也。若弃名利，反之于心，则夫士之为行，不可一日不为乎！"

满苟得曰："无耻者富，多信[1]者显。夫名利之大者，几在无耻而信。故观之名，计之利，而信真是也。若弃名利，反之于心，则夫士之

杂 篇

为行,抱其天乎!"

子张曰:"昔者桀、纣贵为天子,富有天下,今谓臧聚②曰,汝行如桀、纣,则有怍色,有不服之心者,小人所贱也。仲尼、墨翟,穷为匹夫,今谓宰相曰,子行如仲尼、墨翟,则变容易色,称不足者,士诚贵也。故势为天子,未必贵也;穷为匹夫,未必贱也;贵贱之分,在行之美恶。"

满苟得曰:"小盗者拘,大盗者为诸侯,诸侯之门,义士存焉。昔者桓公小白杀兄入嫂,而管仲为臣;田成子常杀君窃国,而孔子受币。论则贱之,行则下之,则是言行之情悖战于胸中也,不亦拂乎!故《书》曰:'孰恶孰美?成者为首,不成者为尾。'"

子张曰:"子不为行,即将疏戚无伦,贵贱无义,长幼无序。五纪六位,将何以为别乎?"

满苟得曰:"尧杀长子,舜流母弟,疏戚有伦乎?汤放桀,武王杀纣,贵贱有义乎?王季为适❸,周公杀兄,长幼有序乎?儒者伪辞,墨者兼爱,五纪六位将有别乎?且子正为名,我正为利。名利之实,不顺于理,不监❹于道。

"吾日与子讼于无约曰:'小人殉财,君子殉名,其所以变其情,易其性,则异矣;乃至于弃其所为而殉其所不为,则一也。'故曰,无为小人,反殉而天;无为君子,从天之理。若枉若直,相而天极;面观四方,与时消息。若是若非,执而圆机;独成而意,与道徘徊。无转而行,无成而义,将失而所为。无赴而富,无殉而成,将弃而天。

"比干剖心,子胥抉眼,忠之祸也;直躬证父,尾生溺死,信之患也;鲍子立干,申子不自理,廉之害也;孔子不见母,匡子不见父,

庄 子

义之失也。此上世之所传，下世之所语，以为士者正其言，必其行，故服其殃，离其患也。"

注释

① 多信：善于夸耀。
② 臧聚：仆隶贱役。
③ 适：通"嫡"。
④ 监：通"鉴"，明。

解读

子张问满苟得："为什么不修德行？没有德行就不能取信，不能取信就不被任用，不被任用就不能得利。所以从名利的角度来看，义很重要。即使不要名利，扪心自问，对于士人的品行修养来说，也不可一日不修仁义呀！"

满苟得说："无耻的人富有，夸耀的人显赫。大的名利，几乎都是由无耻夸耀而来。所以从名利的角度来看，夸耀很重要。如果抛弃名利，扪心自问，对于士人的品行修养来说，也只有持守自然的本性了。"

子张说："从前桀、纣贵为天子，富有天下，如果现在对仆隶说，你的行为像桀、纣，那他就会面带怒容，心里很不高兴，可见这种行为连小人都鄙视。现在如果对宰相说，你的行为像孔子、墨子，那他就会满脸喜色，说自己难以和他们相比，可见这种行为是士大夫所推崇的。所以虽权势如天子，却未必可贵；虽穷困如匹夫，却未必低贱；贵贱的区分在于行为的善恶。"

满苟得说："小盗被拘捕，大盗当诸侯，诸侯的门下就是仁义之所在。从前齐桓公杀兄娶嫂，而管仲却做他的辅臣。田成子杀君窃国，而孔子却接受他的礼品。口头上表示鄙视，实际上却顺从，言论和行动互相打仗，岂不是很矛盾吗！所以《书》说：'谁坏谁好？成功的就是好，失败的就是坏。'"

子张说："你不修德行，就会亲疏无伦，贵贱无义，长幼无序；五伦六纪怎么区别呢？"

满苟得说："尧杀长子，舜流放母弟，亲疏有伦吗？汤放桀，武王杀纣，贵贱有义吗？王季僭越嫡位，周公杀兄，长幼有序吗？儒者虚言伪辞，墨者提倡兼爱，五伦六纪有区别吗？而且你正在求名，我正在求利。

"名利的实质，既不顺于理，也不明于道。我从前和你在无约面前争论说：'小人追求财，君子追求名，他们变易性情，原因各不相同；但在舍弃修身养性而追求名利方面则是一样的。'所以说，不要做小人所做的事，要反求你的天性；不要做君子所做的事，要顺从自然之理。

"或曲或直，按照自然的准则；面观四方，随着时间的变化。或是或非，掌握你循环变化的枢纽；形成独立的见解，随大道周旋。不要固执，不要推行仁义，否则就会丧失你的自然之道。不要追逐富贵，不要急于求成，否则就会舍弃你的天性。

"比干被剖心，子胥被挖眼，这是忠的祸害；直躬证实父亲偷羊，尾生淹死，这是信的祸患；鲍子抱木枯死，申子自沉于河，这是廉的危害；孔子不见母，匡子不见父，这是义的丧失。这些都是前代相传，后世的议论，认为士人要语言正直，行为高尚，所以才受其害，遭其祸。"

原文

无足问于知和曰："人卒未有不兴名就利者。彼富则人归之，归则下之，下则贵之。夫见下贵①者，所以长生安体乐意之道也。今子独无意焉，知不足邪？意知而力不能行邪？故推正不忘邪？"

知和曰："今夫此人以为与己同时而生，同乡而居者，以为夫绝俗过世之士焉，是专无主正，所以览古今之时，是非之分也，与俗化。

世去至重，弃至尊，以为其所为也，此其所以论长生安体乐意之道，不亦远乎！惨怛②之疾，恬愉之安，不监于体；怵惕之恐，欣欢之喜，不监于心。知为为而不知所以为，是以贵为天子，富有天下，而不免于患也。"

无足曰："夫富贵之于人，无所不利。穷美究势，至人之所不得逮，贤人之所不能及。侠③人之勇力而不为威强，秉人之知谋以为明察，因人之德以为贤良，非享国而严若君父。且夫声色滋味权势之于人，心不待学而乐之，体不待象而安之。夫欲恶避就，固不待师，此人之性也。天下虽非我，孰能辞之！"

知和曰："知者之为，故动以百姓，不违其度，是以足而不争，无以为故不求。不足故求之，争四处而不自以为贪；有余故辞之，弃天下而不自以为廉。廉贪之实，非以迫外也，反监之度。势为天子而不以贵骄人，富有天下而不以财戏人。计其患，虑其反，以为害于性，故辞而不受也，非以要名誉也。尧、舜为帝而雍，非仁天下也，不以美害生也；善卷、许由得帝而不受，非虚辞让也，不以事害己。此皆就其利，辞其害，而天下称贤焉，则可以有之，彼非以兴名誉也。"

无足曰："必持其名，苦体绝甘，约养以持生，则亦久病长厄而不死者也。"

知和曰："平为福，有余为害者，物莫不然，而财其甚者也。今富人，耳营钟鼓管籥之声，口赚于当豢醪醴④之味，以感其意，遗忘其业，可谓乱矣；侅溺⑤于冯气，若负重行而上阪，可谓苦矣；贪财而取慰，贪权而取竭，静居则溺，体泽则冯，可谓疾矣；为欲富就利，故满若堵耳而不知避，且冯而不舍，可谓辱矣；财积而无用，服膺而不舍，满心戚醮⑥，求益而不止，可谓忧矣；内则疑劫请之贼，外则畏寇盗之害，内周楼疏，外不敢独行，可谓畏矣。此六者，天下之至害也，皆遗忘而不知察，及其患至，求尽性竭财，单以反一日之无故而不可得也。故观之名则不见，求之利则不得，缭意绝体而争此，不亦惑乎！"

注释

① 见下贵：被人尊崇。
② 惨怛（dá）：痛苦的样子。
③ 侠：通"挟"，挟持，利用。
④ 醪醴（láo lǐ）：美酒。
⑤ 侅（gāi）溺：沉溺，深陷。
⑥ 戚醮（jiào）：烦恼。

解读

无足问知和："人们没有不喜名求利的。他富有人就归附他，归附就服从他，服从就尊崇他。受人尊崇是长寿安乐和心情愉快之道。你现在竟然对此不感兴趣，是才智不足呢，还是心有余而力不足，还是遵循你固有的行为准则而不愿如此？"

知和说："现在这种人认为与自己同时而生的，同乡而居的，就是出类拔萃之士，他们内心没有主见，人云亦云。世俗之人舍弃生命，背弃大道。以追求名利，根据这些来谈论长寿安乐之道，岂不是离题太远了吗！痛苦的疾病，愉快的安乐，不表现在身体上；惊慌的恐惧，欢欣的喜悦，不显现在心灵中。只知道做而不知道为什么要这样做，即使贵为天子，富有天下，仍不免于祸患。"

无足说："财富对于人，无所不利。享尽天下的善美和人间的威势，这是道德高尚的人所不能得到、贤人所不能企及的。挟持别的勇力作为自己的威势，掌握别人的智谋以为明察，凭借别人的德行以为贤良，虽然不曾掌握国政而威严如君主。而且人们对于声色、滋味、权势，不用学心里就喜好，不用模仿身体就安适。欲求、憎恶、回避、追逐，这些本来就不需要教导，是人的天性。天下人虽然非议我，可谁又能拒绝享乐和权势呢！"

知和说："智者的所作所为，以百姓的意志为转移，不违反法度，所以够用了就不去争，不需要的就不去求。由于不够用而去求，四处争夺而不认为是贪；有剩余所以才辞让，舍弃天下而不认为是廉。廉和贪的实质，并不是取决于外界条件，而是取决于内在的主观标准。势为天子而不以尊贵骄人，富有天下而不以财富欺人。权衡祸患，反复思虑，认为有害于自己的本性，所以推辞而不接受，这并不是邀取名誉。尧、舜做帝王而祥和，这并不是有意对天下仁爱，而是为了不因华美而危害性命；善卷、许由得到帝位而不接受，这并不是虚情假意的推辞，而是为了不让政事损害自己。他们都是有利于本性的就接受，有害于本性的就拒绝，而天下称赞他们贤达，他们有避害之心，而不是为了沽名钓誉。"

无足说："如果一定要固守名声，身受劳苦，弃绝甘美，节约奉养以维持性命，那就如同长久病困而又死不了的人一样。"

知和说："均平是福，多余是害，万物都是这样，而财物更甚。现在的富人，耳朵要听钟鼓管笛之声，口中要尝佳肴美酒，以满足享乐的情趣，而遗忘了正业，是迷乱；沉溺于盛气，就像负重爬上山坡，是劳苦；贪财而致病，贪权而使精神疲竭，安静闲居则沉溺不振，身体强壮则盛气横生，是疾病；为了富贵求利，积财如高墙而不知足，仍贪求不舍，是耻辱；聚财而无所用，时常挂在心上而恋恋不舍，满心烦恼，贪求不止，是忧愁；居家担心窃贼劫舍，外出畏惧寇盗伤害，里面构筑防御设施，外面不敢单独行动，是畏惧。以上六种情况，是天下最大的祸害，人们对此都忘乎所以而不加留意，等到祸患来临，就是想竭尽财富以换取太平日子也办不到了。所以，名利都是身外之物，劳心伤体去争这些东西，岂不是糊涂吗？"

说　剑

原文

　　昔赵文王喜剑,剑士夹门,而客三千余人。日夜相击于前,死伤者岁百余人,好之不厌。如是三年,国衰。诸侯谋之。

　　太子悝患之,募左右曰:"孰能说王之意止剑士者,赐之千金。"

　　左右曰:"庄子当能。"

　　太子乃使人以千金奉庄子。庄子弗受,与使者俱,往见太子,曰:"太子何以教周,赐周千金?"

　　太子曰:"闻夫子明圣,谨奉千金以币从者。夫子弗受,悝尚何敢言。"

　　庄子曰:"闻太子所欲用周者,欲绝王之喜好也。使臣上说大王而逆王意,下不当太子,则身刑而死,周尚安所事金乎?使臣上说大王,下当太子,赵国何求而不得也!"

　　太子曰:"然。吾王所见,唯剑士也。"

　　庄子曰:"诺。周善为剑。"

　　太子曰:"然吾王所见剑士,皆蓬头突鬓,垂冠❶,曼胡❷之缨,短后之衣,瞋目而语难,王乃说之。今夫子必儒服而见王,事必大逆。"

　　庄子曰:"请治剑服。"治剑服三日,乃见太子。太子乃与见王,王脱白刃持之。

庄　子

庄子入殿门不趋，见王不拜。王曰："子欲何以教寡人，使太子先？"

曰："臣闻大王喜剑，故以剑见王。"

王曰："子之剑何能禁制？"

曰："臣之剑，十步一人，千里不留行。"

王大悦之，曰："天下无敌矣。"

庄子曰："夫为剑者，示之以虚，开之以利，后之以发，先之以至。愿得试之。"

王曰："夫子休，就舍待命，令设戏，请夫子。"

王乃校剑士七日，死伤者六十余人，得五六人，使奉剑于殿下，乃召庄子。王曰："今日试使士敦剑[3]。"

庄子曰："望之久矣！"

王曰："夫子所御杖，长短何如？"

曰："臣之所奉皆可。然臣有三剑，唯王所用，请先言而后试。"

王曰："愿闻三剑。"

曰："有天子剑，有诸侯剑，有庶人剑。"

注释

① 垂冠：头盔低垂，跃跃将斗之势。
② 曼胡：形容盔缨坚硬。
③ 敦剑：对剑。

解读

从前赵惠文王喜欢剑术，拥在宫门左右的剑士有三千余人。这些人日夜在赵惠文王面前比赛击剑，每年都要死伤一百多人。赵惠文王依然乐此不疲。这样三年下来，国势衰危，诸侯开始图谋攻取赵国了。

太子悝感到忧患，就招募臣僚说："谁能说服赵惠文王，使他停止击剑活动，就赏赐他千金。"

左右臣僚说："庄子能做到。"

太子派人将千金送给庄子。庄子并不接受赏赐，却和使者一起前往赵国，拜见太子。他说："太子想让我做什么事，让人赐我千金之礼？"

太子说："听说先生明达圣哲，恭奉千金是想犒赏先生的仆从。先生不肯接受，我还怎么开口求人呢？"

庄子说："我听说太子是想让我劝说赵惠文王断绝击剑的爱好。如果我劝说大王时违逆了赵惠文王的心意，不仅辜负了太子的托付之意，还将遭到刑戮而死，我还怎么来使用您的金钱呢？假如我说服了大王，完成了太子交付的使命，那么即便我向赵国提什么样的要求，还会得不到满足呢？"

太子说："是这样的。不过赵惠文王只接见剑士呀！"

庄子说："好吧。我也善于用剑。"太子说："可是剑士都是头发蓬乱，鬓毛挂腮，戴着威武的头盔，盔缨粗硬坚固，穿着后身短便的战袍，怒目瞪眼而不善言辞。大王一见到这样的人就高兴。现在，先生您如果穿着儒雅的服装去拜见大王，怕不大顺利呀！"

庄子说："请为我制作剑士的装束。"三天时间制作了剑士的装束，庄子穿着去见太子。太子和庄子一起去见赵惠文王。赵惠文王把利剑拔出鞘来，等着庄子。

庄子进入宫殿大门，并不趋步向前，也不跪拜行礼。赵惠文王说："你对我有何见教，还让太子事先通禀介绍？"

庄子说："我听说大王喜欢剑术，所以就想以剑术拜见大王。"

赵惠文王说："你的剑术靠什么来制伏对手呢？"

庄子说："我的剑术十步杀一人，千里无阻挡。"

赵惠文王高兴地说："那就天下无敌了！"

庄 子

庄子说:"善于剑术的人,是故意露出破绽引诱对方进攻,晚于对手出剑,却能先击着对手。希望能试试我的剑法。"

赵惠文王说:"先生先到馆舍休息一下,待我准备好比赛,再请先生前来。"

于是赵惠文王让手下的剑士们较量了七天,死了六十多人,选出五六位高手,让他们持剑站在宫殿下等候,这才召请庄子前来比剑。

赵惠文王说:"今天我要请您和我的剑士当场对决。"

庄子说:"我已期待多时了。"

赵惠文王说:"先生使用的剑,长短怎么样啊?"

庄子说:"我用什么剑都可以。我有三种剑,任凭大王选用,请允许我先谈谈,然后再对决。"

赵惠文王说:"愿意听你讲讲你那三种剑。"

庄子说:"我有天子剑、诸侯剑和庶人剑。"

原文

王曰:"天子之剑何如?"

曰:"天子之剑,以燕溪石城为锋,齐岱为锷❶,晋卫为脊,周宋为镡❷,韩魏为夹❸,包以四夷,裹以四时,绕以渤海,带以常山,制以五行,论以刑德,开以阴阳,持以春夏,行以秋冬。此剑直之无前,举之无上,案之无下,运之无旁。上决浮云,下绝地纪。此剑一用,匡诸侯,天下服矣。此天子之剑也。"

文王芒然自失,曰:"诸侯之剑何如?"

曰:"诸侯之剑,以知勇士为锋,以清廉士为锷,以贤良士为脊,以忠圣士为镡,以豪桀士为夹。此剑直之亦无前,举之亦无上,案之亦无下,运之亦无旁。上法圆天,以顺三光;下法方地,以顺四时;

中和民意，以安四乡❹。此剑一用，如雷霆之震也，四封之内，无不宾服而听从君命者矣。此诸侯之剑也。"

王曰："庶人之剑何如？"

曰："庶人之剑，蓬头突鬓，垂冠，曼胡之缨，短后之衣，瞋目而语难。相击于前，上斩颈领，下决肝肺。此庶人之剑，无异于斗鸡，一旦命已绝矣，无所用于国事。今大王有天子之位而好庶人之剑，臣窃为大王薄之。"

王乃牵而上殿，宰人上食，王三环之。庄子曰："大王安坐定气，剑事已毕奏矣！"

于是文王不出宫三月，剑士皆服毙其处也。

注释

❶ 锷：剑刃。
❷ 镡：剑环。
❸ 夹：通"铗"，剑柄。
❹ 四乡：四方。乡，通"向"。

解读

赵惠文王说："天子剑是什么样子？"

庄子说："天子剑把燕溪、石城当剑锋，把齐国的岱山当剑刃，把晋国和卫国当剑脊，把周地、宋国当剑环，把韩国、魏国当剑把；用四夷之地来包装，以四时变化来裹持，渤海之水作缠带，恒山之险做护卫；用五行制衡，以刑赏论断，用阴阳开合，把持着春夏，运行于秋冬。这种天子剑，勇往直前，所向披靡；举起来可以无限地高，插下去可以无限地深，运行如风，无人敢挡；上可断云，下可纪地。这样的剑一旦被起用，就可以匡正诸侯，让天下顺服。这就是天子剑。"

赵惠文王听后惘然自失地说："那诸侯剑呢？"

庄子说："诸侯剑是以智勇之士做剑锋，用清廉之士做剑刃，以贤良之士做剑脊，用忠圣之士做剑环，让豪杰之士做剑把。这种剑直伸向前也是所向披靡，举起来也是无限地高，按下去也可无限地深，挥舞起来也无人能够抵挡；效法上天的圆，顺应日月星空，效法土地的方，顺应春夏秋冬；在天地之间，可和顺民意，安顿四方。这种剑一旦用起来，犹如雷霆震撼，四境之内，没有人敢不顺服，没有人敢不听命。这就是诸侯剑。"

赵惠文王说："庶人剑又怎么样？"

庄子说："庶人剑就是头发蓬乱满脸胡须的人，戴着坚固的头盔，盔缨坚硬，身穿短衣；他们怒目圆睁而争吵不休，相互攻击砍杀，上可断人头，下可破肝肺。用这种庶人剑的人，跟斗鸡没有什么不同，一不小心就丧命了，对国事没有什么用处。现在，大王拥有尊位却喜欢庶人的剑术，我认为不值得。"

赵惠文王听完，拉着庄子的手走上宫殿，奴仆们端上饭菜，赵惠文王若有所思地绕着走了三圈。庄子说："请大王气定神闲，安坐王位，关于剑术的事我已上奏完了！"

于是，赵惠文王三个月没有走出宫门，剑士们都在住所自杀了。

杂 篇

渔 父

原文

孔子游于缁帷之林,休坐乎杏坛①之上。弟子读书,孔子弦歌鼓琴。奏曲未半,有渔父者,下船而来,须眉交白,被发揄袂,行原以上,距陆而止,左手据膝,右手持颐(颐:面颊)以听。曲终而招子贡、子路,二人俱对。

客指孔子曰:"彼何为者也?"

子路对曰:"鲁之君子也。"

客问其族。子路对曰:"族孔氏。"

客曰:"孔氏者何治也?"

子路未应,子贡对曰:"孔氏者,性服忠信;身行仁义,饰礼乐,选人伦,上以忠于世主,下以化于齐民,将以利天下。此孔氏之所治也。"

又问曰:"有土之君与?"

子贡曰:"非也。"

"侯王之佐与?"

子贡曰:"非也。"

客乃笑而还行,言曰:"仁则仁矣,恐不免其身;苦心劳形,以危其真。呜呼,远哉,其分于道也!"

子贡还,报孔子。孔子推琴而起曰:"其圣人与!"乃下求之,至于泽畔，方将杖拏而引其船，顾见孔子，还乡而立。孔子反走，再拜而进。

客曰："子将何求？"

孔子曰："曩者先生有绪言而去，丘不肖，未知所谓，窃待于下风，幸闻咳唾之音，以卒相丘也！"

客曰："嘻！甚矣子之好学也！"

孔子再拜而起曰："丘少而修学，以至于今，六十九岁矣，无所得闻至教，敢不虚心！"

客曰："同类相从，同声相应，固天之理也。吾请释吾之所有而经子之所以。子之所以者，人事也。天子诸侯大夫庶人，此四者自正，治之美也，四者离位而乱莫大焉。官治其职，人忧其事，乃无所陵。故田荒室露，衣食不足，征赋不属，妻妾不和，长少无序，庶人之忧也；能不胜任，官事不治，行不清白，群下荒怠，功美不有，爵禄不持，大夫之忧也；廷无忠臣，国家昏乱，工技不巧，贡职不美，春秋后伦，不顺天子，诸侯之忧也；阴阳不和，寒暑不时，以伤庶物，诸侯暴乱，擅相攘伐，以残民人，礼乐不节，财用穷匮，人伦不饬，百姓淫乱，天子有司之忧也。今子既上无君侯有司之势，而下无大臣职事之官，而擅饰礼乐，选人伦，以化齐民，不泰多事乎！

"且人有八疵，事有四患，不可不察也。非其事而事之，谓之摠；莫之顾而进之，谓之佞；希意道言，谓之谄；不择是非而言，谓之谀；好言人之恶，谓之谗；析交离亲，谓之贼；称誉诈伪以败恶人，谓之慝；不择善否，两容颊适，偷拔其所欲，谓之险。此八疵者，外以乱人，内以伤身，君子不友，明君不臣。所谓四患者，好经大事，变更易常，以挂功名，谓之叨；专知擅事，侵人自用，谓之贪；见过不更，闻谏愈甚，谓之很；人同于己则可，不同于己，虽善不善，谓之矜。此四患也。能去八疵，无行四患，而始可教已。"

孔子愀然而叹，再拜而起曰："丘再逐于鲁，削迹于卫，伐树于宋，围于陈蔡。丘不知所失，而离此四谤者何也？"

客凄然变容曰："甚矣，子之难悟也！人有畏影恶迹而去之走者，举足愈数而迹愈多，走愈疾而影不离身，自以为尚迟。疾走不休，绝力而死。不知处阴以休影。处静以息迹，愚亦甚矣！子审仁义之间，察同异之际，观动静之变，适受与之度，理好恶之情，和喜怒之节，而几于不免矣。谨修而身，谨守其真，还以物与人，则无所累矣。今不修之身而求之人，不亦外乎！"

孔子愀然曰："请问何谓真？"

客曰："真者，精诚之至也。不精不诚，不能动人。故强哭者，虽悲不哀；强怒者，虽严不威；强亲者，虽笑不和。真悲无声而哀，真怒未发而威，真亲未笑而和。真在内者，神动于外，是所以贵真也。其用于人理也，事亲则慈孝，事君则忠贞，饮酒则欢乐，处丧则悲哀。忠贞以功为主，饮酒以乐为主，处丧以哀为主，事亲以适为主。功成之美，无一其迹矣；事亲以适，不论所以矣；饮酒以乐，不选其具矣；处丧以哀，无问其礼矣。礼者，世俗之所为也；真者，所以受于天也，自然不可易也。故圣人法天贵真，不拘于俗。愚者反此，不能法天而恤于人，不知贵真，禄禄而受变于俗，故不足。惜哉，子之蚤湛于人伪而晚闻大道也！"

孔子又再拜而起曰："今者丘得遇也，若天幸然。先生不羞而比之服役，而身教之。敢问舍所在，请因受业而卒学大道。"

客曰："吾闻之，可与往者，与之至于妙道；不可与往者，不知

庄 子

其道，慎勿与之，身乃无咎。子勉之！吾去子矣，吾去子矣！"乃刺船而去，延缘苇间。

颜渊还车，子路授绥，孔子不顾，待水波定，不闻拏音而后敢乘。

子路旁车而问曰："由得为役久矣，未尝见夫子遇人如此其威也。万乘之主，千乘之君，见夫子未尝不分庭伉礼，夫子犹有倨敖之容。今渔父杖拏逆立，而夫子曲要磬折，言拜而应，得无太甚乎？门人皆怪夫子矣，渔人何以得此乎？"

孔子伏轼而叹曰："甚矣，由之难化也！湛于礼仪有间矣，而朴鄙之心至今未去。进，吾语汝！夫遇长不敬，失礼也；见贤不尊，不仁也。彼非至人，不能下人，下人不精，不得其真，故长伤身。惜哉！不仁之于人也，祸莫大焉，而由独擅之。且道者，万物之所由也，庶物失之者死，得之者生，为事逆之则败，顺之则成。故道之所在，圣人尊之。今渔父之于道，可谓有矣，吾敢不敬乎！"

注释

① 杏坛：坛名，在鲁东门外。

解读

孔子到缁帷树林游览，坐在杏坛上休息。弟子们在读书，孔子在弹琴吟唱。曲子还未奏完一半，有个渔父下船而来，胡须和眉毛全都白了，披着头发扬起衣袖，沿着河岸而上，来到一处高地便停下脚步，左手抱着膝盖，右手托起下巴听孔子弹琴吟唱。曲子终了渔父召唤子贡、子路，两个人一起走了过来。

渔父指着孔子说："他是干什么的？"

子路回答:"他是鲁国的君子。"

渔父问孔子的姓氏。子路回答:"姓孔。"

渔父说:"孔氏钻研并精通什么学问?"

子路还未作答,子贡说:"孔氏心性敬奉忠信,亲身实践仁义,修治礼乐规范,排定人伦关系,对上忠于国君,对下教化百姓,打算造福于天下。这就是孔氏的事业。"

渔父又问:"孔氏是拥有国土的君主吗?"

子贡说:"不是。"

渔父接着问:"是王侯的辅臣吗?"

子贡说:"也不是。"

于是渔父笑着走了,边走边说:"孔氏讲仁真可说是仁了,不过恐怕难免祸患;折磨心性劳累身形而危害本性。唉,他离大道太远了!"

子贡回来,把这些话告了孔子。孔子推开琴站起来说:"恐怕是位圣人吧!"于是走下杏坛寻找渔父,来到湖边,渔父正操起船桨撑船而去,回头看见孔子,转过身来面对孔子站着。孔子连连后退,再拜上前。

渔父说:"你有什么事吗?"

孔子说:"刚才先生留下话尾而去,我不聪明,不能领受其中的意思,特地前来求教,希望能有幸听到你的教诲以便有助于我!"

渔父说:"咦,你实在是好学啊!"

孔子又一次行礼后站起身说:"我少小时就努力学习,至今已经六十九岁了,没有能够听到过至理,怎么敢不虚心!"

渔父说:"同类相互汇聚,同声相互应和,这本是自然的道理。请让我说明我的看法从而分析你的行为。你所从事的是人事。天子、诸侯、大夫、庶民,这四种人能够各守其职,就是治理的美好境界,四者倘若不守其责,社会就会动乱。官吏各守其职,人民各虑其事,这就不会相互侵扰。所以,田地荒芜居室破漏,衣食不充足,赋税不能按时缴纳,妻子侍妾不能和睦,老少失去尊卑,这是百姓的忧虑。能力不能胜任职守,行为

庄　子

不清白，属下玩忽怠惰，功业和美名全不具备，爵位和俸禄不能保持，这是大夫的忧虑。朝上没忠臣，都城采邑混乱，工艺不精巧，敬献的贡品不好，朝觐时落在后面而失去伦次，不能顺和天子的心意，这是诸侯的忧虑。阴阳不和谐，寒暑不合时令，以致伤害万物的生长，诸侯暴乱，随意侵扰征战，以致残害百姓，礼乐不合节度，财物穷尽匮乏，人伦关系未能整顿，百姓淫乱，这是天子和大臣的忧虑。如今你上无君侯主管的地位而下无大臣经办的官职，却擅自修治礼乐，排定人伦关系，从而教化百姓，不是太多事了吗！而且人有八种毛病，事有四种祸患，不可不明察。不是自己的事也去做，叫作揽；没人理会也说个没完，叫作佞；迎合对方顺引话意，叫作谄；不辨是非巴结奉承，叫作谀；喜欢背地说人坏话，叫作谗；离间故交挑拨亲友，叫作害；称誉伪诈败坏他人，叫作慝；不分善恶美丑，好坏兼容而脸色随应相适，暗暗攫取合于己意的东西，叫作险。有这八种毛病的人，外能迷乱他人，内则伤害自身，因而有道德修养的人不和他们交往，圣明的君主不以他们为臣。所谓四患，喜欢管理国家大事，随意变更常规常态，用以钓取功名，称作贪得无厌；自恃聪明专行独断，侵害他人刚愎自用，称作利欲熏心；知过不改，听到劝说却越错越多，称作犟头犟脑；跟自己相同就认可，跟自己不同即使是好的也认为不好，称作自负矜夸。这就是四种祸患。能够清除八种毛病，不再推行四种祸患，方才可以教育。"

孔子面带愧色长声叹息，再拜而起说："我在鲁国两次受到冷遇，在卫国没有存身之地，在宋国遭受砍树的羞辱，又被围困在陈国、蔡国之间。我不知道我有什么过失，遭到这样四次诋毁？"

渔父悲悯地改变面容说："你实在是难以醒悟啊！有人害怕自己的身影、厌恶自己的足迹，想要避离而逃跑开去，举步越频繁足迹就越多，跑得越来越快而影子却总不离身，自以为还跑得慢了，于是快速奔跑而不休止，终于用尽力气而死去。不懂得停留在阴暗处就会使影子自然消失，停留在静止状态就会使足迹不复存在，这也实在是太愚蠢了！你仔细推究仁义的道理，考察事物同异的区别，观察动静的变化，掌握取舍的分寸，疏通好恶的情感，调谐喜怒的节度，却几乎不能免于灾祸。认真修养你的身心，谨慎地保持你的真性，把身外之物还与他人，那么也就没有什么拘系和累赘了。如今你不修养自身反而要求他人，这不是本末颠倒了吗？"

孔子凄凉悲伤地说："请问什么叫作真？"

渔父回答："所谓真，就是精诚的极点。不精不诚，不能感动人。所以，勉强啼哭的人虽然外表悲痛其实并不哀伤，勉强发怒的人虽然外表严厉其实并不威严，勉强亲热的人虽然笑容满面其实并不和善。真正的悲痛没有哭声而哀伤，真正的怒气未曾发作而威严，真正的亲热未曾含笑而和善。自然的真性存在于内心，神情的表露流于外在，这就是看重真情本性的原因。将上述道理用于人伦关系，侍奉双亲就会慈善孝顺，辅助国君就会忠贞不渝，饮酒就会舒心乐意，居丧就会悲痛哀伤。忠贞以建功为主旨，饮酒以欢乐为主旨，居丧以致哀为主旨，侍奉双亲以适意为主旨。功业与成就目的在于达到圆满美好，因而不必拘于一个轨迹；侍奉双亲目的在于达到适意，因而不必考虑使用什么方法；饮酒目的在于达到欢乐，没有必要选用就餐的器具；居丧目的在于致以哀伤，不必过问规范礼仪。礼仪，是世俗人的行为；纯真，却是禀受于自然，出自自然因而也就不可改变。所以圣哲的人总是效法自然看重本真，不受世俗的拘系。愚昧的人则与此相反。不能效法自然而忧虑世人，不知道珍惜本性，庸庸碌碌地在流俗中承受着变化，因此总是不知满足。可惜啊，你过早地沉溺于世俗的伪诈而很晚才听闻大道。"

孔子又一次深深行礼后站起身来，说："如今我孔丘有幸能遇上先生，好像苍天宠幸于我。先生不以此为羞辱并把我当作弟子一样看待，亲自教导我。我冒昧地打听先生的住处，请求受业于门下学完大道。"

渔父说："我听说，可以迷途知返的人就与之交往，直至领悟玄妙的大道；不能迷途知返的人，不会真正懂得大道，谨慎小心地不要与他们结交，自身也就不会招来祸殃。你自己勉励吧！我得离开你了！我得离开你了！"于是撑船离开孔子，缓缓划船而去。

颜渊掉转车头，子路递过拉着上车的绳索，孔子看定渔父离去的方向头也不回，直到水波平定，听不见桨声方才登上车子。

子路靠着车子问道："我为先生服务很久了，不曾看见先生对人如此谦恭尊敬。大国的诸侯，小国的国君，见到先生历来都是平等相待，还免不了流露出傲慢的神情。如今渔父手拿船桨对面而站，先生却像磐石一样弯腰鞠躬，听了渔父的话一再行礼后再做回答，恐怕是太过分了吧？弟子们都认为先生的态度不同于往常，一个渔夫怎能获得如此尊重呢？"

孔子伏身在车前的横木上叹息说："你实在是难于教化啊！你沉湎于礼义已经有些时日了，可是粗野卑下的心态时至今日也未能除去。上前来，我对你说！大凡遇到长辈而不恭敬，就是失礼；见到贤人而不尊重，就是不仁。他倘若不是一个道德修养臻于完善的人，也就不能使人自感谦卑低下，对人谦恭卑下却不至精至诚，定然不能保持本真，所以久久伤害身体。可惜啊！不能见贤思齐对于人们来说，祸害再没有比这更大的了，而你却偏偏就有这一毛病。况且大道是万物的根源，各种物类失去了道就会死亡，获得了道便会成功。所以大道之所在，圣人就尊崇。如今渔父对于大道，可以说是真的体悟，我怎能不尊敬他呢？"

杂 篇

列御寇

原文

列御寇之齐，中道而反，遇伯昏瞀人。伯昏瞀人曰："奚方①而反？"曰："吾惊焉。"曰："恶乎惊？"曰："吾尝食于十浆，而五浆先馈。"伯昏瞀人曰："若是，则汝何为惊已？"曰："夫内诚不解，形谍成光，以外镇人心，使人轻乎贵老，而其所患。夫浆人特为食羹之货，无多余之赢，其为利也薄，其为权也轻，而犹若是，而况于万乘之主乎！身劳于国而知尽于事，彼将任我以事，而效我以功，吾是以惊。"伯昏瞀人曰："善哉观乎！女处已，人将保汝矣！"

无几何而往，则户外之屦满矣。伯昏瞀人北面而立，敦杖蹙之乎颐，立有间，不言而出。宾者以告列子，列子提屦，跣出异也！跣而走，暨乎门，曰："先生既来，曾不发药乎？"曰："已矣，吾固告汝曰人将保汝，果保汝矣。非汝能使人保汝，而汝不能使人无保汝也，而焉用之感豫出异也！必且有感摇而本才，又无谓也。与汝游者又莫汝告也，彼所小言，尽人毒也；莫觉莫悟，何相孰也！巧者劳而知者忧，无能者无所求，饱食而敖游，汎若不系之舟，虚而敖游者也。"

注释

① 奚方：什么原因。

解读

列御寇到齐国去，半路又返回，遇上伯昏瞀人。伯昏瞀人问："为何中途而返？"列御寇说："我感到惊惶不安。"伯昏瞀人又问："什么原因使你惊惶不安？"列御寇说："我到十家店里买饮料，却有五家争先送给我。"伯昏瞀人说："像这样的事，你怎么会惊惶不安呢？"列御寇说："内心情欲没有去掉，外表就呈现神采，就会镇服人心，使人尊重自己胜过尊重老者，必然会招致祸患。那卖饮料的人只不过是为了卖掉饮用的羹汤，没有多少盈利，收入很微薄。可如此地对待我，何况大国的国君呢？国君为国操劳，才智耗于政事，定会把重任托付给我并检验我的功绩。我因此惊惶不已。"伯昏瞀人说："你的观察实在是好啊！等着吧，人们一定会归附于你！"

没多久，伯昏瞀人前去看望列御寇，看见门外摆满了鞋子。伯昏瞀人朝北站着，竖着拐杖撑住下巴。站了一会儿，一句话也没说就走了。接待人员告诉了列御寇，列御寇提着鞋子，光着脚就跑了出来，赶到门口说："先生已经来了，竟不说一句批评指教的话吗？"伯昏瞀人说："算了，我已经告诉过你人们将会归附于你，果真都在归附你了。不是你让人们归附于你，而是你不能让人们不归附于你。你何必让人感动而表现得与众不同呢！必定是有什么动摇了你的本性，而你又无可奈何。跟你交游的人又不告诫

杂 篇

你，他们的细巧的言辞，全是毒害人的；没有谁省悟，怎么能彼此帮助呢！灵巧的人多劳累而聪慧的人多忧患，没有能耐的人也就没有什么追求，填饱肚子，到处遨游，像没有缆索的船在漂游，心境虚无而自由遨游。"

原文

郑人缓❶也呻吟裘氏之地，祇三年而缓为儒，河润九里，泽及三族，使其弟墨。儒墨相与辩，其父助翟，十年而缓自杀。其父梦之曰："使而子为墨者予也。阖尝视其良，既为秋柏之实矣？"

夫造物者之报人也，不报其人而报其人之天。彼故使彼。夫人以己为有以异于人以贱其亲，齐人之井饮者相捽也。故曰：今之世皆缓也。自是有德者以不知也，而况有道者乎！古者谓之遁天之刑。

圣人安其所安，不安其所不安；众人安其所不安，不安其所安。

庄子曰："知道易，勿言难。知而不言，所以之天也；知而言之，所以之人也。古之人，天而不人。"

朱泙漫学屠龙于支离益❷，单千金之家，三年技成而无所用其巧。

圣人以必不必，故无兵；众人以不必必之，故多兵；顺于兵，故行有求。兵，恃之则亡。

小夫之知，不离苞苴竿牍，敝精神乎蹇浅，而欲兼济道物，太一形虚。若是者，迷惑于宇宙，形累不知太初。彼至人者，归精神乎无始，而甘冥乎无何有之乡。水流乎无形，发泄乎太清。悲哉乎！汝为知在毫毛，而不知太宁。

注释

❶ 郑人缓：缓，人名。郑国人。

庄 子

❷ 朱泙漫：姓朱泙名漫。支离益：姓支离名益。

解读

郑国有个叫缓的人在裘氏地方吟咏诵读，三年学成儒生，像河水滋润土地一样润泽着广远的地方，他的恩惠还施及三族，使他的弟弟成为墨家的学人。儒墨不能相容而争辩，缓的父亲则站在墨家一边。十年后缓愤而自杀，父亲梦见他说：“让你的儿子成为墨家，还是我的功劳。看我的坟墓，我已变成柏树而结出了果实！"

造物者所给予人们的，不是才智和能力而是自然本性。缓的弟弟具备了墨家的禀赋因而能成为墨家学人。缓总认为自己与众不同才这样轻侮父亲，就跟齐人自以为挖井有功而与饮水的人抓扯扭打一样，看来像缓这样贪天之功以为己有的人很多。自以为生活中总是这样，有德行的人却并不知道这样的情况，更何况是有道的人啊！古时候人们称这种做法是违背自然规律而受到刑戮。

圣哲的人安于自然，却不适应人为的摆布；普通人习惯于人为的摆布，却不安于自然。

庄子说：“了解道容易，不去谈论却很难。了解了道却不妄加谈论，这是通往自然的境界；了解了道却信口谈论，这是走向人为的尘世。古人体察自然而不追求人为。"

朱泙漫向支离益学习屠龙的技术，耗尽家产，三年后学成技术却没有机会施展。

圣哲的人对于必然的事物不看作必然，所以总是没有争论；普通人却把非必然的东西看作必然，因而总是争论不休。屈从于纷争，总是因为有所追求，依仗于纷争只会自取灭亡。

世俗人的聪明做法，离不开赠予酬答，在浅薄的事情上耗费精神，一心想着兼济天下疏导万物，以为这样可以达到混沌初开、物我相融的境界。像这样的人早已被浩瀚的宇宙所迷惑，身形劳苦却并不了解混沌初始的真谛。道德修养极高的人让精神回归到鸿蒙初开的原始状态，甘愿休眠在没有任何有形事物的世界。像水流一样随顺无形，自然而然地流淌在清虚空寂的境域。可悲啊！世俗人把心思用在毫毛琐事上，却一点也不懂得宁静、自然和无为。

原文

宋人有曹商❶者，为宋王❷使秦。其往也，得车数乘；王说之，益车百乘。反于宋，见庄子曰："夫处穷闾厄巷，困窘织屦，槁项黄馘者，商之所短也；一悟万乘之主而从车百乘者，商之所长也。"

庄子曰："秦王有病召医，破痈溃痤者得车一乘，舐痔者得车五乘，所治愈下，得车愈多。子岂治其痔邪，何得车之多也？子行矣！"

鲁哀公问乎颜阖曰："吾以仲尼为贞幹，国其有瘳乎？"曰："殆哉圾乎！仲尼方且饰羽而画，从事华辞，以支为旨，忍性！彼宜女与予颐与？误而可矣。今使民离实学伪，非所以视民也，为后世虑，不若休之。难治也。"施于人而不忘，非天布也。商贾不齿，虽以事齿之，神者弗齿。为外刑者，金与木也；为内刑者，动与过也。宵人之离外刑者，金木讯之；离内刑者，阴阳食之。夫免乎外内之刑者，唯真人能之。

注释

❶ 曹商：姓曹，名商。
❷ 宋王：宋王偃。

解读

宋国有个叫作曹商的人，为宋王出使秦国。他前往秦国时，得到宋王赠予的数辆车子；秦王十分高兴，又加赐车辆一百乘。曹商回到宋国见了

庄　子

庄子说："身居偏僻里巷，贫困到自己编织麻鞋，脖颈干瘪面色饥黄，这是我不如别人的地方；一旦使大国国君省悟而随从的车辆达到百乘之多，这又是我的长处。"

庄子说："秦王有病召请医生，破出脓疮溃散疖子的人可获得车辆一乘，舔治痔疮的人可获得车辆五乘，疗治的部位越低下，所能获得的车辆就越多。你难道给秦王舔过痔疮吗，怎么获得这么多车辆呢？你走吧！"

鲁哀公问颜阖："我想把仲尼任命为大臣，国家有希望了吧？"颜阖说："实在是危险啊！仲尼习惯粉饰装扮，讲习虚伪的言辞，把枝节看作要旨，扭曲心性以夸示于民众却不知道全无诚信；让这样的做法承受于内心，并主宰着精神，怎么能够管理好人民！仲尼果真适合你吗？他能够养育人民吗？你的考虑错误无疑了。现今让人民背离真情学习伪诈，这不是用来导引民众的办法，为后世着想，不如算了。孔丘是很难治理好国家的。"施与别人恩惠却总念念不忘，远不是自然的赐予。连商人都瞧不起，即使有事提及，内心也是瞧不起的。施加皮肉之刑的，是金属或木质的刑具；内心的刑罚，则是烦乱和过失。小人受皮肉之刑，是用刑具加以拷问；小人内心受到惩罚，则是阴阳郁积所侵害。能够免于内外刑辱的只有真人才可做到。

原文

孔子曰："凡人心险于山川，难于知天。天犹有春秋冬夏旦暮之期，人者厚貌深情。故有貌愿而益，有长若不肖，有顺懁❶而达，有坚而缦，有缓而钎。故其就义若渴者，其去义若热。故君子远使之而观其忠，近使之而观其敬，烦使之而观其能，卒然问焉而观其知，急与之期而观其信，委之以财而观其仁，告之以危而观其节，醉之以酒而观其侧，杂之以处而观其色。九征至，不肖人得矣。"

正考父❷一命而伛，再命而偻，三命而俯，循墙而走，孰敢不轨！

杂 篇

如而夫者，一命而吕钜，再命而于车上儛，三命而名诸父，孰协唐许！

贼莫大乎德有心而心有眼，及其有眼也而内视，内视而败矣。凶德有五，中德为首，何谓中德？中德也者，有以自好也而吡其所不为者也。

穷有八极，达有三必，形有六府。美、髯、长、大、壮、丽、勇、敢，八者俱过人也，因以是穷。缘循、偃佒、困畏不若人，三者俱通达。知慧外通，勇动多怨，仁义多责。达生之情者傀，达大命者，随；达小命者遭。

注释

① 愳：急躁。
② 正考父：孔子七世祖，宋卿。

解读

孔子说："人心比山川还险恶，比预测天还困难；自然界尚有春夏秋冬和早晚变化的周期，人却面容复杂，情感潜藏。有的人貌似老实却内心骄溢，有的人貌似长者却心术不正，有的人外表急躁却通达事理，有的人外表坚韧却懈怠涣散，有的人表面舒缓而内心强悍。所以人们趋赴仁义如饥似渴，抛弃仁义也像避火一样。因此对于君子，让他去远方，观察他是否忠诚；让他就近办事以观察他是否恭敬；让他处理琐事以观察他是否有能力；对他突然提问，观察他是否有心智；交给他紧迫的任务，观察他是否守信用；把财物托付给他，观察他是否清廉；把危难告诉他，观察他是否持守节操；让他喝醉，观察他的仪态；用男女杂处的办法观察他是否好色。从这九种表现加以证验，就可以看出不好的人来。"

正考父首次被任命为士便逢人躬着背，再次被任命为大夫便弯着腰，第三次被任命为卿就俯下身子，顺着墙根急走，如此谦下哪还敢做不轨之事！如果是凡夫俗子，首次被任命为士就会傲慢自大，再次被任命为大夫就会手舞足蹈，第三次被任命为卿就要直呼叔伯名字，像这样谁还会效仿

庄 子

唐尧、许由呢？

最大的祸害莫过于有意为德而且有心眼，有心眼就会以意度事，导致失败。凶德有五种，中德为主。什么叫中德？所谓中德，是指自以为是而诋毁自己所不赞同的。

困厄源于八个方面，通达基于三种情况，刑罚有六类。貌美、须长、高大、魁梧、健壮、艳丽、勇武、果敢，八项胜过他人，必然导致困厄。因循顺应、俯仰随人、怯弱谦下，三种情况都能遇事通达。自恃聪明炫耀于外，勇猛躁动必多怨恨，倡导仁义必多责难。通晓生命实情的人心胸开阔，通晓真知的人内心虚空豁达，通晓长寿之道的人随顺自然，通晓寿命短暂之理的人也能随遇而安。

原文

人有见宋王者，锡车十乘，以其十乘骄稚庄子。庄子曰："河上有家贫恃纬萧而食者，其子没于渊，得千金之珠。其父谓其子曰：'取石来锻之！夫千金之珠，必在九重之渊而骊龙颔下。子能得珠者，必遭其睡也。使骊龙而寤，子尚奚微之有哉！'今宋国之深，非直九重之渊也；宋王之猛，非直骊龙也；子能得车者，必遭其睡也。使宋王而寤❶，子为齑粉夫！"或聘于庄子。庄子应其使曰："子见夫牺牛乎？衣以文绣，食以刍叔，及其牵而入于大庙，虽欲为孤犊，其可得乎！"

庄子将死，弟子欲厚葬之。庄子曰："吾以天地为棺椁，以日月为连璧，星辰为珠玑，万物为赍送❷。吾葬具岂不备邪？何以加此？"

弟子曰："吾恐乌鸢之食夫子也。"

庄子曰："在上为乌鸢食，在下为蝼蚁食，夺彼与此，何其偏也！"

以不平平，其平也不平；以不征征，其征也不征。明者唯为之使，神者征之。夫明之不胜神也久矣。而愚者恃其所见入于人，其功外

杂 篇

也，不亦悲乎！

注释

① 寤：睡醒。
② 赍送：陪葬。

解读

有个拜会过宋王的人，宋王赐给他车马十乘，依仗这些车马在庄子面前炫耀。庄子说："河上有一个贫穷家庭，靠编织苇席为生，他的儿子潜入深渊，得到一枚价值千金的宝珠，父亲对儿子说：'拿过石块砸碎它！千金宝珠必定出自潭底黑龙的下巴下面，你能获得宝珠，一定是黑龙睡着了。倘若黑龙醒来，你还想活命吗？'如今宋国的险恶，远不只深潭；而宋王的凶残，也远不只黑龙那样。你能获得车马，一定是宋王睡着了。倘若宋王醒来，你必将粉身碎骨。"有人向庄子行聘。庄子对使者说："你见过祭祀的牛吗？披着花纹锦绣，吃着草料豆子，等到牵着进入太庙时，想要做头孤单的小牛，还可能吗？"

庄子快要死了，弟子们打算厚葬他。庄子说："我把天地当棺椁，把日月当连璧，把星辰当珠玑，以万物为陪葬。我陪葬的东西还不完备吗？哪里用得着这些东西！"

弟子说："我们担忧乌鸦和老鹰啄食先生的遗体。"

庄子说："弃尸放在地上会被乌鸦和老鹰吃掉，深埋地下会被蚂蚁吃掉，夺过乌鸦老鹰的吃食交给蚂蚁，怎么如此偏心！"

把偏心看作公平，这种公平就是不公平；把未应验的看作应验，这种应验是不可信的。自以为明智的人只会被外物所驱使，精神世界完全超脱于物外的人才会自然地感应。自以为明智的人早就比不上精神世界完全超脱的人，可是愚昧的人还总是自恃偏见而沉溺于世俗和人事，他们的功利只在于追求身外之物，这不很可悲吗？

庄 子

天　下

原文

　　天下之治①方术者多矣，皆以其有为不可加矣！古之所谓道术者，果恶乎在？曰："无乎不在。"曰："神何由降？明何由出？""圣有所生，王有所成，皆原于一。"

　　不离于宗，谓之天人；不离于精，谓之神人；不离于真，谓之至人。以天为宗，以德为本，以道为门，兆于变化，谓之圣人；以仁为恩，以义为理，以礼为行，以乐为和，薰然②慈仁，谓之君子；以法为分，以名为表，以参为验，以稽为决，其数一二三四是也，百官以此相齿；以事为常，以衣食为主，蕃息畜藏，老弱孤寡为意，皆有以养，民之理也。

　　古之人其备乎！配神明，醇天地，育万物，和天下，泽及百姓，明于本数，系于末度，六通四辟，小大精粗，其运无乎不在。其明而在数度者，旧法、世传之史尚多有之；其在于《诗》《书》《礼》《乐》者，邹鲁之士、搢绅先生多能明之。《诗》以道志，《书》以道事，《礼》以道行，《乐》以道和，《易》以道阴阳，《春秋》以道名分。其数散于天下而设于中国者，百家之学时或称而道之。

注释

　　① 治：研究。

② 薰然：温和慈爱的样子。

解读

天下研究学术的人很多，都认为自己的主张是顶峰，再好不过了。所谓的道术到底在哪里呢？回答是："无所不在。"若问："圣人从哪里诞生？明王从何处出现？"回答是："圣人和明王的出现，都源于大道。"

不背离大道本质的，称为天人；不背离大道精纯的，称为神人；不背离大道本真的，称为道德高尚的人。以自然为主宰，以德行为根本，以大道为门径，预知变化的征兆，称为圣人；以仁爱来实行恩惠，以义来分别事理，以礼来规范行动，以音乐来调和性情，充溢着温和仁慈的言行，称为君子；以法度确定名分，以名号作为标准，用比较来验证，用考察来决断，就像一、二、三、四那样分明，百官的序列就是如此确定的；把耕作劳动作为常业，把衣食作为主要事物，繁衍生息和积蓄储存，让老弱孤寡都能得到抚养，这是民生的道理。

古人不是很完备吗？他们效法天地，哺育万物，调和天下，恩泽施于百姓，通晓大道的根本，掌握法度等末节，六合通达而四时顺畅，大小精粗，无所不发挥作用。古代道术表现在礼法度数方面，在旧的法规和史书中多有记载；那些记载在《诗》《书》《礼》《乐》书中的，邹、鲁之地的学者和官吏大多能明白其中的道理。《诗》是用来表达志向的，《书》是记载政事的，《礼》是讲述行为规范的，《乐》是讲述调和情绪的，《易》是讲述阴阳变化的，《春秋》是讲述名位职守的。这些学问散布于天下而施行在各国，百家之学中时有称引和讲述的。

原文

天下大乱，贤圣不明，道德不一。天下多得一察焉以自好。譬如耳目鼻口，皆有所明，不能相通。犹百家众技也，皆有所长，时有所

庄 子

用。虽然，不该不遍，一曲之士也。判天地之美，析万物之理，察古人之全。寡能备于天地之美，称神明之容。是故内圣外王之道，暗而不明，郁而不发，天下之人各为其所欲焉以自为方。悲夫！百家往而不反，必不合矣！后世之学者，不幸不见天地之纯，古人之大体。道术将为天下裂。

解读

天下大乱之后，圣贤的学说不再显明于世，道德标准也出现了分歧。天下的人各以一己之偏见自以为是。譬如，耳目鼻口各有功用，却不能相互替代；犹如百家的各种技艺，都有自己的特长，适时方有所用。虽然如此，对于不能兼备众说，不能周遍物理的，只能是一孔之见的曲士。他们割裂了天地的和美，离析了万物的常理，破坏了古人完美的道德，很难具备天地的自然纯美，相称于神明的形容。所以内圣外王之道暗淡而不光明，抑郁而不勃发，天下之人各为自己的喜好，偏执一己的方术。

可悲啊，百家的学术走向一偏而不知道回归，势必与古人的道术不能相合了！后世的学者，最为不幸的是，再也见不到天地的纯美和古人完美的道德风貌。古人的道术将被下一代的天下人所割裂毁掉了。

原文

不侈于后世，不靡于万物，不晖于数度，以绳墨自矫，而备世之急。古之道术有在于是者，墨翟、禽滑厘❶闻其风而说之。为之大过，已之大顺。作为《非乐》，命之曰《节用》。生不歌，死无服。墨子泛爱兼利（兼利：使大家都得到利益）而非斗，其道不怒。

又好学而博，不异，不与先王同，毁古之礼乐。黄帝有《咸池》，尧有《大章》，舜有《大韶》，禹有《大夏》，汤有《大濩》，文王有辟雍之乐，武王、周公作《武》。古之丧礼，贵贱有仪，上下有等。天子棺椁七重，诸侯五重，大夫三重，士再重。今墨子独生不歌，死不服，桐棺三寸而无椁，以为法式。以此教人，恐不爱人；以此自行，固不爱己。未败墨子道。虽然，歌而非歌，哭而非哭，乐而非乐，是果类乎？其生也勤，其死也薄，其道大觳。使人忧，使人悲，其行难为也。

恐其不可以为圣人之道，反天下之心。天下不堪。墨子虽独能任，奈天下何！离于天下，其去王也远矣！墨子称道曰："昔禹之湮洪水，决江河而通四夷九州也。名川三百，支川三千，小者无数。禹亲自操橐耜而九杂天下之川。腓无胈，胫无毛，沐甚雨，栉疾风，置万国。禹大圣也，而形劳天下也如此。"使后世之墨者，多以裘褐为衣，以跂蹻为服，日夜不休，以自苦为极，曰："不能如此，非禹之道也，不足谓墨。"相里勤之弟子，五侯❷之徒，南方之墨者若获、已齿、邓陵子❸之属，俱诵《墨经》，而倍谲不同，相谓别墨。

以坚白同异之辩相訾，以奇偶不忤之辞相应，以巨子为圣人。皆愿为之尸，冀得为其后世，至今不决。墨翟、禽滑厘之意则是，其行则非也。将使后世之墨者，必自苦以腓无胈、胫无毛相进而已矣。乱之上也，治之下也。虽然，墨子真天下之好也，将求之不得也，虽枯槁不舍也，才士也夫！

注释

❶ 禽滑厘（gǔí）：墨翟弟子。
❷ 五侯：姓伍，名侯。五，通"伍"。
❸ 若获、已齿、邓陵子：均是墨家弟子。

庄 子

解读

　　不以奢侈教育后世，不浪费万物，不炫耀礼法，制定规矩来自我勉励，以应付当世的急难；古来的道术有属于这方面的。墨翟、禽滑厘听到这种风气就喜悦。而这种道术要求过分苛刻。设立"非乐"，命名为"节用"，生时不作乐，死时无服饰。

　　墨子主张博爱兼利而反对战争，教人不怒；他又强学博记，提倡尚同，也不和先王相同，毁弃古代的礼乐。黄帝有《咸池》乐章，尧有《大章》乐章，舜有《大韶》乐章，禹有《大夏》乐章，汤有《大濩》乐章，文王有《辟雍》乐章，武王、周公作《武》乐。古时丧礼有贵贱之分，有上下等差，天子的棺椁有七层，诸侯的有五层，大夫的有三层，士的有两层。现在墨子独自主张生时不吟唱，死后无服饰，只用三寸桐棺而没有外椁，作为榜样。用这个来教化人，恐怕不是爱人；把这个用在自己身上，也实在不算是爱自己。这并不是抨击墨子学说。然而，当唱歌时却反对唱歌，当哭泣时却反对哭泣，当奏乐时却反对奏乐，这样就合乎人情吗？在世时辛勤劳作，去世后要薄葬，他的学说太苛刻了；使人忧苦悲愁，他的主张难以实行，恐怕不能成为圣人之道，违背了天下人的心愿，天下的人不堪忍受，墨子虽然能做到，奈何天下人不能履行！背离了天下人，距离王道也就远了。

　　墨子说："从前禹时江河堵塞，禹用疏导的方法，使四夷九州的江河俱通，大川三百，支流三千，小溪无数。禹亲自拿着盛土器和锄头治理天下的河川；累得腿肚子没有肉，小腿上没有毛，大雨淋身，强风梳发，使许多地区都免于水患。禹是大圣人，而为了天下，这般地劳苦。"所以让墨家学说的后人，多用粗布做衣裳，穿上木屐，日夜劳作，以劳苦自身为准则，说："如果不能这样，就不是禹的道，就不足称为墨家。"相里勤的弟子，伍侯的门徒，南方的墨者若获、已齿、邓陵子一派，都诵读"墨经"，却各自不同，互相斥责对方是非正统的墨家。用坚白、同异的辩论

杂 篇

方式互相诋毁，用奇偶不合的言辩互相应对；以墨学高超的人当作圣人，都愿意奉他为主师，希望继承他的事业，到现在还争论不休。墨翟、禽滑厘的心愿是很好的，但他们的做法却太过分了。

这会使后世的墨者，必定要劳苦自己到腿肚子没有肉，小腿上没有毛，以此互相竞逐了。这是乱天下有余，而治天下不足。虽然这样，墨子是天下真正的好人，纵使弄得形容枯槁也不放弃自己的主张，真是有才之士啊！

原文

不累于俗，不饰于物，不苟于人，不忮❶于众，愿天下之安宁以活民命，人我之养，毕足而止，以此白心。古之道术有在于是者，宋钘、尹文闻其风而悦之。作为华山之冠以自表，接万物以别宥为始。语心之容，命之曰"心之行"。以聏合欢❷，以调海内。请欲置之以为主。

见侮不辱，救民之斗，禁攻寝兵，救世之战。以此周行天下，上说下教。虽天下不取，强聒而不舍者也。故曰：上下见厌而强见也。虽然，其为人太多，其自为太少，曰："请欲固置五升之饭足矣。"先生恐不得饱，弟子虽饥，不忘天下，日夜不休。曰："我必得活哉！"

图傲乎救世之士哉！曰："君子不为苛察，不以身假物。"以为无益于天下者，明之不如己也。以禁攻寝兵为外，以情欲寡浅为内。其小大精粗，其行适至是而止。

注释

❶ 忮：违逆。
❷ 以聏合欢：以柔和的态度投合别人的喜欢。

庄 子

解读

不为世俗所牵累，不借外物而矫饰，对人不苟求，不违逆常情，希望天下安宁以保全人民的性命，奉养满足就够了，以这种观点来表白自己的心意，古时的道术有属于这方面的。宋钘、尹文听到这种风尚就喜悦，制作一种上下均平像华山的帽子来表示提倡人类生活的平等，应接万物以抛弃偏见为先，谈论心的思维，称作心理活动，以和顺的态度投合别人，以此与天下相协调，希望大家把上述主张作为主导思想。

受到欺侮不以此为耻辱，解决人民的争端，禁止攻伐，化干戈为玉帛，解除世间的战争。本着这种意旨来周行天下，对上劝说诸侯，对下教育百姓，虽然天下的人并不接受，但他依然劝说不停，所以说，上上下下的人都厌烦但仍强力宣传。然而他们为别人做得太多，替自己打算太少，他们说："每天只有五升米的饭就足够了。"老师吃不饱，弟子们也常饥饿，可是仍不忘天下。

他们日夜奔波，说："我们都必须活命呀！"高大的救世之士啊！他们说："君子不苟求计较，不为外物所奴役。"认为对天下没有益处的，不如干脆不理会。他们主张禁止对外攻伐，以淡情寡欲来修身，他们学说的大小粗细及其所行所为就是这样。

原文

公而不党，易而无私，决然无主，趣物而不两，不顾于虑，不谋于知，于物无择，与之俱往。古之道术有在于是者，彭蒙、田骈、慎到闻其风而悦之。齐万物以为首，曰："天能覆之而不能载之，地能载之而不能覆之，大道能包之而不能辩之。"知万物皆有所可，有所不可。

故曰："选则不遍，教则不至，道则无遗者矣。"是故慎到弃知去己，而缘不得已。泠汰❶于物，以为道理。曰："知不知，将薄知而

杂　篇

后邻伤之者也。"謑髁无任❷，而笑天下之尚贤也；纵脱无行，而非天下之大圣；椎拍輐断，与物宛转；舍是与非，苟可以免。不师知虑，不知前后，魏然而已矣。

推而后行，曳而后往。若飘风之还，若羽之旋，若磨石之隧，全而无非，动静无过，未尝有罪。是何故？夫无知之物，无建己之患，无用知之累，动静不离于理，是以终身无誉。故曰："至于若无知之物而已，无用贤圣。夫块不失道。"

豪桀相与笑之曰："慎到之道，非生人之行，而至死人之理。"适得怪焉。田骈亦然，学于彭蒙，得不教焉。彭蒙之师曰："古之道人，至于莫之是、莫之非而已矣。其风窢然，恶可而言。"常反人，不见观，而不免于鯇断。其所谓道非道，而所言之韪不免于非。彭蒙、田骈、慎到不知道。虽然，概乎皆尝有闻者也。

注释

❶ 泠汰：听从放任。
❷ 謑髁无任：随便任用人。

解读

公正不结党，平易不偏私，去除私意而没有成见，随物变化而与物为一，没有顾虑，不用智谋，对于事物没有好恶，和它一道变化发展。古来的道术有属于这方面的。彭蒙、田骈、慎到听到这种风尚就喜悦。以齐同万物为首要，说："天能覆盖万物却不能够承载我们，地能承载万物却不能覆盖他们，大地能包容万物却不能分辨他们，天地与道尚且有所不能，万物更是如此可知。"

所以说选择就不能普遍，教诲就不能周全，大道能包容万物，所以没有遗漏。所以慎到摒弃聪明，去除己见，而顺随于不得已的事，听人于物，以此作为他的道，说："强求知其所不知，就会为知所迫而损伤自己。"随物顺情无所专任，而讥笑天下推崇贤能的人，放纵不羁不拘的形迹，而非议天下的大圣。顺随旋转，与物推移变化，舍去是非，免去牵累，不用智巧谋虑，不瞻前顾后，只求独立于世。

拖动而后前行，像飘风的往还，像落叶的旋转，像磨石的回转，保全自己而不受责难，动静适度而没有过失，就从不会有罪。这是为什么？没有知觉的东西，就不会建立忧患，就没有牵累，动静就不会离开自然之理，因此一生没有毁誉。所以说："达到像无知的东西那样就行了，不需要圣贤，即使是土块也没有离开道。"

豪杰们讥笑他说："慎到的学说不是活人所能施行的，而是死人的道理。"真是怪异的主张。田骈也是一样，求学于彭蒙，学到不言之教。彭蒙的老师说："古来得道的人，能够达到不受是非左右的境界就行了。他的教化大道无形，哪是可以用语言表达出来呢？"常违背人的本意，不为人所称赞，因此不免会受罪。他所说的道不是道，而所说的是不免于非。彭蒙、田骈、慎到不明白大道，他们只是曾经听过道的概要。

原文

以本为精，以物为粗，以有积为不足，淡然独与神明居。古之道术有在于是者，关尹、老聃闻其风而悦之。建之以常无有，主之以太一。以濡弱谦下为表，以空虚不毁万物为实。

关尹曰："在己无居，形物自著❶。"其动若水，其静若镜，其应若响。芴乎若亡，寂乎若清。同焉者和，得焉者失。未尝先人而常随人。

老聃曰："知其雄，守其雌，为天下谿；知其白，守其辱，为天下谷。"人皆取先，己独取后，曰受天下之垢。人皆取实，己独取虚，无藏也故有余，岿然而有余。其行身也，徐而不费，无为也而笑巧。人皆求福，己独曲全。曰苟免于咎。以深②为根，以约为纪。曰："坚则毁矣，锐则挫矣。"常宽容于物，不削于人，可谓至极。

关尹、老聃乎，古之博大真人哉！

注释

① 形物自著：有形之物各自彰著。
② 深：深藏。

解读

以根本的道为精微，以有形的物为粗杂，认为有积蓄反而会不足，恬淡与大道融为一体。古代的道术有属于这方面的。关尹、老聃听到这种风尚就喜悦。建立在常无与常有的基础上的学说，归根于最高的"道"。

以柔弱和谦下为外表形式，以空虚包容万物为其实质内容。关尹说："自己没有偏见，万物就各自彰显。"他活动时像流水，静止时像镜子，动静无心，犹如空谷回声。恍惚之中像是空洞无物，寂寞之中像是清虚无有。与万物混同就和谐，一心想获得就有失。不与人争先，而常常随在人们后面。老聃说："知道坚强的，却持守柔弱，成为容纳万物的豁谷；认识明亮，持守暗昧，成为天下的山谷。"人人都争光，他独自居后，说承受天下的侮辱。人人都追求实惠，他独索取虚无，正因为没有积蓄，所以感到富足，富足得如高山般的堆积。他立身行事，从容不迫，不损精神，恬淡无为而耻笑耍弄智巧的人。人人都在追求福禄，他自己却独委曲求全，说："这样做姑且免于祸端。"以精深为根本，以俭约为纲纪，说："坚强的容易毁坏，锐利的容易挫折。"常常宽容待物，不侵削别人，可以说已经达到了最高境界。关尹、老聃，可谓是古来博大的真人啊！

庄 子

原文

寂漠无形，变化无常，死与？生与？天地并与？神明往与？芒乎何之？忽乎何适？万物毕罗，莫足以归。古之道术有在于是者，庄周闻其风而悦之。以谬悠之说，荒唐之言，无端崖之辞，时恣纵而不傥，不以觭❶见之也。以天下为沉浊，不可与庄语。以卮言为曼衍，以重言为真，以寓言为广。

独与天地精神往来，而不敖倪于万物。不谴是非，以与世俗处。其书虽瑰玮，而连犿❷无伤也。其辞虽参差，而諔诡可观。彼其充实，不可以已。上与造物者游，而下与外死生、无终始者为友。其于本也，弘大而辟，深闳而肆；其于宗也，可谓稠适而上遂矣。虽然，其应于化而解于物也，其理不竭，其来不蜕，芒乎昧乎，未之尽者。

注释

❶ 觭：一端之言，指成见。
❷ 连犿：宛转。

解读

寂寞虚静而不落形迹，应物变化而没有常规，死啊生啊，皆与自然同往！茫茫然不知从何处来，恍恍惚惚又不知往何处去，包罗万事万物，却不知归于何处。古来有道术属于这一方面的，庄周听到这种风尚就十分喜悦。

以悠远的论说，广大的言论，没有限制的言辞，常放任而不拘执，不持一端之见。认为天下之人沉迷不悟，不能使用庄重的语言与他们交流，于是使用无心的"卮言"来叙述事情，随时更新，符合自然的分际；引用他人语言来让人信服；运用寓言来推广道理。

杂　篇

　　独自和天地自然相往来，却从不傲视万物。不责问谁是谁非，而混迹于世俗之中。他的书虽然奇特却宛转叙说无伤道理。他的文辞虽然笔法变化多样，却都奇趣盎然，引人入胜。他的精神世界无比充实，没有止境。

　　上与天地同游，下与超脱生死、不知终始的人为友。他对大道的阐述宏大而透辟，深广而畅达；他对道的宗旨，可以说把握得已经达到最高的境界。虽然这样，关于顺应自然变化和解脱外物牵累，他还有无穷的道理，这些道理始终不离大道，茫昧深渊，无法穷尽。

原文

　　惠施多方，其书五车，其道舛驳❶，其言也不中。历物之意，曰："至大无外，谓之大一；至小无内，谓之小一。无厚，不可积也，其大千里。天与地卑，山与泽平。日方中方睨，物方生方死。大同而与小同异，此之谓'小同异'；万物毕同毕异，此之谓'大同异'。南方无穷而有穷。今日适越而昔来。连环可解也。我知天之中央，燕之北、越之南是也。泛爱万物，天地一体也。"

　　惠施以此为大，观于天下而晓辩者，天下之辩者相与乐之。卵有毛。鸡有三足。郢有天下。犬可以为羊。马有卵。丁子有尾。火不热。山出口。轮不蹍地。目不见。指不至，至不绝。龟长于蛇。矩不方，规不可以为圆。凿不围枘。飞鸟之景❷未尝动也。镞矢之疾，而有不行、不止之时。狗非犬。黄马骊牛三。白狗黑。孤驹未尝有母。一尺之捶，日取其半，万世不竭。辩者以此与惠施相应，终身无穷。

　　桓团、公孙龙辩者之徒，饰人之心，易人之意，能胜人之口，不能服人之心，辩者之囿也。惠施日以其知与之辩，特与天下之辩者为怪，此其柢也。

庄 子

然惠施之口谈，自以为最贤，曰："天地其壮乎！"施存雄而无术。南方有倚人焉，曰黄缭，问天地所以不坠不陷，风雨雷霆之故。惠施不辞而应，不虑而对，遍为万物说。说而不休，多而无已，犹以为寡，益之以怪，以反人为实，而欲以胜人为名，是以与众不适也。弱于德，强于物，其涂隩③矣。

由天地之道观惠施之能，其犹一蚊一虻之劳者也。其于物也何庸！夫充一尚可，曰愈贵道，几矣！惠施不能以此自宁，散于万物而不厌，卒以善辩为名。惜乎！惠施之才，骀荡而不得，逐万物而不反，是穷响以声，形与影竞走也，悲夫！

注释

① 舛驳：错误杂乱。
② 景：通"影"，影子。
③ 隩：弯曲。

解读

惠施的学术博大，著作颇多，他道理驳杂不纯，言辞不当。他观察分析事物的道理，说："极大而没有范围，叫作'大一'；极小而没有再小的，叫'小一'。没有厚度不可以积累，但可以延伸千里之远。天与地一样低，高山与水泽一样平。太阳正中就偏斜，万物刚生出就死亡。大的方面相同而小的方面不同，叫作'小同异'；完全相同也完全不同，称为'大同异'。南方是无限远的也是有限远的。今天去越国而昨天已经到达。连环可以解开。我知道天下的中央在燕地的北边也在越地的南边。普遍地爱万物，天地万物是一个整体。"

惠施以此为伟大的发现，显示于天下，并让善辩者知晓，天下的善辩者都喜欢这些问题。卵中有毛；鸡有三只脚；郢都包括天下；犬可以是羊；马为卵生；蛤蟆有尾巴；火不热；山有口；轮子不着地；眼睛看不见东西；名称不能反映实质，即使能反映，也不能穷尽；用矩画不出方，规画不出圆；榫眼与榫头不能完全吻合；飞鸟的身影不曾移动；疾飞的箭头有不前进与不静止的时候；狗不是犬；黄马黑牛合起来为三；白狗是黑的；孤驹未曾有母；一尺长的杖，每天截一半，一万年都截不完。辩者用这些论题和惠施相对应，终身没有穷尽。

桓团和公孙龙都是善辩之人，他们蒙蔽人心，改变人意，能够胜过人的口舌，却不能折服人心，这是辩者的局限。惠施天天运用机智和人辩论，和天下的辩者创造怪谈，这就是他们的大略情况。

然而惠施自以为是最出色的，说："天地是多么伟大啊！"惠施心存壮志而无道术。南方有个名叫黄缭的异人，询问天地为什么不坠不陷，以及产生风雨雷霆的原因。惠施毫不推辞而予以接应，不假思索便回答，说遍了万物的道理，滔滔不绝，更加上一些奇谈怪论。他用违反人的常理作为实情，胜人以求名声，因此和众人无法相处。他轻视道德修养，重视外物研究，走了一条曲折的道路。

从自然之道来看惠施的才能，他就像一只蚊虻那样徒劳，对于万物有何作用！充当一家之说尚可，但要用来说明珍贵的大道就危险了。惠施不能安于大道，把精力耗散在万物的分析上而不厌倦，最终只落个善辩的名声。可惜啊！惠施的才能，放荡而无所收获，追逐万物而永不回头，这是用声音追逐回声，形体和影子竞走，真是悲哀呀！

名言妙语

1. 浮生若梦，若梦非梦，浮生何如？如梦之梦。
2. 相濡以沫，不如相忘于江湖。
3. 人生天地之间，若白驹过隙，忽然而已。
4. 子非鱼，安知鱼之乐？
5. 来世不可待，往世不可追也。
6. 君子之交淡若水，小人之交甘若醴。
7. 德人者，居无思，行无虑，不藏是非美恶。
8. 吾生也有涯，而知也无涯，以有涯随无涯，殆已。
9. 知穷之有命，知通之有时，临大难而不惧者，圣人之勇也。
10. 大知闲闲，小知间间；大言炎炎，小言詹詹。
11. 巧者劳而智者忧，无能者无所求。
12. 天地有大美而不言。
13. 谋无主则困，事无备则废。
14. 以天下为之笼，则雀无所逃。
15. 安危相易，祸福相生，缓急相摩，聚散以成。
16. 尾生抱柱，至死方休。
17. 至人无己，神人无功，圣人无名。
18. 肌肤若冰雪，绰约若处子。
19. 白玉不毁，孰为珪璋。
20. 有人之形，故群于人；无人之情，故是非不得于身。

21. 夫道不欲杂，杂则多，多则扰，扰则忧，忧而不救。

22. 真者，精诚之至也；不精不诚，不能动人。

23. 相视而笑，莫逆于心。

24. 世之所谓贤士，莫若伯夷、叔齐。

25. 好面誉人者，亦好背而毁之。

26. 得鱼而忘荃，得意而忘言。

27. 安时处顺，哀乐不入，谓之县解。

28. 视死若生者，烈士之勇也。

29. 大道不称，大辩不言。

30. 官知止而神欲行。

31. 日出而作，日入而息。

32. 以火救火，以水救水。

33. 鸟兽不厌高，鱼鳖不厌深。

34. 丧己于物，失性于俗者，谓之倒置之民。

35. 偃鼠饮河，不过满腹。

36. 大而无当，往而不返。

37. 丘山积卑而为高，江河合水而为大。

38. 形莫若就心莫若和，意有所至爱有所亡。

39. 天下大乱，贤圣不明，道德不一。

40. 螳螂之怒臂以当车轶，则必不胜任矣。

41. 名也者，相札也；知也者，争之器也。

42. 螳螂捕蝉，黄雀在后。

43. 天地虽大，其化均也；万物虽多，其治一也。

44. 知足者不以利自累。

45. 鉴明则尘垢不止。

46. 一尺之捶，日取其半，万世不竭。

47. 福轻乎羽，莫之知载。

48. 不忘其所始，不求其所终。

49. 彼窃钩者诛，窃国者为诸侯。

50. 见笑于大方之家。

51. 水行莫如用舟，而陆行莫如用车。

52. 众人重利，廉士重名，贤人尚志，圣人贵精。

53. 彼民有常性，织而衣，耕而食，是谓同德。

54. 独与天地精神往来，而不敖倪于万物。

55. 惠施多方，其书五车，其道舛驳，其言也不中。

56. 至大无外，谓之大一；至小无内，谓之小一。

57. 能胜人之口，不能服人之心，辩者之囿也。

58. 仁义之端，是非之途。

59. 在上为乌鸢食，在下为蝼蚁食，夺彼与此，何其偏也。

60. 朝菌不知晦朔，蟪蛄不知春秋。

61. 真悲无声而哀，真怒未发而威，真亲未笑而和。

62. 孝子不谀其亲，忠臣不谄其君，臣子之盛也。

63. 古之得道者，穷亦乐，通亦乐。

读后感

　　《庄子》不是一部书，而是一个世界；庄子不是一个人，而是一种境界！是的，当读完庄子那些看似荒唐怪异的故事，反复揣摩这其间颠扑不灭的真理，才会发现原来我只是打开了一扇大门，这扇大门通往本真朴质的天之道。

　　人间数千年的悲哀，就在于世人只在世俗中寻求人生真谛，却没有超越世俗到旷野幽邃的宇宙中去寻求大道。庄子之所以伟大，就是因为他已经跳出三界，站在云端鸟瞰人间沧桑。"独与天地精神往来而不傲倪万物。"庄子就是这样的性格达人，他认为天下沉浊，不能讲严正的话，满书缪悠之说、荒唐之言、无端崖之辞。他上与造物者同游，而下与不知始终者为友。

　　庄子一直在讥讽万代颠倒的世界，嘲笑那些为功名利禄蝇营狗苟之徒，讽刺那些为眼前蝇头小利毁坏天人和谐的小人。那些谋取权力之人以心灵的残缺和人格的扭曲来换取世俗所谓的福气，而庄子却宁愿做在烂泥里拖着尾巴的老龟，也不愿做供在高堂的占卜龟壳。庄子的飘逸和洒脱，正是他卓尔不群、高傲不羁的性格魅力托起的自由天空。

　　在《庄子·天下》篇中，阐述了最高的学问是探讨宇宙和人生本原的学问。打开庄子的世界，有限的内篇无不昭昭弘道，万物依天道而行。何谓万道之本源？唯道。何为万物之源泉？唯道。人生本原又何在？庄子微笑轻轻点拨：人最大的智慧是意识到自己的渺小，人生不过蚁穴一梦。

　　柏拉图说，人的灵魂来自一个完美的家园，那里没有我们这个世界的污秽丑陋，只有纯净和美丽。灵魂来到这个世界漂泊很久，寄居在一个躯壳里，忘记了自己从哪里来，也忘记了家乡的一切。每当他看到、听到、感受到这世上一切美好的事物，就会不由自主地感动，会觉得非常舒畅亲切。他知道那些美好的东西，来自他的故乡，于是他的一生都极力地追寻那种回忆的感觉，不断朝自己的故乡跋涉。

依真性生存是庄学的核心。我们要做的就是寻找美好的本性世界。乘着庄子自然的箫声寻找那失落的世界吧，人的生命历程就是灵魂踏上寻找美丽故乡的归途。